석지현 · 편

碧巖錄

속어 낱말 사전

민족사

첫머리에

《벽암록》은 그 전체가 속어로 씌어 있다. 속어(俗語)란 어느 한 시대에 사람들이 일상생활에서 사용하던 말이다. 그러므로 그 시대가 지나가면 자연적으로 사라지거나 변하기 마련이다. 말하자면 속어는 정형화된 한문 문장〔文語〕이 아니라 사람들의 입에서 살아 흘러다니는 말〔口語〕이다.

벽암록은 당대(唐代)의 속어(본칙)와 송대(宋代)의 속어(착어·평창)로 씌어 있다. 그리고 또 '수시'와 '송'에선 속어와 문장체가 혼용돼 쓰이기도 했다. 이 속어는 주로 소설이나 시(詩) 등 문학작품에서 사용되었는데 벽암록을 비롯하여 모든 선어록(禪語錄)도 이 속어로 씌어 있다. 왜냐하면 이 속어는 책갈피 속에서 죽어 있는 문장〔文語〕이 아니라 이 삶과 더불어 살아 굽이치고 있는 말〔口語〕이기 때문이다.

그러나 지금까지는 이 속어로 된 선어록들을 딱딱한 문장체의 어법(語法)으로만 해석했기 때문에 그 의미가 왜곡되는 등 많은 오류가 발생했다. 이 점을 염두에 두고 여기 벽암록 안에 있는 당송시대의 속어들을 각 칙(各則)별로 간추렸다. 아울러 해당 공안에 나오는 불교 전문 용어나 중요한 낱말도 같이 묶었다. 이 《벽암록 속어 낱말 사전》은 동시에 모든 선어록을 읽는 데 매우 유용하다. 그러므로 독립된 《선어록 속어 사전》으로도 얼마든지 활용이 가능하다.

일러두기

1. 속어 설명과 낱말풀이는 본문의 순서를 따랐다.

2. (중요한 속어는 중복되는 경우가 있다. 그러나) 일단 한번 나온 속어와 낱말은 되도록이면 중복된 설명을 회피했다.

3. 그 대신 뒤의 '찾아보기'에 가나다 순서로 다시 한 번 더 배열했으니 참고하기 바란다.

4. 인명(人名)의 경우, 처음 나온 칙에서 일단 언급한 다음 해당인의 공안(칙)에서 다시 언급했다.

5. 속어 설명은 자세하게, 그리고 낱말풀이는 간단명료하게 처리하려고 노력했다.

6. 귀에 익은 선어(禪語)들은 굳이 한글의 발음 법칙을 따르지 않았다.
   예 자노적(這老賊, 한글 발음 법칙을 따르자면 '자로적'이 된다.)

벽암록 속어 낱말 사전
차 례

- 보조서〔普照序〕 ··· 11
- 방회서〔方回序〕 ··· 12
- 주치서〔周馳序〕 ··· 13
- 삼교노인서〔三敎老人序〕 ······························ 14

제1칙 _ 무제가 달마에게 묻다〔武帝問達磨〕 ············ 19
제2칙 _ 조주의 지도무난〔趙州至道無難〕 ················ 28
제3칙 _ 마대사, 몸져 눕다〔馬大師不安〕 ················· 33
제4칙 _ 덕산, 위산에 이르다〔德山挾複子〕 ·············· 36
제5칙 _ 설봉의 온 대지〔雪峰盡大地〕 ···················· 39
제6칙 _ 운문의 나날이 생일날〔雲門十五日〕 ············ 42
제7칙 _ 법안, 혜초의 물음에 답하다〔法眼答慧超〕 ····· 46
제8칙 _ 취암, 하안거 말에 설법하다〔翠巖夏末示衆〕 ·· 49
제9칙 _ 조주의 네 개 문〔趙州東西南北〕 ················· 51
제10칙 _ 목주, 승의 온 곳을 묻다〔睦州問僧甚處〕 ····· 53
제11칙 _ 황벽의 머저리 같은 놈〔黃檗酒糟漢〕 ········· 55

제12칙 _ 동산의 마 삼 근〔洞山麻三斤〕 ············· 58

제13칙 _ 파릉의 은완리성설〔巴陵銀椀裏〕 ············· 60

제14칙 _ 운문의 대일설〔雲門對一說〕 ············· 62

제15칙 _ 운문의 도일설〔雲門倒一說〕 ············· 63

제16칙 _ 경청의 형편없는 놈〔鏡淸草裏漢〕 ············· 66

제17칙 _ 향림의 서래의〔香林西來意〕 ············· 68

제18칙 _ 숙종이 탑 모양을 묻다〔肅宗請塔樣〕 ············· 70

제19칙 _ 구지 화상의 한 손가락〔俱胝指頭禪〕 ············· 73

제20칙 _ 용아의 조사서래의〔龍牙西來意〕 ············· 75

제21칙 _ 지문의 연화, 하엽〔智門蓮花荷葉〕 ············· 77

제22칙 _ 설봉의 별비사〔雪峰鼈鼻蛇〕 ············· 79

제23칙 _ 보복의 묘봉정〔保福妙峰頂〕 ············· 83

제24칙 _ 유철마, 위산을 찾아오다〔劉鐵磨臺山〕 ············· 84

제25칙 _ 연화 암주의 주장자〔蓮花庵主不住〕 ············· 85

제26칙 _ 백장의 독좌대웅봉〔百丈奇特事〕 ············· 88

제27칙 _ 운문의 체로금풍〔雲門體露金風〕 ············· 89

제28칙 _ 열반 화상, 남전에게 묻다〔涅槃和尙諸聖〕 ············· 91

제29칙 _ 대수에게 묻다〔大隋劫火洞然〕 ············· 93

제30칙 _ 조주의 큰 무〔趙州大蘿蔔〕 ············· 94

제31칙 _ 마곡, 주장자를 흔들며 법상을 돌다〔麻谷振錫遶床〕 ············· 95

제32칙 _ 임제에게 불법의 정수를 묻다〔臨濟佛法大意〕 ············· 98

제33칙 _ 진조 상서, 자복을 뵈러 오다〔陳尙書看資福〕 ············· 100

제34칙 _ 앙산, 온 곳을 묻다〔仰山問甚處來〕 ············· 102

제35칙 _ 문수, 무착에게 묻다〔文殊前三三〕 ············· 103

제36칙 _ 장사가 어느 날 산을 유람하다〔長沙一日遊山〕 ······ 105

제37칙 _ 반산의 삼계무법〔盤山三界無法〕 ······ 106

제38칙 _ 풍혈의 무쇠 소〔風穴鐵牛機〕 ······ 108

제39칙 _ 운문의 금모사자〔雲門金毛獅子〕 ······ 112

제40칙 _ 남전과 육긍대부〔南泉如夢相似〕 ······ 113

제41칙 _ 조주, 투자에게 묻다〔趙州大死底人〕 ······ 115

제42칙 _ 방거사와 선객들〔龐居士好雪片片〕 ······ 116

제43칙 _ 동산, 추위와 더위 없는 곳을 말하다〔洞山寒暑廻避〕 ······ 117

제44칙 _ 화산의 해타고〔禾山解打鼓〕 ······ 119

제45칙 _ 조주의 만법귀일〔趙州萬法歸一〕 ······ 122

제46칙 _ 경청의 낙숫물소리〔鏡淸雨滴聲〕 ······ 123

제47칙 _ 운문의 육불수〔雲門六不收〕 ······ 124

제48칙 _ 왕태부를 위해 차를 달이다〔王太傅煎茶〕 ······ 126

제49칙 _ 삼성, 설봉에게 묻다〔三聖以何爲食〕 ······ 128

제50칙 _ 운문에게 진진삼매를 묻다〔雲門塵塵三昧〕 ······ 129

제51칙 _ 설봉의 시십마〔雪峰是什麽〕 ······ 131

제52칙 _ 조주의 돌다리와 외나무다리〔趙州石橋略彴〕 ······ 133

제53칙 _ 마대사와 들오리〔馬大師野鴨子〕 ······ 134

제54칙 _ 운문, 승에게 묻다〔雲門近離甚處〕 ······ 135

제55칙 _ 도오, 점원과 함께 문상을 가다〔道吾漸源弔孝〕 ······ 136

제56칙 _ 흠산의 화살〔欽山一鏃破三關〕 ······ 138

제57칙 _ 조주의 지도무난〔趙州至道無難〕 ······ 139

제58칙 _ 조주의 금과옥조〔趙州時人窠窟〕 ······ 141

제59칙 _ 조주의 유혐간택〔趙州唯嫌揀擇〕 ······ 142

제60칙 _ 운문의 주장자〔雲門拄杖子〕 ······ 142

제61칙 _ 풍혈의 티끌법문〔風穴若立一塵〕 ······ 144

제62칙 _ 운문의 한 보배〔雲門中有一寶〕 ······ 145

제63칙 _ 남전, 고양이 목을 베다〔南泉兩堂爭猫〕 ······ 147

제64칙 _ 남전, 조주에게 묻다〔南泉問趙州〕 ······ 148

제65칙 _ 외도가 부처에게 묻다〔外道問佛有無〕 ······ 149

제66칙 _ 암두가 승에게 묻다〔巖頭什麼處來〕 ······ 151

제67칙 _ 양무제와 금강경 강의〔梁武帝請講經〕 ······ 153

제68칙 _ 앙산, 삼성에게 묻다〔仰山問三聖〕 ······ 155

제69칙 _ 남전, 충국사를 뵈러 가다〔南泉拜忠國師〕 ······ 156

제70칙 _ 위산의 한 마디〔潙山侍立百丈〕 ······ 157

제71칙 _ 오봉의 한 마디〔百丈倂却咽喉〕 ······ 159

제72칙 _ 운암의 한 마디〔百丈問雲巖〕 ······ 160

제73칙 _ 마대사의 사구백비〔馬大師四句百非〕 ······ 161

제74칙 _ 금우 화상의 큰 웃음〔金牛和尙呵呵笑〕 ······ 163

제75칙 _ 오구가 승에게 묻다〔烏臼問法道〕 ······ 164

제76칙 _ 단하, 승에게 묻다〔丹霞問甚處來〕 ······ 166

제77칙 _ 운문의 호떡〔雲門答餬餠〕 ······ 168

제78칙 _ 16보살성자의 목욕〔十六開士入浴〕 ······ 169

제79칙 _ 승이 투자에게 묻다〔投子一切聲〕 ······ 171

제80칙 _ 승이 조주에게 묻다〔趙州孩子六識〕 ······ 172

제81칙 _ 약산의 화살〔藥山射塵中塵〕 ······ 175

제82칙 _ 승이 대룡에게 묻다〔大龍堅固法身〕 ······ 177

제83칙 _ 운문의 고불과 노주〔雲門露柱相交〕 ······ 178

제84칙 _ 유마의 불이법문〔維摩不二法門〕 ····· 180

제85칙 _ 동봉 암주와 호랑이〔桐峰庵主大虫〕 ····· 183

제86칙 _ 운문의 자기 광명〔雲門有光明在〕 ····· 184

제87칙 _ 운문의 약과 병〔雲門藥病相治〕 ····· 185

제88칙 _ 현사의 중생제도〔玄沙接物利生〕 ····· 187

제89칙 _ 운암이 도오에게 묻다〔雲巖問道吾手眼〕 ····· 188

제90칙 _ 지문의 반야체〔智門般若體〕 ····· 191

제91칙 _ 염관의 무소 뿔 부채〔鹽官犀牛扇子〕 ····· 192

제92칙 _ 세존이 어느 날 법상에 오르다〔世尊一日陞座〕 ····· 194

제93칙 _ 대광, 너울너울 춤추다〔大光師作舞〕 ····· 196

제94칙 _ 능엄경의 한 구절〔楞嚴經若見不見〕 ····· 198

제95칙 _ 장경의 삼독에 대한 법문〔長慶有三毒〕 ····· 199

제96칙 _ 조주의 세 마디 말〔趙州三轉語〕 ····· 200

제97칙 _ 금강경의 한 구절〔金剛經輕賤〕 ····· 203

제98칙 _ 천평 화상의 두 번 실수〔天平和尙兩錯〕 ····· 205

제99칙 _ 숙종 황제, 충국사에게 묻다〔肅宗十身調御〕 ····· 208

제100칙 _ 파릉의 취모검〔巴陵吹毛劍〕 ····· 211

• 후서(後序) _ 관우무당(關友無黨) ····· 215

• 중간원오선사벽암집소(重刊圜悟禪師碧巖集疏) ····· 215

• 발(跋) _ 비구정일(比丘淨日) ····· 217

• 후서(後序) _ 비구희릉(比丘希陵) ····· 217

• 발(跋) _ 풍자진(馮子振) ····· 218

• 찾아보기(가나다 순) ····· 221

普照序

지성명맥(至聖命脈)　부처와 조사들의 가르침이 대대로 전승되어 내려오는 것, 또는 '대대로 전승되어 내려오는 부처와 조사들의 가르침'. 즉 불조(佛祖)의 혜명(慧命). 지성(至聖): 부처. 명맥(命脈): 근본 생명, 부처의 근본 생명.
열조(列祖)　역대의 조사들.
환골영방(換骨靈方)　범부를 성인으로 바꾸는 영묘한 비방.
이신묘술(頤神妙術)　정신을 순화시키는 미묘한 기술.
초종월격(超宗越格)　규정과 형식을 초월하다.
풍규(風規)　풍교(風敎). 덕행으로 사람을 가르치고 인도하는 것.
겸추(鉗鎚)　대장간의 쇠망치와 부집게. 여기선 '수행자를 단련시키는 선지식의 엄한 지도 방법'을 말함.
향상파비(向上巴鼻)　향상할 수 있는 근거. 여기선 '벽암록의 100칙 공안'을 말함.
월(曰)　여기(Here). 왈(曰).
불과노인(佛果老人)　《벽암록》을 강의한 원오극근. 불과(佛果): 원오가 휘종(徽宗) 황제로부터 받은 시호.
벽암(碧巖)　원오가《벽암록》을 강의한 협산(夾山) 영천선원(靈泉禪院)의 방장실. 또는 그 방장실에 걸려 있는 편액 속의 두 글자.
학자(學者)　여기선 '선 수행자'를 말함.
청익(請益)　수행자가 선지식에게 재차 가르침을 청하는 것.
척결(剔抉)　찾아내다.
저리(底理)　깊은 뜻. 궁극의 이치.
당양(當陽)　분명히, 명백히.

견지(見知)　사사로운 견해. 사견.
일대노한(一隊老漢)　한무리의 어르신네들. 여기선 벽암록에 등장하는 선승들.
총장안과(總將按過)　인솔하고 심문하다. 총(總) : 인솔하다. 장(將) : 동사 뒤에 붙어서 동작을 현실화시키는 조사. 안(按) : 심문하다. 과(過) : 동작의 경과를 나타내는 조사.
조벽본무하뢰 상여만광진왕(趙璧本無瑕纇 相如謾誆秦王)　진나라 소왕(昭王)이 조나라 보옥(寶玉, 和氏璧)을 강제로 가지려 했을 때 사자였던 인상여(藺相如)가 보옥에 흠[瑕纇]이 있다고 속여서 다시 가지고 조나라로 돌아온 고사《史記》藺相如列傳).
노파(老婆)　노파심. 제자를 향한 스승의 간절한 마음.
멸불종족(滅佛種族)　부처의 종자를 죽이는 무리. 불도에 전혀 가망이 없는 구제불능자.
보조(普照)　중암보조(中巖普照). 원오극근의 제자였던 선승.
본말(本末)　어떤 일의 발단과 끝.
건염무신 모춘회일(建炎戊申暮春晦日)　1128년 3월 30일.
비구(比丘)　출가하여 구족계(具足戒)를 받은 불교의 남승(男僧).

方回序

사십이장경(四十二章經)　1세기 후반 가섭마등과 축법란에 의해서 한문으로 번역된 최초의 불경.
달마(達磨)　중국에 최초로 선을 전했다는 보리달마(菩提達磨, ?~530?)
육조(六祖)　중국 선종의 제6번째 전승자 혜능(慧能, 638~713).
전의(傳衣)　전법(傳法)의 증거로서 가사를 전해 주는 것.
남종(南宗)　혜능을 주축으로 한 선의 유파. 속전속결식의 수행[頓悟]을 주장했으며 주로 양자강 이남에서 활동했다.

북종(北宗)　신수(神秀)를 주축으로 한 선의 유파. 점진적인 수행〔漸修〕을 주장했으며 주로 양자강 이북 지방에서 활동했다.

송고(頌古)　옛 공안의 경지를 읊은 시.

번안법(飜案法)　판결을 뒤집다. 여기선 '정론을 뒤집다'.

하불매조(呵佛罵祖)　불조(佛祖)를 얕잡아보다.

제일의(第一義)　언어로는 표현할 수 없는 궁극의 진리.

대혜(大慧)　《벽암록》의 저자인 원오극근의 제자.

병(丙)　불에 태우다. 병(丙)은 오행(五行)의 화(火)에 속하므로 화(火)의 별칭으로 사용됨.

우중(嵎中)　지명. 자세하지 않음. 또는 오초(吳楚) 사이에 있는 봉우산(封嵎山) 부근이라고도 함(《不二鈔》).

장위(張煒)　벽암록을 복각한 장명원(張明遠).

대덕 4년(大德四年)　원(元)의 성종(成宗) 대덕 4년(1300년).

자양산(紫陽山)　안휘성(安徽省) 흡현(歙縣)에 있는 산.

방회만리(方回萬里)　자양산인 허곡(紫陽山人 虛谷). 흡현 사람(1227~1307).

周馳序

석자(釋子)　불제자들. 부처의 제자들.

사기순물(舍己徇物)　본래자기를 돌아보지 않고 밖으로 형상만을 좇는 것.

하적(何適)　어찌 ~에만 그치겠는가.

동파(東坡)　소식(蘇軾, 1036~1101). 당송 8대가의 한 사람.

일유지설(日喩之說)　장님에게 해〔日〕를 설명해 주기 위하여 갖가지 비유를 들었으나 장님은 해에 대해서 전혀 감을 잡을 수 없었다는 이야기. '남의 말만을 듣고는 핵심을 전혀 알 수 없다'는 뜻.
대장경오천권(大藏經五千卷) 《개원석교록(開元釋敎錄)》에 의하면 당시 번역된 불경의 총 합계가 5,048권이라고 한다.
석가노자(釋迦老子) 석가모니 부처. '노자(老子)'는 일종의 존칭임.
도도(叨叨) 말이 많음.
태아지검(太阿之劍) 전설상의 명검.
삼군(三軍) 대군(大軍). 고대 중국의 주나라 군사제도에서 1군은 12,500명이다. 그러므로 3군(12,500×3)은 37,500명인 셈이다. 여기선 '대단히 많은 군사'를 가리키는 말이다.
자(赭) (피가) 붉다.
옥잠휴휴거사(玉岑休休居士) 주치(周馳)의 별호(別號).
요성(聊城) 산동성 요성현(山東省 聊城縣).
전당(錢唐) 절강성 항현(杭縣)의 전당(錢塘). 지금의 항주(杭州).

三敎老人序

성훼(成毀) 원오의 벽암록 저작[成]과 대혜의 벽암록 소각[毀].
언우(齾齵) 썩은 이가 드러나다. 여기서는 '달마'를 지칭. 언(齾): 드러난 이빨. 우(齵): 썩은 이[충치].
혈맥(血脈) 달마의 저서인 《혈맥론(血脈論)》.
귀공(歸空) 달마의 저서인 《파상론(破相論)》인 듯(?).
권염(卷簾) 장경혜릉(長慶慧稜, 854~932)이 발을 말아 올리다가[권염] 깨달은 고사(故事).
문판(聞板) 경산도독(徑山涂毒) 선사가 운판(雲板) 치는 소리를 듣다가[聞板] 깨달은 고사.
수지(竪指) 손가락을 세우다. 구지(俱指) 화상의 고사. 제19칙 참조.

촉각(觸脚)　현사(玄沙, 835~908)가 발에 돌이 채여 행각길에 오르다가 되돌아와 두문불출했다는 고사.

염화미소(拈花微笑)　부처가 꽃을 들어 보이자〔拈花〕 제자인 가섭이 미소 지었다는 고사. 이것이 아마도 공안의 시발일 것이다.

문간도각(門竿倒却)　가섭과 아난의 선문답에서 가섭이 아난에게 말한 '도각문전 찰간착(倒却門前 刹竿著, 문 앞의 당간대를 꺾어 버려라)'. 제15칙 '송'의 평창을 참고할 것.

이독어(吏牘語)　옛날 중국 관리들이 쓰던 공문서의 문체(文體).

정반지성(定盤之星)　저울 눈금. 어떤 일의 기준〔표준〕.

야호지취(野狐之趣)　사이비 선.

감변(勘辨)　상대방의 경지를 점검하는 것.

저리(底裏)　사건의 진상.

정관(情款)　범인의 자백서에 나타난 실정.

영남(嶺南)　육조혜능의 출신지. 지금의 광동(廣東)·광서성(廣西省). 육조혜능을 지칭함. 그는 영남인이었다.

서강미흡(西江未吸)　여기선 '공안을 타파하지 못했다'는 뜻. 서강(西江)이란 말은 마조의 공안 '일구흡진 서강수(一口吸盡 西江水)'에서 비롯됐다 (《전등록》권8).

망양지기(亡羊之岐)　달아난 양(羊)을 찾으러 갔다가 갈래길이 많아서 찾지 못하고 돌아왔다는 이야기. 갈래길이 많아서 올바른 길을 알 수 없음(《열자(列子)》의 설부(說符)에 나오는 우화).

지해지침(指海之針)　올바른 가르침.

정위(廷尉)　사법관.

평번(平反)　죄를 재조사하여 무죄로 해주거나 감형시키는 것.

범가우심(犯稼憂深)　소가 남의 밭에 들어갈까 걱정하다. 즉 나태해지다, 게을러지다.

계려사중(繫驢事重)　말뚝에 고삐를 매 놓는 것만을 중요하게 여기다. 즉 경전 문구에만 붙잡혀 있는 교과서적인 태도.

학혁지지수전(學奕之志須專) 심지어 바둑 두는 일조차 여기에 전력투구하지 않으면 목적한 바를 이룰 수 없다는 뜻. 즉 '아무리 사소한 일이라도 전력투구하지 않으면 목표에 이르기 어렵다'는 뜻《맹자(孟子)》의 고자장 상(告子章上)에 나옴.

염사지색역비(染絲之色易悲) 묵자(墨子)는 흰 실을 보면 그것을 황색으로도 물들일 수 있고 흑색으로도 물들일 수 있다는 걸 알고 슬퍼했다는 고사《회남자(淮南子)》설림(說林)에 나옴.

부촉(付囑) 간곡히 부탁하다.

비(俾) ～로 하여금 ～하게 하다.

심사포단(心死蒲團) 마음이 포단[좌선용의 좌구]에서 죽다. 즉 '오로지 좌선에만 열중하다'는 뜻.

구방책작안저(具方冊作案底) 조사의 어록을 만들어 그걸 공안집으로 삼다. 안저(案底)는 공안을 말함.

진기경위격령(陳機境爲格令) 깨달음의 상호인연[機緣]을 기술하고 그걸 수행점검의 법령과 법조문으로 삼다.

금과옥조(金科玉條) 법률집. 황금과 옥같이 소중한 법률. 법률은 사회질서를 바로잡고 상호공존을 위해서 우리 누구나가 반드시 지키지 않으면 안 되는 것이다. 그래서 이 법률을 '황금과 옥같이 귀중하다'고 말한 것이다. 이 경우 금과의 과(科)와 옥조의 조(條)는 둘 다 '법률' 또는 '법조문(法條文)'을 뜻한다. 그리고 금(金)과 옥(玉)은 각각 과(科)와 조(條)자 앞에 붙은 수식어다(金科玉條 謂法令也 言金玉貴之也. 揚雄·劇秦美新).

청명대월(淸明對越) 판례집. 청명(淸明) : 청렴하고 공명정대한 것. 대월(對越) : 천지신명에게 답하다. 즉 '청렴결백한 재판관의 공명정대한 재판기록'.

초하이리(初何以異) 근본이 어찌 다르겠는가.

창지(瘡紙) 찢어진 옛 종이. 여기선 '경전'을 말함.

점진귀신 유불리부(點盡鬼神 猶不離簿) 귀신[死者]들을 불러 보나 모두들 명부의 호적대장[簿]을 떠나지 못하다. 여기서의 '귀신'은 '이미 돌아가신

조사들'. '명부의 호적대장〔簿〕'은 '죽은 조사들의 언행을 기록해 놓은 어록들'.

방인문호 임환작랑(傍人門戶 任喚作郞) 남에게 빌붙어서 사내 행세를 못 하고 있다.

종명루진(鐘鳴漏盡) 죽음의 순간에 이르다. 루(漏)는 물시계.

영양괘각(羚羊掛角) 영양〔산양〕이 잠을 자기 위하여 뿔을 나무에 걸다. 영양은 뿔을 나뭇가지에 걸고 발을 공중에 뜨게 한 채로 잠을 잔다고 한다. 여기선 '흔적을 남기지 않다〔沒蹤跡〕'의 뜻.

하혜(下惠) 유하혜(柳下惠). 옛날 성인 이름. 순리를 거스르지 않고 자신이 믿는 길을 걸어갔던 사람(《맹자(孟子)》 만장 하(萬章下)에 나옴).

보역보 추역추(步亦步 趨亦趨) 남의 언행을 그대로 모방하는 것(《장자》 전자방(田子方)에 나오는 말).

이로(二老) 벽암록을 저술한 원오와 그것을 불태운 대혜.

염(拈) 여기선 '설두송고에 대한 원오의 평창'을 말함.

우직안자 역지개연(禹稷顔子 易地皆然) 우(禹)·직(稷)·안자(顔子)의 사적은 각기 다르지만 그러나 입장을 바꿔 보면 모두가 같은 일을 했다는 뜻. 우(禹): 고대 세 명의 황제 가운데 한 사람으로 지수(治水)의 공을 세움. 직(稷): 요순(堯舜)을 섬기고 백성들에게 농업의 일을 가르침. 안자(顔子): 공자의 문인 안회(顔回). 청빈을 기꺼이 받아들이며 학문의 길을 갔다.

누자(鏤梓) 책을 출판하다.

기~호(재)(豈~乎(哉)) 어쩌면 ~일지도 모른다.

억(抑) 처음부터, 아마도.

수(數) 이미 정해진 흥망의 운세.

소관심중(所關甚重) 책임이 막중하다. 관(關)은 '책임'.

견수즉해(見水卽海) 물을 보고 바다라고 생각하다. 여기선 '문자에만 집착하여 실체를 보지 못하다'의 뜻.

인지작월(認指作月) 달을 가리키는 손가락을 달로 잘못 알다. 견수즉해(見水

卽海)와 같은 뜻. 《능엄경》·《원각경》 등에 나온다.

거염해박(去粘解縛)　문자에 대한 집착을 떼버리다.

사조(寫照)　초상화, 자화상.

장공자(張公子)　장명원(張明遠)이란 설이 있지만 시대가 맞지 않는다.

대덕갑진(大德甲辰)　원 성종 대덕 8년(1304년).

사월망(四月望)　4월 15일.

삼교노인(三敎老人)　여여거사 안병(如如居士 顔丙).

제1칙 武帝問達磨

예주협산영천선원(澧州夾山靈泉禪院) 호남성 석문현 동남쪽에 있는 협산 영천선원. 협산사(夾山寺)라고도 한다.

어요(語要) 핵심적인 내용[語句要抄].

칙(則) 여기선 '공안'을 세는 단위.

수시(垂示) 본칙에 대한 서문.

목기수냥(目機銖兩) 저울 눈금[目機]과 무게의 단위[銖兩]. 24수＝1냥, 16냥＝한 근. 여기선 '저울에 달아 보지 않고도 한번 척 보면 그 무게를 정확히 아는 것'. 즉 '상대방을 보기만 해도 수행의 깊이를 한눈에 아는 것'.

납승가(衲僧家) 납승 : 선승. 가(家) : 사람을 지칭할 때 명사 뒤에 붙는 접미사.

중류(衆流) 상대적인 사고방식, 고정관념, 번뇌망상.

정당임마시(正當恁麼時) 바로 이럴 때에.

차도(且道) 무엇을 물어볼 때 어구 앞에 놓이는 상투어. '자, (어디 한번) 말해 보라'. 試問, 試看, 且看, 試想.

십마인(什麼人) 何人. 어떤 사람.

행리(行履) 소행, 행동거지.

간취(看取) ～을 보라. 취(取)는 능동적인 기분을 나타내는 접미어.

갈등(葛藤) 언어문자. 언어문자란 '칡[葛]과 등나무[藤] 줄기가 얽힌 것처럼 복잡하다'는 뜻에서 선종에서는 이런 식으로 표현한다.

본칙(本則) 옛 공안, 공안.

거(擧) 옛 공안을 거론하는 것. 또는 그때의 첫마디[第一聲]. 굳이 번역할 필요가 없다.

양무제(梁武帝) 양의 초대 황제(A.D. 464~549).

설자(說這) 這 : 이(this). 여기서의 설(說)은 가벼운 발어사(發語辭)로 취급해야 문맥에 무리가 없다.

부즉유한(不喞㗘漢) 멍청이, 멍청한 놈. 즉유(喞㗘) : 영리하다, 민첩하다.

성제제일의(聖諦第一義) 거룩한 진리의 핵심.

계려궐(繫驢橛) 소나 말을 매 놓는 말뚝. 여기선 '사람을 얽어매어 부자유스럽게 하는 언어' 또는 '별로 중요하지 않은 물건', '불필요한 물건'.

확연(廓然) 텅 비다, 활짝 트이다.

성(聖) 성제제일의.

장위(將謂) 將爲. 'A. B. A라고 생각했는데 실은 B다'. B가 생략되는 경우도 있다. 여기서의 B는 다음 구절인 전과신라(箭過新羅)다. 장(將)은 어조를 이완시키는 접미사.

다소(多少) 대단하다. 소(少)는 어조사.

기특(奇特) 기이하고 특이하다. '그놈 참 기특하다' 식의 얕잡아보는 쓰임과는 그 용법이 전혀 반대다.

전과신라(箭過新羅) 요자과신라(鷂子過新羅). 화살이 저 멀리 신라 땅을 지나가 버렸다. 즉 ① '흔적이 없다〔沒蹤跡〕'. ② 빗나갔다. 여기선 ②의 뜻.

가살(可煞) 매우, 몹시. 살(煞)은 어조사.

강성성(强惺惺) 강(强) : 억지로, 성성(惺惺) : 총명. 즉 '총명한 체하다'.

과연(果然) 예상했던 대로.

불착(不著) 동사 뒤에 붙어서 동작이 그 대상에 아직 도달하지 못했음을 나타내는 말.

돌(咄) 꾸짖는 소리, 혀를 차는 소리. '쯧쯧'.

불치반문전(不直半文錢) 반푼어치〔半文錢〕의 값어치도 없다.

가석허(可惜許) 애석하다. 허(許)는 어조사로서 호(乎)와 같으며 탄식의 기분을 나타낸다.

각교사자(卻較些子) 猶較些子, 較些子, 始較些子. 약간 모자라다. (부족하지만) 그런대로 됐다.

야호정(野狐精)　여우 같은 놈. 정(精)은 강조 어미.

불면(不免)　반드시 ~하게 된다.

일장마라(一場懡㦬)　부끄러운 한 장면.

지공(志公)　誌公. 寶誌 화상(425~514). 특히 초능력과 기적을 많이 일으켰다고 한다.

환~비(還~否)　還~也無(也未). 의문문의 일반적인 표현법. '~인가', '도대체 ~인가'.

화(和)　~도 함께.

간(趕)　쫓아 버리다.

시득(始得)　~하지 않으면 안 된다. 須~始得, 須是~始得.

호여삼십봉(好與三十棒)　30방망이를 때려 주는 게 좋다. 여기서의 호(好)는 '~하는 것이 좋다'의 뜻임.

각시(却是)　의외로, 뜻밖에.

승당득(承當得)　받아들이다, 승낙하다. 득(得)은 동사 뒤에 붙어서 그 동작의 '가능, 완성'을 나타냄.

불심인(佛心印)　불심의 인(印). 인(印)은 '참된 진리'. 즉 '부처님이 깨달은 참된 진리'.

호란지주(胡亂指注)　함부로 떠들어대다.

과연(果然)　필연(必然), 절대로.

파부주(把不住)　데려올 수가 없다, 잡을 수 없다. 부주(不住)는 동사 뒤에 붙어서 '동작의 확실성을 얻을 수 없음'을 나타내는 말.

향도(向道)　조금 전에(아까) 말했다. 향(向)은 '먼저', '이전'. 도(道)는 '말하다'.

막도(莫道)　休道, 莫說. (a)는 말할 것도 없고 (b)조차도. 종래의 해석 '말하지[道] 마라[莫]'는 틀림.

합국(闔國)　전국. 합국인(闔國人)은 '온 나라 백성'.

대승근기(大乘根器)　대승적인 가르침을 능히 수용할 수 있는 인물.

득득(得得)　特特. 먼 길을 걷는 발소리. '터벅터벅'.

미도(迷塗)　迷途. 우매한 중생[迷情].
견성성불(見性成佛)　'본성을 보면 부처가 된다'가 아니라 '본성이 드러나면 부처가 된다'는 뜻. 이 경우 '견성'(見性 : 본성을 보다)은 '현성'(見性 : 본성이 드러나다)으로 읽어야 한다. 그러므로 '견성성불'은 '현성성불'로 읽어야 한다. 그리고 '성불하십시오'라는 불자들의 인사말도 재검토해야 한다. 성불은 '하는 것'이 아니라 '되는 것'이기 때문이다.
견득(見得)　간파하다, 알아차리다.
분(分)　자격. 자유분(自由分) : 주체적으로 자유롭게 살아갈 수 있는 능력. 또는 그런 자격.
탈체(脫體)　전체. 본래적으로 가지고 태어난 성품[本性].
후두(後頭)　후반부, 뒷부분. 여기선 '이 뒤에 나오는 무공덕화(無功德話)를 말함. 두(頭)는 장소·시간·물건 등에 붙는 접미어.
대담(對譚)　대담(對談).
계교정진(計較情塵)　생각으로 헤아리고 분별하는 것[思量分別].
이조(二祖)　제2조 혜가(慧可, 487~593).
방광반야경(放光般若經)　반야부 계통 경전의 한 가지. 전20권. 서진(西晋) 무라차(無羅叉) 번역.
감득(感得)　감응. 득(得)은 결과를 나타내는 접미사.
변도봉불(辨道奉佛)　불도를 닦고 숭상하다.
고조(誥詔)　천자의 명령, 어명.
도승(度僧)　승려가 되다, 승려가 되게 하다. 도(度)는 도첩(度牒, 승려 신분증)의 뜻.
악수(惡水)　구정물, 더러운 물.
맥두(驀頭)　① 정면으로부터. ② 갑자기(느닷없이). 두(頭)는 명사나 부사에 붙는 어조사.
투득(透得)　꿰뚫다, 관통하다.
자개(這箇)　이것, 이. 개(箇)는 어조사.
누약법사(婁約法師)　양나라의 혜약(慧約) 법사.

부대사(傅大士, 497~569) 지공과 더불어 양무제 때의 2대 고승. 달마가 중국에 오기 전 선의 선구적인 역할을 했던 인물.

소명태자(昭明太子, 501~531) 양 무제의 큰아들.

지론(持論) ~에 대해서 토론하다.

속제(俗諦) 상대적인 진리. 제(諦) : 진리를 가리키는 글자.

진제(眞諦) 절대적인 진리.

교중설(敎中說) 승조(僧肇)의 저술《불진공론(不眞空論)》의 설.

교가(敎家) 교상가(敎相家). 경론을 중요시하는 사람들, 경전 해석가들.

도불출(跳不出) ~에서 벗어나지 못하다.

여금인(如今人) 지금 사람, 요즘 사람.

거(去) 동사 앞에 붙는 거(去)는 동사를 강조한다. 그러므로 여기서의 거(去)는 뒤의 동사 농(弄, 弄精魂)을 강조한다.

농정혼(弄精魂) ① 기괴한 짓을 하다. ② 정신을 소모하다.

당안정(瞠眼睛) 똑바로 쳐다보다.

차희몰교섭(且喜沒交涉) 전혀 관계가 없다, 아주 멋지게 틀렸다. 차희(且喜)는 '아주 멋지다, 훌륭하다'란 말로서 상대를 놀릴 때 쓰는 말이다.

오조선사(五祖先師) 원오의 스승 五祖法演('?~1104). 이후에 나오는 오조(五祖)는 모두 이 '오조법연'을 말한다. 선사(先師) : 자신의 스승. 오조법연은 원오극근의 스승이었다.

귀가온좌(歸家穩坐) 근원으로 돌아가다〔返本還源〕.

일등(一等) '같다'는 말로서 '그 당시의 다른 고승들'을 지칭함.

일등~취중(一等~就中) 마찬가지인 속에서 특히 ~. 비슷비슷하지만 ~ 그 중에서도 특히.

타갈등(打葛藤) 언어문자를 사용하다, 말하다. 타(打) : 동사적인 성격이 강한 접두어.

시(是) ~이다. 여기선 주어와 술어를 연결한다.

불방(不妨) 무방(無妨). 아주 대단히, 아주 굉장하다.

칠통(漆桶) 칠이 담긴 통. 무지와 번뇌망상을 뜻함.

좌득단(坐得斷) 좌단(坐斷)의 강조. 완전히 제압하다, 요지부동인 채로 앉아 있다. 득(得)은 동사 좌(坐) 뒤에 붙어서 '가능, 완성'을 나타낸다. 단(斷)은 강조를 나타내는 어조사.

파득정(把得定) 꽉 움켜쥐다. 득(得)은 동사 파(把) 뒤에 붙어서 '가능, 완성'을 나타낸다. 정(定)은 어조사. 파정(把定), 파주(把住)의 강조말.

고인도(古人道) 영가현각(永嘉玄覺, 675~713)이 이르기를.

벽두(劈頭) 정면으로부터, 갑자기.

일찰(一拶) 말로써 상대에게 일격을 가하다, 세게 한 대 치다.

누두(漏逗) 허점을 드러내다.

인아견(人我見) 아집, 자만심.

특살(忒煞) 太殺, 可殺. 살(煞)은 살(殺)의 옛 글자임. 매우, 대단히, 많이.

직득(直得) 致得. ~라는 결과에까지 이르다.

정(定) 여기선 뒤의 동(動)자와 어두자음(語頭子音)을 맞추기 위하여 쓰인 글자로서 별 뜻은 없다.

정동(定動) 안정되지 않다. 또는 그런 상태.

낙처(落處) 문제의 핵심.

불감(不堪) 옳지 않다[不可], 좋지 않다[不好].

단화상(端和尙) 오조법연의 스승인 백운수단(白雲守端, 1025~?) 화상.

상요(相饒) 넉넉하다, 충분하다. 원뜻은 '상인이 물건을 사는 이에게 덤으로 얹어 주는 선물(饒者商家謂添物之多也.《種電鈔》)'을 말한다. 상(相)은 접두어.

소실봉(少室峰) 하남성에 있는 숭산의 한 봉우리.

위 효명제(魏 孝明帝) 북위 제4대 효명제(516~528).

소림(少林) 숭산 소림사.

접득(接得) 수행자를 제자로 맞아들여 가르치다.

환~비(還~否) ~하는가. 의문 구절.

타(他) 여기선 명사 앞에 가볍게 붙는 관사적 용법. 즉 '저~'의 뜻.

차도(且道) 자, 말해 보라.

전래(前來) 전의 것. 래(來)는 소유를 나타내는 어조사. 후래(後來)는 '뒤의 것'.

작마생(作麽生) 어떻게〔如何〕.

타살(打殺) 두들겨 패다. 살(殺)은 동사 뒤에 붙어 그 동작이 격렬함을 나타낸다.

다호(搽糊) 塗糊, 糊塗. 애매모호(하다).

관(款) 죄상(罪狀)을 기록한 문서. 공관(供款)은 '자백하다'.

견기이작(見機而作) 상대의 정도를 보고 즉시 필요한 대응을 하다.

등~도(等~道) ~라고 말한 바로 그때.

호부즉유(好不啣嚕) 아주 멍청이. 호(好)는 '불(不)'을 역설적으로 강조하는 말이다.

유교사자(猶較些子) 만족스럽진 않지만 그런대로 됐다.

전(傳) 《보림전(寶林傳)》.

아나개시(阿那箇是) 어떤 것이 ~인가. 아(阿)는 접두어.

단적저(端的底) 진정한. 저(底)는 어조사.

위십마(爲什麽) 무엇 때문에.

광통율사(光統律師) 사분율종(四分律宗)의 개조인 혜광(慧光, 468~532).

보리류지(菩提流支, ?~527) 북인도 출신 삼장법사. 중국에 무착(無著)·세친(世親) 계통의 대승불교를 전했다. 달마를 독살하려는 주모자를 광통율사와 보리류지라고 주장한 것(《寶林傳》 등)은 사실과는 다르다. 말하자면 당시 선과 교의 극심한 대립을 이런 식으로 표현한 것이다.

편국지량(偏局之量) '편협된 견해' 또는 '편협된 견해를 가진 사람들'.

감임(堪任) 감당하다, 소화해 내다.

화연(化緣) 교화의 인연.

웅이산 정림사(熊耳山 定林寺) 하남성 웅이산에 있는 절.

송운(宋雲) 돈황 사람으로 북위 효명제 때(515~528) 서역 제국에 사신으로 갔다 왔다.

총령(葱嶺) 중국에서 서역으로 넘어가는 파미르고원 산맥 이름. 돈황 서쪽 80

리 지점에 있다. 파미르고원·곤륜산맥·천산산맥은 여기서부터 발원한다. 산이 높고 험하며 그 산 위에서 파(葱)가 난다.

척리(隻履) 한쪽 신발, 신발의 한짝.
차과(蹉過) 어긋나다. 빗나가다.
이(咦) ① 소리 없이 웃는 모양. ② 사람을 꾸짖거나 주의를 줄 때 내뱉는 큰 소리. 여기선 ①의 뜻.
하당(何當) 어느 날에야, 어느 때에야.
변적(辨的) 辨識. 문제의 핵심을 알다.
천인비공(穿人鼻孔) 사람의 콧구멍을 뚫다. 즉 '사람을 자기 뜻대로 부리다'.
창천 창천(蒼天 蒼天) 몹시 낙담했을 때 내는 개탄의 소리. '아이고! 아이고!'
호불대장부(好不大丈夫) 아주 사내대장부답지 못하다. 호(好)는 '매우, 대단히'.
양중공안(兩重公案) ① 앞에 이미 언급했던 공안을 다시 한 번 더 언급하는 것(이중의 공안). ② 잘못을 저지른 위에 또다시 잘못을 저지르는 것. 벽암록에서는 주로 ①의 뜻으로 사용되고 있다.
용~작마(用~作麼) ~을 해서 어쩔 셈인가.
재십마처(在什麼處) 落在什麼處. 어느 곳이 핵심인가.
천고만고(千古萬古) 천년만년. 영원무궁.
환수추흉(換手搥胸) (원통해서) 두 손으로 번갈아 가며 가슴을 치다.
망공계고(望空啓告) 몹시 슬퍼하다.
향귀굴리 작활계(向鬼窟裏 作活計) 번뇌망상 속에서 깨달았다고 착각하고 안주하다, 망상을 피우다. 향(向)은 '於, 在'와 같다.
잡지(匝地) 滿地, 遍地. 온 대지.
극(極) 핵심, 정수, 중심점.
대소(大小) 사람을 얕잡아볼 때 그 앞에 붙이는 말. '별 볼일 없는, 별것 아닌, 소위 ~라는 사람이'. '대소대(大小大)'라고 강조해서 쓰는 경우도 있다.
환유~마(還有~麼) ~이 있느냐.
대(待) 要. ~하려고 하다.

번관(番款)　翻款. 이전의 진술[款]을 뒤집어엎다[番].

나(那)　말끝에 붙어 힐책의 분위기를 나타낸다. '~인가'.

거취(去就)　① 사물에 대한 판단력이나 분별력. ② 행동 ③ 去來

탑살아로(塌薩阿勞)　몹시 고달프다.

일사~상사(一似~相似)　似~相似, 如(一如)~相似. '~와 같다'.

태아검(太阿劍)　고대의 명검.

반박(盤礡)　검을 자유자재로 휘두르다, 무애자재.

약시(若是)　만약, 만일.

재~변~(纔~便~)　~하자마자, ~하기가 무섭게.

상봉범수(傷鋒犯手)　칼날에 손이 베다.

염철(拈掇)　옛 공안을 거론하다.

송고(頌古)　공안에 송(頌)을 붙이다.

개정(揩定)　어떤 기준에 따라 선악과 시비를 결정하다.

지시(只是)　요컨대 ~에 지나지 않다.

염고(拈古)　공안에 평창을 붙이다.

대강(大綱)　大古, 大剛. 대체로.

거관결안(據款結案)　죄인의 진술[款]에 의해서 판결문[案]을 작성하다. 여기선 '공안의 요점을 서술하고 비평하다'.

직요(直饒)　비록 ~라 하더라도.

철안동정(鐵眼銅睛)　어떤 장애물도 능히 꿰뚫어 볼 수 있는 눈동자. 즉 '깨달은 수행자의 눈동자'.

정식(情識)　번뇌망상, 사량분별. 식(識) : 지적인 번뇌. 정(情) : 감정적인 번뇌. 생각[識]과 감정[情]은 서로 붙어 있다. 그래서 번뇌망상을 식정, 또는 정식이라 일컫는 것이다.

득마(得麼)　~할 수 있겠는가.

운문(雲門)　운문종의 개조인 운문문언(雲門文偃, 864~949).

자개사자(這箇些子)　바로 이것. 여기선 확연무성(廓然無聖)이라는 이 구절.

등(等)　待. ~을 기다려서.

감작십마(堪作什麼) 뭣을 하겠는가.

요자과신라(鷂子過新羅) 箭過新羅. '흔적이 없다[沒蹤跡]'는 뜻.

분(分) '자격', '자격을 갖추다'.

유(諭) 깨닫다, 알다.

타작양궐(打作兩橛) 두 쪽으로 나눠지다. 타(打)는 동사인 작(作)을 강조하는 접두어.

제방(諸方) 모든 사람들, 여러 곳.

수부지(殊不知) 전혀 모르다.

해염거박(解粘去縛) 무지와 번뇌의 매듭을 풀다.

추정발설(抽釘拔楔) 번뇌의 못을 뽑고 망상의 쐐기를 빼내다.

말후(末後) 끝 구절. 여기선 청풍잡지(清風匝地)라는 끝 구절을 가리킴.

발전관려자(撥轉關捩子) '심기(心機=關捩子)를 일전하다', '국면을 확 전환시키다'.

개리(箇裏) 箇中, 此中, 這裏. 여기.

재(在) 동사 집(執)의 뒤에 붙어 동작이 일어나는 장소를 나타내는 말.

태살(太煞) 특살(忒煞). 매우, 많이.

본분수각(本分手脚) 자신만이 가지고 있는 능력.

왕왕(往往) 자주자주.

지허노호지 불허노호회(只許老胡知 不許老胡會) 노호(老胡): 달마 대사. 지(知): 깨달음. 회(會): 머리로 아는 것[解會]. '아무리 위대한 달마 대사라 해도 머리로만 아는 것은 용납할 수 없다'는 뜻. 직접 체험[實參實究]을 강조하는 조사선의 기본 입장.

제2칙 趙州至道無難

직요(直饒) 直得. 비록 ~라 하더라도(가정).

당득(當得) 到得. 도달하다.
향상(向上) ~의 위에('위로 향하다'가 아님). 최상, 절대.
종승중사(宗乘中事) 선의 핵심.
전제불기(全提不起) 완벽하게 제시할 수가 없다.
전주(詮注) 언어문자로 해석하다.
청익(請益) 재차 가르침을 청하다.
도개불자(道箇佛字) 일개의 불(佛)자를 말하더라도.
타니대수(拖泥帶水) ① 상대의 눈높이에 맞게 가르치다. ② (언어의) 진흙이 묻어 엉망진창이 되다. 제2칙에선 ②의 뜻.
구참상사(久參上士) 오랫동안 선 수행을 한 사람.
초기(初機) 초심자.
직수(直須) ~하지 않으면 안 된다.
조주(趙州) 당말(唐末)의 선승(778~897).
승찬(僧璨) 중국 선종의 제3조(?~606).
양두삼면(兩頭三面) 변화무쌍하여 본모습을 알 수 없는 것. 즉 '말이나 행동이 일관성이 없어 갈피를 잡을 수 없음'. ① 정체를 알 수 없다. ② 무슨 말인지 알 수 없다.
소매롱(小賣弄) 과시하지 마라, 자만하지 마라.
환~야무(還~也無) 도대체 ~인가. 의문문을 구성하는 일반적인 속어 용법. 동의에는 다음이 있다. '還~不', '還~麼(摩)', '還~無', '還~也未'.
호석(護惜) 護持. 소중히 간직하다.
호여(好與) 실컷 ~ 하다. 여(與)는 접미사.
설주상악(舌拄上齶) 말문이 콱 막혀 버리다.
뇌유자일착(賴有這一著) 다행히 이 한 수[一著=바둑의 한 수]가 있었구나.
　뇌유(賴有~) : 다행히 ~이 있었다.
자노적(這老賊) 이 도적놈. 여기서의 노(老)자는 접두사다.
교정교염(鉸釘膠粘) 정(釘)으로 쪼아 만든 쇠붙이[鉸]와 아교로 붙인 장식용 물건[膠粘]. '집착과 구속'.

좌재(坐在)　안주하다, 정착하다.
설도(說道)　言道. 말하다. 도(道)는 접미사.
수수래사과이(垂手來似過你)　가르침을 내려 그대에게 보여 줬더라도. 수수(垂手) : 가르침을 내리다. 래(來) : 동작이 대상을 향하고 있음을 나타내는 어조사. 사(似) : ~을 보이다[示]. 과(過) : 동작의 시간·공간상의 경과를 나타내는 어조사.
구두(鉤頭)　낚싯바늘. 두(頭) : 어조사.
찰(拶)　一拶. 일격을 가하다.
갱(更)　부정의 의미를 강조하는 말. '결코'.
망전실후(忘前失後)　당황하다.
선화자(禪和子)　선승, 선 수행자. 자(子) : 어미.
동도부동철(同途不同轍)　가는 길은 같아도 가는 방향이 다르다.
분소불하(分疏不下)　아무 말도 할 수 없다.
작가(作家)　작가종사, 선의 거장.
의구(依舊)　지금까지와 마찬가지로.
무내~하(無奈~何)　어떻게 해볼 도리가 없다.
지득(只得)　부득이 ~할 수밖에 없다, ~할 수밖에 없다.
음기탄성(飮氣吞聲)　더 이상 할 말이 없어 입을 다물다.
논기(論機)　눈을 깜박이거나 손을 들어 보이는 등의 동작을 통해 가르침을 전하는 것.
논경(論境)　주장자를 들어 보이는 등의 어떤 장면이나 상황을 통해 가르침을 전하는 것.
일향(一向)　오직[只管].
본분사(本分事)　本來事. 선의 본래적인 입장.
상매요이접취 상타요이발수(相罵饒你接觜 相唾饒你潑水)　욕하든지 헐뜯든지 마음대로 하라. 즉 '남의 비판 따위엔 아예 신경을 쓰지 않는다'는 뜻.
횡염도용(橫拈倒用)　사람을 가르치는 방법이 자유자재하다.
지관(只管)　一向. 오직.

당면차과(當面蹉過)　정면에서 빗나가 버리다.
만구함상(滿口含霜)　말을 할 수가 없다.
단(端)　端的. 근본.
칠화팔렬(七花八裂)　① 발기발기 찢어지다. ② 칠통팔달(七通八達). 제2칙에 선 ①의 뜻.
분개호(分開好)　분류해 보는 것도 괜찮다.
요기(了期)　결말을 지을 때.
절기(切忌)　~는 금물이다.
노행자(盧行者)　육조혜능(638~713).
동참(同參)　동창생.
고목용음(枯木龍吟)　용트림을 한 고목의 구멍 속으로 바람이 들어갈 때 나는 소리.
낙처(落處)　문제의 핵심.
거일우불이삼우반 사삼우반일(擧一隅不以三隅反 似三隅反一)　반(反)은 '응답하다', '반응을 보이다'. 사각(四角＝四隅) 가운데 일각(一角)을 거론하면(가르쳐 주면) 나머지 삼각(三角＝三隅)은 스스로 알아야 하는데 그 길 모르고 삼각을 가르쳐 줘야 비로소 일각을 아는 것. 시혜로움과 우둔함을 말하는 것으로서 원래는《논어(論語)》에 있는 말인데 여기선 약간 다른 뜻으로 쓰고 있다. 즉 '하나[본질]를 들어 보이고 셋[현상]을 생략하고, 셋을 들어 보이고 하나를 생략하다'는 뜻으로 쓰고 있다.
소이고인도(所以古人道)　소이(所以)는 아마도 필사 과정에서 부연된 글자일 것이다. 전후의 문맥으로 보아 전혀 불필요한 글자다.《일야본(一夜本)》에서는 이 두 글자를 생략했다.
타성일편(打成一片)　대립의 차원을 넘어 절대 평등의 경지에 들어감. 또는 '그런 경지'.
즘생(怎生)　作麼生. 어떻게.
평온(平穩)　安穩. (눈앞에 있는 것처럼) 분명하고 확고부동함.
결리(結裏)　비장해 놓은 물건, 밀봉해 놓은 물건.

산래(第來) 결국은.
두상안두(頭上安頭) 불필요한 설명을 덧붙이다.
태고준생(太孤峻生) 그 기상이 '아주 높고 험하다'. 태(太)는 강조어. 생(生)은 접미어.
누두(漏逗) 허술하다, 무기력하다.
참득투(參得透) 투철하게 참구하다.
견득철(見得徹) 철저하게 깨닫다.
정해(情解) 분별심.
변견~불(便見~不) 문득 ~하지 못하게 되다.
교가처(交加處) 고인의 글귀를 적당히 잘라서 다시 인용하다〔教錯加工〕. 교가(交加) : 당대(唐代)의 속어. 여러 가지가 뒤섞인 모양.
일찬천각(一串穿却) 한 꼬챙이에 모두 꿰다. 여기선 '한 곳으로 몰아 일괄적으로 설명하다'.
통방작자(通方作者) 팔방으로 통달한 선지식.
변득(辨得) 간파하다, 알아차리다.
불견(不見) 상대방에게 주의력을 환기시킬 때 쓰는 말. '~라는 사실을 (그대는) 익히 알고 있을 것이다'.
향엄(香嚴) 향엄지한(香嚴智閑, ?~898).
석상(石霜) 석상경제(石霜慶諸, 807~888).
재(在) 문장 끝〔句末〕의 재(在)는 강한 단정을 나타낸다.
조산(曹山) 조산본적(曹山本寂, 840~901).
연수여시(然雖如是) 雖然如是. 비록 그렇긴 하나.
미심(未審) 의문을 제시하는 말. '도대체'.
당인(當人) 본인, 당사자.
수~시득(須~始得) ~하지 않으면 안 된다.
백장(百丈) 백장회해(百丈懷海, 749~814).
범시(凡是) 대개, 대강.
호채(好彩) 주사위놀이에서 이길 승산이 있는 행운의 눈금.

지시(只是) 전혀.

제3칙　馬大師不安

일기(一機)　마음의 움직임을 표정이나 몸짓으로 나타내 보이는 것. 즉 눈썹을 치켜올리고 눈을 깜박이는[揚眉瞬目] 등과 같은 '하나하나의 표정이나 동작들'.
입처(入處)　悟入處. 깨달음의 단서가 되는 곳.
대용현전 부존궤칙(大用現前 不存軌則)　힘찬 활동이 전개될 때는(깨달음이 파도칠 때는) 자질구레한 제재나 금기 따위는 있을 수 없다.
향상사(向上事)　向上宗乘中事(제2칙 '수시' 참조). '깨달음마저 초월한 절대의 차원'.
임마(恁麽)　긍정의 차원[放行].
불임마(不恁麽)　부정의 차원[把住].
태염섬생(太廉纖生)　아주 섬세하고 치밀하다. 생(生)은 어조사.
시~간(試~看)　한번 ~해 보라, 시험삼아 ~해 보자.
마대사(馬大師)　馬祖道一(709~788).
불안(不安)　몸이 몹시 아프다.
사백사병(四百四病)　몸에 있는 모든 병.
화상(和尙)　선승에 대한 최상의 존칭.
존후(尊候)　體候. 안부를 묻는 존칭.
양자(養子)　제자를 가르치다.
독보단소(獨步丹霄)　홀로 노을이 붉게 물든[丹] 저녁 하늘[霄]을 걸어가다. 즉 '절대의 경지에 노니는 초탈한 사람의 모습'.
고목암전(枯木巖前)　사량분별과 감정의 찌꺼기가 모두 말라 버린 경지.
본분인(本分人)　선 수행에 전념하는 사람.

본분사(本分事) 본질적인 일, 깨달음의 일.

거재(去在) ~할 것이다. 거(去)는 동작의 진행을 나타내는 어조사. 재(在)는 단정을 나타내는 어조사.

수시(須是) 당연히 ~하지 않으면 안 된다. 다음의 말들도 같은 뜻으로 사용되고 있다. '須~始得', '須是~始得', '須得~始得', '直須', '直須~始得'.

여년(驢年) 나귀의 해. 십이지(十二支)에 없는 해다. 그러므로 '여년'이란 '영영 오지 않는 해' 란 뜻이다.

지여(只如) 화제를 다른 방향으로 바꾸고자 할 때 쓰는 말. '그건 그렇고'.

점(點) 點藥. 약을 복용하다.

평위산(平胃散) 위장약.

파비(巴鼻) 把鼻. 소의 고삐를 잡다. 즉 '어떤 일의 핵심을 파악하다'.

요(要) ~하고자 하다[欲].

개구견담(開口見膽) 開口見心. 마음속을 모두 드러내다.

오제삼황(五帝三皇) 三皇五帝. 중국 고대의 세 황제(복희씨 · 신농씨 · 황제)와 그 뒤를 이은 다섯 천자(소호 · 전욱 · 제곡 · 요 · 순).

태고생(太高生) 너무 높다, 거만하다. 생(生)은 어조사.

막~호(莫~好) 권유, 금지를 뜻함. '~하지 마라', '~하지 않는 것이 좋다'.

창룡굴(蒼龍窟) 용의 여의주[깨달음]를 얻기 위하여 열심히 선 수행을 하는 것.

아자끽고과(啞子喫苦瓜) 벙어리가 쓴 오이를 씹다. 즉 '괴롭지만 말을 할 수가 없다' 는 뜻.

굴(屈) 굴욕, 고난 등을 나타낼 때 쓰는 감탄사. '아아, 얼마나 뼈 깎는 고통의 날이었던가'.

수살(愁殺) 근심스럽다. 살(殺)은 동사 뒤에 붙어 의미를 강하게 한다.

감술(堪述) 반어적인 강조 용법. '말로는 도저히 다 말할 수 없다', '어떻게 말해야 한단 말인가'.

아수(阿誰) 누구. 아(阿)는 인칭대명사 앞에 붙는 접두어.

설여(說與)　말하다. 여(與)는 어조사로서 '동작이 상대쪽으로 향하고 있음'을 뜻한다.

신종(神宗)　송(宋)의 제6대 황제(재위 기간 1067~1085).

풍국(諷國)　나라를 풍자하다.

입장(入藏)　대장경에 편입시키다.

참심(參尋)　參禪尋究. 열심히 선 수행을 하는 것.

일사~상사(一似~相似)　似~相似. ~와 같다.

지소득(只消得)　~을 얻었을 뿐이다.

홍양부시자(興陽剖侍者)　홍양청부(興陽淸剖). 북송 중기의 사람.

원록공(遠錄公)　부산법원(浮山法遠, 991~1067).

사갈(娑竭)　婆竭羅龍王.《법화경》(序品)에 나오는 용왕.

금시조(金翅鳥)　가루라(迦樓羅, garuda). 용을 잡아먹는다는 큰 새.

개중(箇中)　箇裏, 這裏, 此中. 여기.

촉루전(髑髏前)　죽음에 다다르다.

굴절당흉(屈節當胸)　叉手當胸. 두 손을 가슴에 모으고 상대방에게 허리 굽혀 절하는 중국식 인사법.

수미좌하오구자(須彌座下烏龜子)　설법상〔須彌床〕의 다리에 소각된 섬은 서북 형상〔烏龜子〕.

점액(點額)　(시험에서) 낙제하다.

선월(禪月)　선월관휴(禪月貫休, 832~912).

주후유부(肘後有符)　팔꿈치 뒤에 부적이 있다. 도교에서 '호신부(護身符)를 팔꿈치에 붙이고 있으면 귀신들이 접근하지 못한다'는 말이 있다. 여기서는 '능수능란한 선 수행자의 행동력'을 말한다.

수시~시득(須是~始得)　당연히 ~하지 않으면 안 된다.

제4칙 德山挾複子

방행(放行) 긍정의 입장.
파주(把住) 부정의 입장.
덕산(德山) 덕산선감(德山宣鑑, 782~865).
담판한(擔板漢) 외곬, 사물의 한 면밖에 보지 못하는 사람.
위산(潙山) 위산영우(潙山靈祐, 771~853)가 머물던 산.
복자(複子) 짐꾸러미, 휴대용 가방.
납패결(納敗缺) 스스로 패배를 자초하다.
사자후(獅子吼) 사자의 울음소리. 즉 '부처의 설법'에 비유함.
감파(勘破) 看破. 본질 또는 핵심을 꿰뚫어 알다. 파(破)는 동사 뒤에 붙어서 그 동작이 완벽하게 성취됐음을 나타낸다.
점(點) 바로 그것이다.
문수(門首) 산문의 앞〔山門前〕.
초초(草草) 경솔하다.
좌차(坐次) 막 앉았을 때. 차(次) : 막~했을 때.
무풍기랑(無風起浪) 平地風波. 엉뚱하게 문제를 일으키다.
좌단(坐斷) 挫斷. 제압하다, 기세를 꺾다. 단(斷)은 어조사.
권실조용(權實照用) 방편〔權〕과 본질〔實〕, 관찰〔照〕과 대응〔用〕.
의취(擬取) ~을 잡으려고 하다〔欲取〕. 의(擬)는 '~을 하려고 하다'.
나운획무자(拏雲攫霧者) 뛰어난 수완가.
각(却) 동사 뒤에 붙어서 의미를 강조하는 말. ㉠ 失却, 沒却.
동변(東邊) 東家. 동쪽 가게.
낙절(落節) 손해를 보다.
발본(拔本) 원금, 원금을 돌려받다.
반결(盤結) (집을) 짓다.
협산(夾山) 여기선《벽암록》의 저자인 원오 자신을 지칭하는 말이다. 그는 협산의 영천선원 벽암 방장실에서 이 평창을 강의했다.

장육금신(丈六金身)　일장육척(一丈六尺)의 황금불신(黃金佛身).

서촉(西蜀)　지금의 사천성.

금강유정(金剛喩定)　金剛三昧. 최고의 경지에서 얻어지는 '금강석같이 견고한 직관력'.

후득지(後得智)　금강유정을 성취한 후에 얻어지는 지혜, 이 세상의 모든 차별상을 꿰뚫어 아는 지혜[差別智].

남방마자(南方魔子)　제4칙에선 '강남의 마조 계통 선승들'을 가리키는 말.

점심(點心)　가벼운 식사.

유자(油糍)　기름에 튀긴 떡.

상좌(上座)　나이가 들고 덕이 있는 승려에 대한 존칭. 그러나 제4칙에선 선승에 대한 일반적인 존칭으로 쓰이고 있다.

용담(龍潭)　용담숭신(龍潭崇信, ?~?).

향(嚮)　사모하다, 존경하다.

진중(珍重)　헤어질 때의 인사말.

방(方)　지금 곧 ~하려고 하다.

갈세추기(竭世樞機)　盡世樞機. 이 세상의 주요한 깃들[樞機]을 모두 다 알고 있다.

설두(舌頭)　말, 말씀. 두(頭) : 어미.

가중(可中)　箇中, 箇裏. 만일, 만약.

화(化)　교화.

막시~마(莫是~麽)　의문문의 일반적인 표현. '~한 것은 아닌가'.

전(顚)　미치다, 돌아 버리다.

직시(直是)　틀림없이.

영령한(英靈漢)　용맹스럽고 영특한 사람.

환타사자아(還他師子兒)　저(덕산)로 하여금 사자의 본성을 발휘하도록 하라.

가요(假饒)　설령, 비록 ~하려고 해도.

해위(奚爲)　何爲. 어떻게 할 것인가.

여허다(如許多) 이처럼 많은.
아로(阿勞) 고통, 고민. 아(阿)는 접두어.
현사(玄沙) 현사사비(玄沙師備, 835~908).
직사(直似) 直饒. 비록 ~라 하더라도.
불관(不管) ~에 상관하지 않다, ~에 관심을 두지 않다.
절좌(折挫) 굴욕, 굴욕을 당하다.
일상(一上) 한바탕〔一下, 一場, 一回〕.
심변래풍(深辯來風) 활을 쏘기 전에 바람이 부는 방향을 잘 관찰하는 것. 여기선 '상대를 잘 식별하는 관찰력'.
오와(聱訛) 여기 제4칙에선 '그 뜻이 깊어 이해하기가 어려운 것'.
눌당(訥堂) 원오 자신이 스스로를 부르는 말.
이인(二人) 원고와 피고.
완완지(緩緩地) 여유만만하게. 지(地)는 어조사.
타풍타우(打風打雨) 바람을 일으키고 비를 오게 하다. 타(打)는 동사성이 강한 접두어로서 뒤에 오는 동사를 활성화시킨다. 예 타수(打水) : 물을 긷다.
환작~득마(喚作~得麼) ~라고 말할 수 있겠는가.
수기(受記) 장차 부처가 될 것을 미리 예언하는 것.
택광장산(澤廣藏山) 넓은 못으로 높은 산을 싸안다. '부드러움으로 억센 것을 포용하다'.
이능복표(理能伏豹) 살쾡이〔理＝狸〕가 계략을 써서 표범〔豹〕을 굴복시키다. '지략으로 힘을 누르다'.
약야(若也) 若是. 만일.
언유재이(言猶在耳) 이미 알고 있다, 그 말이 아직도 귀에 쟁쟁하다.
증(曾) 결국.
험타(嶮墮) 아주 위험한 지경에 놓이다.
삼십육책(三十六策) 병법(兵法)의 모든 술책.
창박상수(唱拍相隨) 노래와 박자가 잘 맞다.

반박(盤礴)　(어떤 물건을) 자유자재로 다루다.
기호(幾乎)　~에 가까웠다. 호(乎)는 문장의 호흡을 이완시키기 위하여 사용한 조사.
천자(天子)　여기 제4칙에서는 한(漢)나라의 효문제(孝文帝)를 가리킴.
성와(盛臥)　꼼짝 않고 누워 있다.
호아(胡兒)　흉노의 병사.
견도(見到)　見處. 도(到)는 앞 글자의 뜻을 강조하는 어조사. ⓔ 설도(說到) : 說處. 행도(行到) : 行處. 용도(用到) : 用處.
입지(立地)　즉시.
유(有)　명사, 형용사 앞에 놓여 이음어절을 구성함. 번역할 필요는 없다.
분(分)　자격.
사자(些子)　조금도, 전혀.
멸멸설설(㓕㓕挈挈)　절름발이의 긴 다리〔㓕〕와 짧은 다리〔挈〕. '긴 것과 짧은 것이 서로 어긋나서 박자가 맞지 않는 것'.
저(底)　어조사. 적(的)·지(地) 등과 같이 쓰임.
번장(番將)　胡將. 흉노의 대장.
대유공부(大有工夫)　아주 공을 많이 들이다.
편의(便宜)　이익, 이익을 보다.
불방(不放)　不許. 허락하지 않다.
출두(出頭)　자신을 드러내다, 정면으로 나서다.
기증(幾曾)　도대체 ~한 일이 있는가, ~할 리가 없다.

제5칙　雪峰盡大地

대범(大凡)　부사로서 문장 앞에 놓이는 말. 굳이 번역할 필요는 없다.
부수(扶竪)　선(禪)의 가르침을 확립하고 부연하는 것.

종교(宗敎)　여기 제5칙에선 '선의 근본적인 가르침'을 말함.

조용(照用)　조(照): 상대방의 인물 정도를 직관적으로 아는 것. 용(用): 상대방의 정도에 알맞게 가르침을 펴는 것.

권서(卷舒)　거둬들이다[卷]: 파주(把住), 펴다[舒]: 방행(放行).

방과일착(放過一著)　한 수를 허락하다, 한 수가 늦었다, 한 걸음 물러서다.

제이의문(第二義門)　方便門. 언어, 사고의 차원.

부득(不得)　동사 뒤에 붙어 '~하는 것이 불가능함'을 나타내는 말. '~할 수가 없다', '~해서는 안 된다'.

설봉(雪峰)　설봉의존(雪峰義存, 822~908).

속미립(粟米粒)　벼 한 톨.

불롱귀안정(不弄鬼眼睛)　속임수를 쓰지 않다.

포향(抛向)　~을 향해 던지다. 향(向)은 동사 뒤에 붙어 동작의 방향을 나타낸다.

불하(不下)　행위가 아직 완전하게 행해지지 못함을 나타낸다.

자령출거(自領出去)　자신의 죄를 스스로 인정하고[自領] 자신을 형장으로 끌고 가다[出去].

보청(普請)　선원에서 행하는 공동 노동, 울력.

삼군(三軍)　주(周)나라의 군대 편제. 대국(大國)의 군대 37,500명을 지칭[一軍(12,500명)×3(三軍)=37,500명]. 그러나 여기선 그저 '대단히 많은 군대' 정도로 이해하면 된다.

장경(長慶)　장경혜릉(長慶慧稜, 854~932).

운문(雲門)　운문문언(雲門文偃, 864~949).

운봉(雲峰)　운봉문열(雲峰文悅, 998~1062).

여마도(與麽道)　恁麽道. 이와 같이 말하다, 이렇게 말하다.

참탈행시(攙奪行市)　시장에서 불법적으로 상거래를 하는 것.

대위철(大潙喆)　대위모철(大潙慕喆, ?~1095).

접물리생(接物利生)　중생제도.

투자(投子)　투자대동(投子大同, 819~914).

동산(洞山)　동산양개(洞山良价, 807~869). 조동종의 초조(初祖).
반두(飯頭)　선원에서 밥짓는 일을 맡는 직책, 공양주.
종상종승중사(從上宗乘中事)　대대로 전해 오는 선의 핵심처〔極則處〕.
오산(鰲山)　지명. 예주(澧州) 호남성(湖南省)의 오산진(鰲山鎭).
암두(巖頭)　암두전활(巖頭全豁, 828~887).
불견도(不見道)　不聞道, 不信道. 옛사람의 말을 거론할 때면 으레 먼저 사용되는 상투어. '~라고 말한 사실을 이미 알고 있겠지'.
특지주작(特地做作)　고의〔特地〕로 조작하여 만들어 내다.
규구(規矩)　목수가 집 지을 때 쓰는 둥근 자〔規〕와 사각자〔矩〕. 여기선 '규범, 규칙, 본보기'.
구차(苟且)　무책임하다, 경솔하다, 철저하지 못하다.
겸추(鉗鎚)　대장간의 망치와 집게. 즉 '제자를 단련시키는 스승의 수완과 능력'을 말함.
별비사(鼈鼻蛇)　살모사, 독사. 여기 제5칙에선 '우리의 본성을 역설적으로 표현한 말'이다.
능도자(稜道者)　장경혜릉.
대유인(大有人)　틀림없이 ~한 사람이 있다. 대(大)는 강조를 나다내는 접두어.
망주정(望州亭)　설봉산에 있는 정자.
오석령(烏石嶺)　복주(福州)의 오석산(烏石山)에 있는 고개. 설봉산에서 30여 리쯤에 있다.
보복(保福)　보복종전(保福從展, ?~928). 설봉의 제자.
차치(且置)　且致, 且止. ~은 그렇다 치고. 화제를 바꿀 때 쓰는 말.
아호(鵝湖)　아호지부(鵝湖智孚). 설봉의 제자.
권회(圈繢)　繾繢, 圈貴. 계략.
용처(用處)　역량, 역량을 발휘한 곳.
낭당(郎當)　漏逗. 길을 곧바로 가지 못하고 머뭇거리다. 여기 제5칙에선 '제자를 깨우쳐 주기 위한 스승의 노력'을 말함.
우두몰 마두회(牛頭沒 馬頭回)　신출귀몰의 절묘한 동작. 주고〔與, 放行〕, 뺏기〔奪, 把住〕를 자유자재로 사용하는 것.

법불상요(法不相饒)　사시운행과 만물생성의 법칙은 단 한 치도 부족하거나 넘침〔饒〕이 없는 것.

당두(當頭)　즉석에서, 눈앞에서, 처음, 최초.

통일선도(通一線道)　하나의 암시를 주다.

약로(略露)　약간 드러나다.

풍규(風規)　본론, 문제의 핵심.

제6칙　雲門十五日

수어(垂語)　문제를 제기하다.

운문(雲門)　운문문언. 운문종의 초조.

도장일구래(道將一句來)　한 마디를 일러 보라. 도(道) : 말하다. 장(將) : ~을. 래(來) : 어조사로서 이야기하는 사람의 의지를 나타낸다. 즉 '한 마디를 일러 보라'는 이 말 속에는 이야기하는 사람(운문)의 강한 의지가 들어 있다.

호일(好日)　① 생일(江南鄕談呼人生日　慶賀致禮云　今日好日頭.《不二鈔》). ② 吉日(好日發行軍. 岑參의 詩 '鳳翔府行軍送程使軍赴成州').

참(參)　① 선에 입문해서 가르침을 받다. ② 참구(參究, 탐구)를 재촉하는 말. 여기선 ①의 뜻.

목주(睦州)　목주도명(睦州道明, 780~877). 진존숙(陳尊宿)이라는 이름으로 더 알려짐. 운문의 발목을 부러뜨려 깨닫게 했고 임제를 황벽에게 데리고 가 깨닫게 해준 선의 거장. 짚신을 삼아 팔아서 어머니를 봉양했다.

선기전전(旋機電轉)　교화의 방법이 자유자재하다.

진시닥력찬(秦時轢𨍏鑽)　아방궁을 지을 때 쓰던 큰 송곳. 무용지물(無用之物)을 뜻함.

일모탈출(一摸脫出)　依模脫出. 동일한 주형(鑄型)에서 찍혀 나온 것처럼 똑같이 닮다.

진조상서(陳操尙書)　목주 문하의 거사.

허(許)　~만큼, ~ 정도.

영수(靈樹)　영수여민(靈樹如敏, ?~920).

수좌(首座)　선원에서 가장 윗자리에 있는 사람.

목우(牧牛)　수행을 하다. 번뇌망상을 다스리는 것을 '소를 길들이는 것'에 비유함.

삼문(三門)　山門. 절의 정문.

광주류왕(廣主劉王)　5대16국의 하나인 남한(南漢)의 건국자 류은(劉隱, 874~911).

장부(臧否)　吉凶.

이연(怡然)　편안하다, 넉넉하다.

일합자(一合子)　한 개의 향 담는 상자〔香合子〕.

일첩자(一帖子)　한 통의 편지.

인천안목(人天眼目)　인간과 천상계의 지도자.

침병(寢兵)　군대를 거두다, 전쟁을 그치다.

출세(出世)　수행자가 선 수행을 끝내고 선의 지도자가 되는 것.

개당설법(開堂說法)　선원의 지도자가 되어 행하는 최초의 설법.

매향객(賣香客)　향을 파는 상인.

하(夏)　夏安居. 음력 4월 15일부터 7월 15일까지 90일간의 수행 기간.

존숙(尊宿)　수행을 쌓은 선승에 대한 존칭.

내인(內人)　여기선 '궁중 안에 사는 사람들'. 궁중에서 시중을 드는 여인들.

직전사(直殿使)　왕궁 친위대의 대장〔指揮使〕.

벽옥전(碧玉殿)　류왕(劉王)의 궁전.

수각(輸却)　지다, 패하다. 각(却)은 동사의 뒤에 붙어 의미를 강조한다.

고(顧)　자기 자신을 되돌아보라. 원래는 주위를 돌아본 운문의 동작이다. 그래서 후대에는 이 고(顧)자를 빼 버리고 감(鑒)과 이(咦)만을 썼다.

감(鑑) 자신의 마음을 관찰하라.

이(咦) 놀랐을 때 나오는 감탄사.

정법안장(正法眼藏) 불법(佛法)의 올바른 안목.

평보(平鋪) 평상, 보통.

철궐자(鐵橛子) 무쇠 막대기. '언어문자로 설명할 수 없는 것'.

동산초(洞山初) 동산수초(洞山守初, 910~990).

지문관(智門寬) 지문사관(智門師寬, ?~?).

덕산밀(德山密) 덕산연밀(德山緣密, ?~?).

향림원(香林遠) 향림징원(香林澄遠, 908~987).

소양신정기(韶陽新定機) ① 운문이 사용했던 목주의 전술전략. 소양(韶陽) : 운문산 광태선원(光泰禪院)이 있던 곳. '운문'을 가리키는 말. 신정(新定) : 목주가 머물던 목주군(睦州郡)의 별명. '목주'를 가리키는 말. 기(機) : 기략, 전술전략. 운문은 목주 문하에서 대오(大悟), 납자를 지도하는 데 있어서 목주의 지도 방법을 많이 사용했다. ② 운문〔韶陽〕의 참신하고〔新〕 지혜로운〔定=禪定智〕 기략〔機〕. 여기선 ①과 ②의 뜻이 모두 포함된다.

명일(明日) 내일.

삼구(三句) 운문종의 특성을 나타낸 세 글귀. 즉 '함개건곤구(函蓋乾坤句)·절단중류구(截斷衆流句)·수파축랑구(隨波逐浪句)'.

타살불여자살(他殺不如自殺) 타인을 경책하는 것보다 자기 자신을 경책하는 것이 더 낫다. 여기 제6칙에서의 살(殺)은 '경책한다'는 뜻이다.

타가(他家) 타(他) : 운문. 가(家) : 명사에 붙는 접미어.

수요(須要) ~하지 않으면 안 된다.

사유(四維) 네 개의 간방. '동남, 동북, 서남, 서북'.

하사생(何似生) 어떤가, 무엇과 같은가. 하사(何似) : 如何. 생(生) : 접미사.

종관(縱觀) 아무 곳이나 마음대로 보다.

쟁내(爭奈) 어찌할 것인가, 어떻게 해볼 수가 없다.

용용(茸茸) 풀이 무성한 모양.

뇌후발전(腦後拔箭) ① 뒤통수에 박힌 화살을 뽑다(스승이 제자를 起死回生 시키다). ② 머리 뒤로(등 뒤로) 화살을 쏘다(자유자재 백발백중.《種電鈔》).《벽암록》에서는 주로 ②의 뜻으로 쓰이고 있다. 발(拔)자에는 '(화살을) 뽑다' 라는 뜻도 있지만 '(화살을) 당기다〔拔剌〕'는 뜻도 있다.

평실처(平實處)   어중간한 곳.

몍몍(羃羃)   구름이나 연기가 자욱한 모양.

공생(空生)   수보리(須菩提) 존자. 부처의 열 제자 가운데 한 사람.

탄지(彈指)   '두 손가락을 튕기다' 또는 '그때 나는 소리'. 각성과 힐책의 뜻이 포함되어 있는데 여기선 힐책의 뜻으로 쓰이고 있다.

감비(堪悲)   슬퍼하다. 감(堪)은 '~할 수 있다' 라는 뜻이지만 굳이 해석할 필요는 없다.

순야다(舜若多)   수냐타(Sunyata). 허공신(虛空神).

막동착(莫動著)   분별심을 내지 마라. 착(著)은 어조사.

석가노자(釋迦老子)   부처. 노자(老子)는 '늙은이', '노인' 이라는 뜻으로 부처에 대한 존칭.

마갈제국(摩竭提國)   마가다(Magadha) 왕국. 지금의 인도 비하르(Bihar) 지방. 부처 당시 이곳에 거대한 마가다 왕국이 있었나.

개구처(開口處)   말로 설명할 수 있는 곳.

오비구(五比丘)   최초로 부처의 제자가 된 석가족 출신의 다섯 사람.

삼백육십회(三百六十會)   부처가 일생 동안 설법한 횟수.

향상전제(向上全提)   불법의 본질을 그대로 제시하다.

일개반개(一箇半箇)   극히 적은 수의 사람. '한 개와 반 개' 가 아니라 '한 개의 반 개(1/2)'.

직득(直得)   ~라는 결과에까지 이르다.

착착(著著)   (바둑의) 한 수, 한 수. 또는 '사물의 한 개, 한 개'.

확탕노탄(鑊湯爐炭)   확탕지옥과 노탄지옥.

검수도산(劍樹刀山)   검수지옥과 도산지옥.

기불견(豈不見)   '이미 알고 있을 것이다' 또는 '이미 알고 있는 바와 같이'.

'다음과 같은 사실을 이미 알고 있을 것이다'.
부시하인(復是何人)　도대체 누군가.
천제석(天帝釋)　帝釋天. 인드라(Indra) 신. 원래는 힌두교의 신인데 불교에서는 불교를 보호하는 호법신(護法神)으로 격하시키고 있다.
야득(惹得)　引得. ~라는 결과를 초래하다.
나리(那裏)　여기 제6칙에선 '어느 곳〔何處〕'의 뜻으로 쓰임.
망망요요(忙忙擾擾)　茫茫擾擾. 드넓다.
득(得)　어조사. 동사 뒤에 붙어서 '가능'을 나타내는 조사.
궁(窮)　極, 極則處. 핵심, 핵심적인 곳.
정호(正好)　참으로 잘 어울린다. 참으로 그럴 수밖에 없다.

제7칙　法眼答慧超

성전일구(聲前一句)　언어문자 이전의 소식.
여격대천(如隔大千)　아주 멀다. 대천(大千) : '삼천대천세계(三千大千世界, 우주)'의 준말.
성조한(性懆漢)　성미가 급한 사람. 그러나 여기 제7칙에선 '영리한 사람'의 뜻으로 쓰이고 있다.
개대공(蓋代功)　한 세대를 뒤덮을 수 있는 큰 업적.
차치(且致)　且置. 그건 그렇다 치고.
법안(法眼)　법안문익(法眼文益, 885~958). 법안종(法眼宗)의 초조(初祖).
담가과장(擔枷過狀)　스스로 목에 칼〔枷〕을 쓰고 자백서를 내놓다〔過狀〕.
혜초(慧超)　귀종책진(皈宗策眞, ?~979). 법안문익의 법(法)을 이었다.
의모탈출(依模脫出)　一模脫出. 똑같은 모형에서 찍혀 나오다. 여기 제7칙에선 '간단명료한 법안의 가풍'을 비유한 말.
철준도(鐵餕䭃)　무쇠로 빚은 만두. '아무 맛이 없다'는 뜻.

취신타겁(就身打劫) 모두 빼앗아 버리다. 취신(就身) : 몸에 있는 모든 것. 타겁(打劫) : 겁탈하다, 약탈하다. 속어에서 打는 뒤에 오는 글자를 동사화 한다. 예) 打風打雨 : 바람 불고 비가 오다.

줄탁동시(啐啄同時) 속의 병아리가 달걀 껍질을 깨고 나오기 위해 껍질을 쪼을 때[啐] 알을 품던 어미 닭이 밖에서 병아리가 쪼은 바로 그곳을 쪼아 주는 것[啄]. 즉 '스승과 제자의 심기가 투합되는 것'.

기(機) 내적인 의지나 힘이 외부로 나가려는 조짐. 여기 제7칙에선 '의지, 능력' 정도로 이해하기 바람.

상량(商量) 따지고 분별하다. 원래의 뜻은 '장사치들이 물건을 흥정할 때 주고받는 말'이다.

직하(直下) 즉시, 대번에.

지관(只管) 오직, 오로지.

제비시(除非是) 除非. 除是, 다만 ~이 있을뿐이다(只有).

멸호종족저한(滅胡種族底漢) 부처의 종족[胡族]을 멸한 자, 불법을 파괴한 자. 즉 '진리를 전혀 모르는 자'.

관대(管帶) 관(管) : 마음속에 간직하다. 대(帶) : 언제나 몸에 지니고 다니다.

측감원(則監院) 법안 밑에서 사무를 관장[監院]하던 현측(玄則) 선사.

참청(參請) 朝參暮請. 선 수행을 하며 선지식에게 가르침을 청하다.

청림(青林) 青峰義誠(人名)의 잘못 표기.

입두(入頭) 悟入處. 몸소 깨달은 곳.

병정동자(丙丁童子) 병정(丙丁) : 불[火]. 동자(童子) : 불을 관리하는 동자. 여기선 그냥 '불[火]'이란 뜻으로 병정동자(丙丁童子)를 쓰고 있다.

가갱설간(可更說看) 어디 다시 한 번 말해 보라.

불분(不憤) 몹시 화가 나다. 불(不)은 '뜻을 강조하는 어조사'.

기단(起單) 선원을 떠나다. 단(單) : 좌선할 때의 좌석.

강(江) 양자강.

오백인선지식(五百人善知識) 500명의 제자를 거느린 스승.

오위군신(五位君臣) 君臣五位. 조동종(曹洞宗)에서 진리를 보는 다섯 가지 입장.

사료간(四料簡) 상대의 정도에 따라 거기 알맞게 가르침을 펴는 네 가지 수단. 임제에 의해서 처음 제창됨.

당양(當陽) 정면으로부터, 명백하게.

심사(尋思) 곰곰이 생각하다.

소국사(韶國師) 천태덕소(天台德韶, 891~972).

소산(疏山) 소산광인(疏山匡人, 837~909).

정상(頂相) 스승이 깨달음의 징표로 제자에게 준 스승 자신의 초상(肖像, 眞影).

조원일적수(曹源一滴水) 조계(曹溪, 六祖)의 근원에서 발원한 한 방울의 물. 즉 '선의 핵심'.

통현봉(通玄峰) 천태산에 있는 봉우리의 이름. 여기선 '천태덕소 자신의 경지'를 뜻함.

타변정신(打辦精神) 打起精神. 전력투구하다.

사임마(似恁麼) 이같이, 이와 같이.

승당(承當) 받아들이다, 승낙하다, 뒤를 잇다.

현혁(顯赫) 분명하게 드러나다.

강국(江國) 양자강 이남, 법안이 선원을 연 강령부(江寧府) 부근. 지금의 남경 부근.

남남(喃喃) 제비 지저귀는 소리, 말이 많은 모양. 여기 제7칙에선 '자고새가 우짖는 소리'.

애문방호(挨門傍戶) 주인 떠난 집의 문을 열고 안을 기웃거리다. '주체성이 없다'.

수주대토(守株待兎) 刻舟求劍. '어리석기 그지없다'는 뜻.

직요(直饒) 비록 ~라 해도.

작가(作家) 作家宗師. 훌륭한 선승.

천득거(薦得去) 깨닫다〔到得去〕. 거(去) : 어조사. (핵심을) 파악하다.

삼생육십겁(三生六十劫) 여기 제7칙에선 '깨달을 기약이 없음'을 뜻하는 말이다.

상자(傷慈) 자비심이 지나치다.

당하(當下) 즉시, 그 자리에서.

우문(禹門) 龍門. 산서성(山西省) 하진현(河津縣)의 서쪽.

종렵미(鬃鬣尾) 말의 갈기 같은 꼬리.

단사옹(端師翁) 백운수단(白雲守端, 1025~1072). 오조법연(원오의 스승)의 스승.

일문대광전(一文大光錢) 대광년간(大光年間)에 만든 한 푼의 돈. 그러나 대광(大光)이란 연호는 없으므로 여기 제7칙에선 '비전지전(非錢之錢, 돈 아닌 돈)'으로 봐야 한다.

경장주(慶藏主) 한때 원오와 동문수학했던 선승.

아야불필재(我也不必在) 나라면 반드시 이런 식으로는 말하지 않겠다. 즉 '나는 (그 점을) 문제로 삼지 않는다'는 뜻.

제8칙 翠巖夏末示衆

도중수용(途中受用) 깨달음으로 가는 도중에서 깨달음의 희열을 미리 맛보는 것.

세제(世諦) 상대적인 진리, 분별심의 차원. 제(諦) : 진리.

저양촉번(羝羊觸藩) 숫양이 뿔로 울타리를 들이받아 오도 가도 못하는 것. 여기 제8칙에선 '만용을 부리다가 진퇴양난에 빠진 것'을 말함.

기의(機宜) 사람과 사람이 만나야 할 적당한 시기.

휴구(休咎) 吉凶, 善惡.

일척안(一隻眼) 제3의 눈, 깨달음의 눈.

환위실마(還委悉麼) 알겠는가.

취암(翠巖)　취암령참(翠巖令參). 설봉의존(雪峰義存)의 법을 잇다.

하말(夏末)　여름결제〔夏安居〕가 끝나는 날(음력 7월 15일).

작적인심허(作賊人心虛)　도적의 마음은 두려움에 차 있다.

영득(贏得)　결국 ~라는 결과만을 얻었을 뿐이다.

설두락지(舌頭落地)　혀가 떨어지다. 두(頭)·지(地) : 접미사. 진리를 잘못 말하면 그 과보로 '혀가 떨어진다'는 말이 있다.

환유~마(還有~麼)　~이 있느냐.

무향당화(無向當話)　황당무계한 말.

착착유출신지로(著著有出身之路)　착(著) : 바둑의 한 수. 출신지로(出身之路) : 해탈의 길. 즉 '한 수(한 걸음) 한 수 해탈의 길이 있다'.

잡잡지(哩哩地)　匝匝地. 말이 많은 모양, 시끄럽게 떠드는 모양. 지(地) : 어조사.

방견(方見)　비로소 ~을 알 것이다.

천작일천(穿作一串)　한 꼬챙이에 꿰다, 하나로 묶다.

분일절(分一節)　대나무를 두 개로 쪼갠 반 조각〔반절〕.

불신도(不信道)　믿지 않다. 도(道) : 어조사. 신도(信道) : 믿다.

실전조죄(失錢遭罪)　옛날 중국에서는 돈을 잃어버리면 돈 잃은 사람이 되려 벌을 받았다고 한다. '엎친 데 덮치다'의 뜻.

요도(潦倒)　漏逗. 郞當. 무기력하다, 멍청하다.

노로(嘮嘮)　말이 많은 모양.

상암(相諳)　알아차리다. 상(相) : 동사 앞에 붙는 접두어.

미득일반재(未得一半在)　절반〔一半〕도 얻지 못했다. 재(在) : 문장의 끝에 붙어 단정의 뜻을 나타내는 당대(唐代)의 속어.

전지(田地)　경지. 心境.

변내(便乃)　즉시. 내(乃) : 어조사.

조차(造次)　경솔하다, 무책임하다.

조지(操持)　提持. 본래자기를 굳게 지켜 가다.

급착안간(急著眼看)　빨리 보라. 착(著) : 어조사.

제9칙 趙州東西南北

막야(鏌鎁) 춘추시대 오(吳)의 명검.
임시(臨時) 그때그때의 상황에 따름.
투관저안(透關底眼) 조사의 관문을 통과한 눈. '깨달음을 경험한 눈'.
전신처(轉身處) 깨달음으로 전환할 수 있는 능력. 처(處) : 여기 제9칙에선 '능력'이란 뜻에 가깝다.
조주(趙州) ① 하북성 서부의 도시. 태행(太行)산맥을 배경으로 앞에는 하북(河北)평야가 있다. 중국의 남북을 관통하는 큰 길〔大道〕이 지나는 지역으로 예로부터 군사적으로 요지였다. ② 조주종심(趙州從諗, 778~897) 선사. 여기 제9칙에선 지금 ①과 ②의 두 가지 뜻이 모두 포함돼 있다.
난니리유자(爛泥裏有刺) 진흙 속에 가시가 있다. '말 속에 뼈가 있다'는 뜻.
현성공안(現成公案) 이 삶 전체가 그대로 공안의 현현이다. 여기 제9칙에선 '공안이 분명히 드러나다'의 뜻. 현(現)과 견(見)은 통용된다.
불견(不見) 이미 알고 있는 사실을 재확인시키는 것. '왜 알고 있지 않는가' 정도의 어투임.
구남남지(口喃喃地) 시끄럽게 떠들어대다. 지(地) : 어조사.
상재어(上才語) 기지가 번뜩이는 말.
취신타출어(就身打出語) 자기 자신의 체험에서 나온 말.
심지(心地) 마음. 마음이라는 지반(마음에서 모든 것이 비롯되므로 마음을 '지반'으로 본 것이다).
득거(得去) 동사 뒤에 붙어 동작의 성취를 나타낸다.
요(要) 欲. ~하고자 하다, ~하려고 하다.
상(上) 말의 끝에 붙는 조사(此事若在言句上).
주선(周旋) 해설하다, 설명하다, 말을 서로 주고받다.
삼승(三乘) 불교의 수행자를 그 성격상 세 가지로 나눈 것. ① 성문승(聲聞乘) : 언어의 학습을 통해서 깨닫는 수행자들. ② 연각승(緣覺乘) : 인연의 이치나 자연현상의 관찰을 통해서 깨닫는 수행자들. ③ 보살승(菩薩乘) : 남을 돕는 이타행(利他行)을 통해서 깨달음으로 나아가는 수행자들.

십이분교(十二分敎) 불경을 그 성격상 열두 갈래로 묶어 놓은 것. 그러나 여기 제9칙에선 그저 '모든 경전' 정도의 뜻임.

하수(何須) ~할 필요가 있겠는가, 전혀 ~할 필요가 없다.

분양십팔문(汾陽十八問) 분양 선사가 선문답을 그 성질상 18가지로 나눈 것. 《인천안목(人天眼目)》에 그 자세한 해설이 있다.

험주문(驗主問) 수행자가 선사[주인]를 시험해 보는 물음.

탐발문(探拔問) 수행자가 선사의 내적인 깊이를 탐색해 보려는 물음.

지대(抵對) 응수하다, 응대하다.

문두(問頭) 물음. 두(頭) : 접미어.

무사선(無事禪) 무사안일에 빠져 있는 선.

갱시(更是) 더욱, 더더욱.

삼가촌리한(三家村裏漢) 집이 겨우 세 채밖에 없는 벽지에 사는 사람. 불교와 전혀 인연이 없는 시골뜨기.

원록공(遠錄公) 부산법원(浮山法遠, 991~1067).

말후일구(末後一句) 최후의 한 마디. 즉 '확철대오한 곳에서 내뱉는 한 마디 말'.

뇌관(牢關) 견고한 관문.

지남지지(指南之旨) 본질적인 뜻[本分旨]을 내보임.

심(心) 여기 제9칙에선 '지각 작용(知覺作用)', 즉 '주관'.

법(法) 여기 제9칙에선 '감각의 대상', 즉 '객관 세계'.

박맹(拍盲) 겉보기에는 아무 이상이 없지만 안구 안에 이상이 있는 눈병. 여기 제9칙에선 '무지, 맹목'을 뜻함.

불집무정유(不執無定有) 무(無)에도 집착하지 말고 유(有)에도 안주하지 마라.

안온(安穩) 확실해서 틀림이 없다.

납월삼십일(臘月三十日) 섣달 그믐날. 임종의 날, 마지막 날.

확연(矍然) 두 눈을 뜨고 두리번거리다.

만복(万福) 인사할 때 하는 말. '안녕하십니까?'

참도(參到) 참구(탐구)하다. 도(到) : 어조사.
견도(見到) 간파하다.
남선사(南禪師) 황룡혜남(黃龍慧南, 1002~1069).
제향(帝鄕) 황제가 머무는 곳. 수도(首都).
벽면래(劈面來) 정면으로 다가오다.
향(響) 한 글귀 속에 두 가지[사람, 주거지] 뜻이 포함되어 있는 것.
삭가라안(爍迦羅眼) '삭가라'는 '챠크라(cakra)'의 중국식 발음. ① 견고하다. ② 둥글다. 여기선 ②의 뜻. 즉 '삭가라안'이란 '바퀴같이 둥글고 큰 눈'을 말함.
윤추(輪鎚) 쇠몽둥이로 연달아 후려치는 것.
특지(特地) 특히. 지(地) : 어조사.
안배(安排) 적재적소에 배치하다.
혈맥부단(血脈不斷) 법맥(法脈)이 면면히 흐르고 있다.
차운(此云) 중국에서는 말하길.

제10칙 睦州問僧甚處

혜계(醯雞) 날파리, 초파리.
멸몽(蠛蠓) 하루살이.
당혹(儻或) 儻若. 만일.
불상불하(不上不下) 위[向上]도 아니고 아래[向下]도 아니다.
유조반조 무조반례(有條攀條 無條攀例) (재판을 할 때) 법조문에 있으면 거기 따르고 없는 것은 판례에 따르는 것. 조(條) : 법조문. 례(例) : 판례.
목주(睦州) 목주도명(睦州道明, 780~877). 임제를 황벽에게 데리고 가 깨닫게 했고 운문의 발목을 부러뜨려 깨닫게 했던 선의 거장. 보통은 진존숙(陳尊宿)으로 알려져 있는데 황벽의 법을 이었다. 그는 또한 노모(老

母)를 봉양하기 위하여 짚신을 삼아 팔았다고 한다.

근리심처(近離甚處)　어디서 왔는가. 선사가 처음 찾아온 납자[수행자]에게 묻는 말.

탐간영초(探竿影草)　탐간과 영초. 탐간(探竿) : 고기 잡을 때 쓰는 장대. 갈매기 날개를 장대에 달아 물속에 넣으면 고기들이 진짜 갈매기인 줄 알고 두려워서 한 곳으로 모임. 그러면 그곳에 그물을 던져 고기를 잡음. 영초(影草) : 浮草. 부초 부근에는 물고기들이 많이 모여들므로 여기에 그물을 넣어 고기를 잡음. 그러나 여기 제10칙에선 '탐간'과 '영초'는 '수행자의 깊이를 시험해 보려는 선사의 물음'을 뜻한다.

사명두(詐明頭)　깨달은 듯이 행동하다. 사이비. 두(頭) : 어조사.

두각(頭角)　머리에 난 뿔. 젊은이의 기개와 재기(才氣).

진령이행(盡令而行)　정상을 참작하지 않고 법령대로 집행하다.

약허두한(掠虛頭漢)　사이비.

본분종사(本分宗師)　수행력이 깊은 선 수행자.

기봉(機鋒)　날카롭고 자유분방한 선승의 전술전략.

감(勘)　勘辨. 상대의 경지를 검증하다.

좌주(座主)　學僧. 경전을 강의하는 승(僧).

다여차(多如此)　대부분 이와 같다.

영(領)　영수(領收)하다, 받다, 받아들이다.

기변(機變)　국면(상황)의 급격한 변화.

화(吅)　① 놀랐을 때 지르는 외마디소리. ② 힘줄 때 내는 소리. 여기 제10칙에선 ①의 뜻.

친언출친구(親言出親口)　그 사람이 아니고는 할 수 없는 말.

기호잠살인(洎乎賺殺人)　하마터면 속을 뻔했다. 기호(洎乎) : 洎合. 하마터면 ~할 뻔했다.

양수부공(兩手搭空)　두 손으로 허공을 치다. '헛수고[勞而無功]'의 뜻.

흥화(興化)　흥화존장(興化存獎, 830~888).

호할난할(胡喝亂喝)　할(喝)을 마구 함부로 써대는 것.

박하래(撲下來)　아래로 내던지다.
미재(未在)　틀렸다, 아직 멀었다. 재(在) : 문장의 끝에 붙어 단정적인 기분을 나타낸다.
자라장리살진주(紫羅帳裏撒眞珠)　황제의 어전〔紫羅帳裏〕에 진주를 뿌리다. 즉 '본래 자리를 더럽히다'.
관(管)　관심을 갖다, 상관하다.
작십마(作什麼)　～해서 어찌하려는가.
녹문지(鹿門智)　자세하지 않음. 선사의 이름인 듯.
황룡심(黃龍心)　황룡조심(黃龍祖心, 1025~1100).
장거(將去)　동사 뒤에 붙어 '지속'을 나타냄.
고시(故是)　固是. ～은 그렇다 치고.
변견(便見)　즉시 알게 될 것이다.
막시～마(莫是～麼)　～한 것은 아닌가.
착(著)　여기 제10칙에선 '정확히 그곳에 있다, 알맞다'의 뜻임.

제11칙　黃檗酒糟漢

불조대기(佛祖大機)　삼세제불과 역대 조사들이 펼치는 중생제도를 위한 그 활동력.
인천명맥(人天命脈)　六途衆生. 모든 생명체들.
실수지호(悉受指呼)　모두 지시〔指呼〕를 받다.
일기(一機)　눈썹을 치켜뜨고 눈을 깜박이는 등의 표정 하나하나.
일경(一境)　주장자를 잡고 불자(拂子)를 세우는 등의 손짓(또는 몸동작) 하나하나.
타소고가(打銷敲枷)　죄인을 묶고 있는 쇠고랑〔銷〕과 칼〔枷〕을 두드려서 죄인 자신이 지금 무엇에 묶여 있는가를 자각시키는 것.

황벽(黃檗)　황벽희운(黃檗希運, ?~850). 임제의 스승.
타수애분(打水礙盆)　물을 긷는 데(打水) 두레박이 한계가 있다(礙盆). '가르침을 줘도 그걸 모두 소화할 능력이 없다'. 즉 '제자의 그릇이 작음'을 비유한 말.
당주조한(噇酒糟漢)　술지게미를 먹는 놈, 술지게미를 먹고 취한 체하는 놈. 중국 사람들이 곧잘 쓰는 욕으로서 우리말로는 '머저리 같은 놈' 정도에 해당한다.
금일(今日)　'깨달은 바로 이 순간'으로서의 오늘.
운거라한(雲居羅漢)　중국 강서성 운거산 운거사(雲居寺)는 높은 곳에 위치해 있는데 이 절의 나한들은 모두 아래를 내려다보고 있다. 그러므로 '운거사의 나한(雲居羅漢)'이란 '거만한 놈'이라는 뜻이다.
직득(直得)　直饒. ~라고 하는 결과에 이르렀다, 결과적으로 ~에 이르렀다.
분소불하(分疎不下)　아무 말도 할 수가 없다. 분소(分疎) : 문장의 단락을 나누고 주석을 붙이다. 불하(不下) : ~을 할 수가 없다.
속(屬)　逢. 만나다.
자료한(自了漢)　오직 자신만의 깨달음을 목표로 하는 수행자(소승).
날괴(捏怪)　낮도깨비, 기괴한 행동을 하는 것.
미심(未審)　미심쩍을 때의 물음. '도대체 ~했는가'.
배상국(裴相國)　배휴 거사(裴休居士, 790~870). 중국의 정치가.
여시개인(汝是箇人)　그대가 (바로) 이 사람이다.
진(鎭)　여기선 '관찰사로 부임하다'라는 뜻. 배휴는 대중 2년(大中二年, 848) 완릉(宛陵)의 관찰사로 부임했다.
지군(至郡)　군의 역소(役所)에 이르다.
약불~(略不~)　전혀 ~하지 않다.
촉수(蜀水)　개울 이름. 황벽산 부근에 있다.
부분(浮盆)　여기 제11칙에선 '작은 배'를 뜻함.
장빈(漳濱)　강서성에 있는 지명. 장수(漳水).
용상(龍象)　여기 제11칙에선 '수행자들'을 말한다.

의욕(擬欲)　~하려고 하다.

지읍(祇揖)　읍하다, 고개 숙이다.

점차(暫且)　잠시 동안, 당분간.

천착(穿鑿)　단련시키다, 재배하다.

고안탄두(高安灘頭)　강서성 서주(瑞州)의 고안현(高安縣). 금강(錦江) 연안에 위치해 있다.

부지(不知)　'알 수가 없다', '도대체 ~하는가'.

대우(大愚)　임제가 황벽의 지시로 찾아갔던 선승. 귀종지상(歸宗智常)의 법을 이었다.

무다자(無多子)　다자(多子) : 여분, 여유. 여기선 '복잡하지 않다', '간단명료하다' 또는 '별것 아니다'의 뜻으로 쓰이고 있다.

우두융(牛頭融)　우두법융(牛頭法融, 594~657).

향상관려자(向上關捩子)　선의 핵심, 선의 정수.

석두(石頭)　석두희천(石頭希遷, 700~790).

호호지(浩浩地)　몹시 소란스러운 것. 지(地) : 어조사.

가중(可中)　혹시, 만일.

고풍(孤風)　고고한 자태.

환해(寰海)　온 천하, 온 세계.

용사(龍蛇)　용과 뱀. 즉 '비범한 사람과 평범한 사람'.

대중천자(大中天子)　당(唐)의 선종(宣宗, 810~859).

사하마(死蝦蟆)　하마(蝦蟆) : 두꺼비. 사(死) : 나쁜 쪽으로 강조할 때 쓰는 말.

다구(多口)　말이 많다, 몹시 떠들어대다.

조백(皂白)　흑백.

진찬(眞贊)　진영(眞影, 초상화)에 붙이는 찬사의 말.

출신처(出身處)　분별의 속박에서 벗어난 곳.

악각수(惡脚手)　아주 악랄한 수단. 교수법이 아주 엄한 것.

호시기(虎兕機)　범과 외뿔소같이 사나운 기질.

속함통전(續咸通傳)　책 이름. 당의 학승인 도선(道宣, 596~667)이 지음.
무탄(撫歎)　손뼉을 치며 칭찬하다.
영주(英胄)　뛰어난 집안의 직계 자손.
안가(晏駕)　임금이 돌아가시다, 붕어(崩御).
염관(鹽官)　염관제안(鹽官齊安, ?~842).
서기(書記)　선원에서 수좌(首座) 다음 가는 직위. 선원의 수행 교육을 담당하는 직위.
불착불구(不著佛求)　부처에 집착해서 구하지 마라. '부처에게서도 구하지 마라'.
중(衆)　복수로서의 승(僧).
태추생(太麤生)　너무 거칠다. 생(生) : 어조사.
국위(國位)　황제의 지위.
주사(奏賜)　(황제에게) 아뢰어 ~라는 호를 내리게 하다.

제12칙　洞山麻三斤

살인도(殺人刀)　부정적인 입장〔把住〕. 즉 '선사가 수행자를 지도하는 데 부정적인 방법을 쓰는 것'.
활인검(活人劍)　긍정적인 입장〔放行〕. 즉 '선사가 수행자를 지도하는 데 긍정적인 방법을 쓰는 것'.
추요(樞要)　가장 긴요한 곳.
동산(洞山)　동산수초(洞山守初, 910~990). 운문의 법을 잇다.
철질려(鐵蒺藜)　옛날식 지뢰. 적의 공격이나 추격을 차단하기 위하여 무쇠로 질려 열매 모양의 입체 삼각형을 만들어 길에 뿌렸다.
마삼근(麻三斤)　약 1.78킬로그램의 마포(麻布). 승복 한 벌감의 마포.
사한(死漢)　형편없는 놈, 아주 멍청한 놈.

일반(一般) 一班. 한 무리. 한 패거리.

제일기(第一機) 언어로 표현할 수 없는 궁극적인 진리. 즉 '본래면목'.

지자마삼근(只這麻三斤) 이 '마삼근' 이야말로.

체화(滯貨) 안 팔려 쌓아 둔 물건, 재고품.

무처착혼신(無處著渾身) 모두 팔아 버려서 하나도 남아 있지 않다. 여기서의 혼신(渾身)은 '마(麻) 전체'를 말함.

타첩(打疊) 복잡한 일이나 사건을 해결하다, 마무리 짓다.

정진(淨盡) 깨끗이 없애 버리다.

전사투기(展事投機) 사건을 일으키거나 구체적인 물건을 들어 보여〔展事, 事相展開〕상대방의 물음에 응답〔投機〕하는 것.

파별(跛鼈) 절름발이 자라.

맹구(盲龜) 눈먼 거북.

두상안두(頭上安頭) 쓸데없는 짓을 하다, 사족을 붙이다.

나아견반(癩兒牽伴) 문둥이가 짝을 데리고 가다. 동병상련.

화족족 금족족(花簇簇 錦簇簇) 활짝 핀 꽃무리가 마치 비단에 수놓은 것처럼 아름답다. 공안의 한 가지. '問如何是古佛心 德賢和尙曰 花簇簇 錦簇簇'.

일장령과(一狀領過) 두 가지 이상의 죄를 한 장의 판결문으로 처리하다.

남지죽혜 북지목(南地竹兮 北地木) 공안의 한 가지. '問如何是麻三斤 智門曰 南地竹兮 北地木'.

해도(解道) 말할 수가 있다. 해(解) : 가능의 뜻을 나타내는 조동사.

고관격절처(敲關擊節處) 긴요한 곳〔핵심〕을 집어내다.

정사(呈似) 보여 주다. 사(似)는 접미사.

사도(渣渡) 渣津(강서성 修水縣의 서남쪽)을 건너오다.

삼돈봉(三頓棒) 30방망이.

직지모자(膩脂帽子) 기름 비계로 더러워진 모자.

골추포삼(鶻臭布衫) 고약한 냄새가 나는 옷.

영탈(穎脫) 아주 뛰어나다.

죽근편(竹筋鞭) 대나무 뿌리로 만든 채찍[竹根鞭].
지문(智門) 智門光祚. 설두의 스승.
효복(孝服) 喪服.
아야아다(阿爺阿爹) '아야'와 '아다' 둘 다 '아버지'를 일컫는 말임.
관광(寬曠) 대범하다, 자유롭다.
어로참차(魚魯參差) 어(魚)자와 노(魯)자가 서로 비슷해서 혼동[參差]하기 쉽다.
도로(都盧) 이 모두가, 모든 것이, 전체가.
하제(下祭) 奠祭. 제사를 올리다.
사자(師資) 스승과 제자.
도득(道得) 말하다. 득(得) : 접미어.

제13칙 巴陵銀椀裏

짐적(朕迹) 흔적, 발자취.
마외(魔外) 天魔外道. 사탄과 이단.
차지(且止) 且致, 且置. 그것은 그렇다 치고. 화제를 바꿀 때 쓰는 말.
파릉(巴陵) 파릉호감(巴陵顥鑒, 864~949). 운문의 법을 이었으며 언어의 구사력이 뛰어났다.
제바종(提婆宗) 가나제바(迦那提婆, Kanadeva) 존자의 가르침. 즉 '언어를 빌려 본래 자리를 가르치는 것'.
점(點) 點破. 바로 그것이다.
칠화팔렬(七花八裂) ① 지리멸렬하다(부정적인 측면). ② 어디에도 얽매이지 않고 자유자재하다(긍정적인 측면). 여기 제13칙에선 ②의 뜻.
용수(龍樹) 나가르쥬나(Nagarjuna). A.D. 150~250년경에 살았던 대승불교 확립자.

체구(體究)　본체, 본질에까지 모두 통달하다.

반피(返披)　가사를 뒤집어 입다(옛날 인도의 전통에서는 진리의 논쟁에서 진 사람은 옷을 뒤집어 입었다고 한다).

대수(大隋)　대수법진(大隋法眞, 834~919).

일첨다(一貼茶)　한 봉지의 차.

별운(別云)　독자적인 촌평을 하길.

부타(負墮)　負持. 논쟁에서 지다.

편문(偏門)　정문이 아닌 옆문.

수득 a 연후 b(須得 a 然後 b)　a로 시작해서 b로 하다.

어시(於是)　于是. 이때에.

사태(沙汰)　① 옳고 그름을 가려 바로잡다. ② 산비탈 등이 무너져 내리다. 여기 제13칙에선 ①의 뜻을 다음과 같이 우회적으로 사용하고 있다. 즉 '(불교가) 수난을 당하다'.

천(天)　여기 제13칙에선 제바(提婆, deva)의 漢譯名임.

감(鑒)　파릉의 본명인 호감(顥鑒)의 약칭.

다구(多口)　말이 많다, 수다스럽다. 그러나 여기 제13칙에선 '굉장한 달변가'라는 뜻이다.

법사서(法嗣書)　傳法書. 스승이 전법의 징표로 제자에게 주는 증서. 그러나 여기 제13칙에선 '스승에게 인가를 받기 위하여 자신이 체험한 바를 낱낱이 기록하여 스승에게 올리는 보고서'로 봐야 한다. 그래야 앞뒤 문맥에 무리가 없다.

탱착(撑著)　가득하다. 착(著) : 어조사.

기신(忌辰)　제삿날.

일색변사(一色邊事)　부처와 중생이 둘이 아닌 절대 평등의 경지.

도오(道吾)　당대(唐代)의 선승. 생몰 연대 미상.

석공(石鞏)　석공혜장(石鞏慧藏). 당대의 선승.

노신개(老新開)　신개원(新開院)에 주석하던 파릉(巴陵) 화상을 높여 부르는 말.

옥(阿)　친근함을 표하기 위하여 상대방의 이름 앞에 붙이는 글자. **예** '옥사(阿師)'.

단적별(端的別)　단적[본래면목을 표현하는 방식]이 특별하다.

해도(解道)　말할 수 있다. 해(解) : ~할 수 있다[能].

구십육개(九十六箇)　부처 당시 인도에 있었던 96종의 수행자들[九十六種外道].

백잡쇄(百雜碎)　산산조각 부서지다.

유분(有分)　자격.

사자반척지구(獅子返擲之句)　사자가 몸을 웅크리고 있다가 갑자기 덤벼들듯이 역습하는 한 구절.

제14칙　雲門對一說

무공철추(無孔鐵鎚)　① 구멍 뚫리지 않은 무쇠 방망이. 언어문자로 접근할 수 없는 궁극적인 진리. ② 무지몽매한 것. 여기 제14칙에선 ①의 뜻.

노서교생강(老鼠咬生薑)　늙은 쥐가 생강을 씹다. '삼킬 수도 없고 뱉을 수도 없는 난처한 입장', '진퇴양난'.

돈점권실(頓漸權實)　부처의 가르침을 그 성질상 다음의 네 가지로 묶은 것. ① 돈(頓, 頓敎) : 단도직입적으로 본성에 대하여 언급한 것(華嚴經), ② 점(漸, 漸敎) : 우회적인 방법을 써서 점진적으로 본성에 대하여 언급한 것(阿含部의 경전들), ③ 권(權, 權敎) : 비유와 방편(편법)을 통하여 본성을 깨우치게 하는 가르침(기타의 대승경전들), ④ 실(實, 實敎) : 본성에 대하여 실질적으로 언급한 것(法華經).

참정절철(斬釘截鐵)　아주 과단성이 있다. 일도양단.

고절(孤絶)　그 기상이나 가르침이 높고 험하다.

방관유분(傍觀有分)　방관자로서의 자격이 있다. 유분(有分) : 자격이 있다.

설(楔)　쐐기.

이리세토괴(泥裏洗土塊) 진흙 속에서 흙덩이를 씻다. 즉 '무의미한 짓을 하다' 라는 뜻.
사주팔현(四州八縣) 온 천하, 온 우주.
여룡(驪龍) 턱밑에 여의주가 있는 검은 용.
아(啞) 놀라서 말을 하지 못하는 모양.
소양노인(韶陽老人) 선승 운문(雲門)을 가리킴.
일궐(一橛) 문지방을 이루는 두 개의 나무토막〔二橛〕 가운데 하나. 여기 제14칙에선 '절반(1/2)'의 뜻으로 쓰이고 있다.
광전절후(光前絶後) 광전(光前) : 어진 덕행이 조상을 빛나게 하는 것. 절후(絶後) : 이후론 이같이 어진 덕행을 하는 이가 없는 것. 즉 '전무후무' 한 것.
염부수(閻浮樹) 잠부(Jambu) 나무. 4, 5월에 꽃이 피며 짙은 자색(紫色)의 열매가 열린다. 인도 도처에서 자라고 있다.
염부제 염부주(閻浮提, 閻浮洲) 사바세계, 이 세상, 인간 세상.
유순(由旬) 고대 인도에서 길이를 잴 때 사용하던 단위의 한 가지. 1유순 : 약 7km.
염부단금(閻浮壇金) 염부수 숲 속으로 흐르는 강에서 나온다는 사금(砂金).

제15칙 雲門倒一說

평출(平出) 무승부.
두변(頭邊) 제14칙 승(僧)의 물음인 '如何是一代時教'를 가리킴. 여하시일대시교(如何是一代時教)란 '어떤 것이 부처의 종합적인 가르침인가' 라는 뜻이다.
정해문(呈解問) 묻는 자가 자신의 견해를 드러내 보이려는 의도에서 상대에게 질문하는 것.
장봉문(藏鋒問) 상대방의 경지를 탐색해 보기 위한 물음.

고인(古人)　여기 제15칙에선 '수산성념(首山省念)'을 가리킴.

십이분교(十二分敎)　불경을 그 문체적인 면에서 열두 갈래로 나눈 것. ① 장행설(長行說) : 불경 속에 산문으로 된 부분, ② 중송설(重頌說) : 산문 부분을 다시 간추려 운문화한 것, ③ 수기설(授記說) : 제자들의 미래 성불에 대한 예언, ④ 고기게(孤起偈) : 시(詩)로 된 부분, ⑤ 무문자설(無問自說) : 묻는 제자가 없는데 부처 스스로가 설법한 부분(《阿彌陀經》 등), ⑥ 연기설(緣起說) : 인연에 대하여 언급한 부분, ⑦ 비유설(譬喩說) : 비유로써 설명한 부분, ⑧ 본사설(本事說) : 제자들의 과거 세상에 대하여 언급한 부분, ⑨ 본생설(本生說) : 부처 자신의 과거 수행자 시절을 언급한 부분, ⑩ 방등설(方等說) : 보편적인 진리를 말한 부분, ⑪ 미증유설(未曾有說) : 부처의 불가사의한 초능력(超能力) 발현 장면을 서술한 부분, ⑫ 논의설(論議說) : 부처의 가르침을 논리적으로 문답한 부분.

쟁(爭)　~의 차이가 있다.

유십마사급(有什麼死急)　왜 이리 성급한가. 사(死) : '성급하다(急)'는 말을 강조한 것.

전동(轉動)　다시 한 번 박차고 나아가다.

수미남반(須彌南畔)　수미산 남쪽에 있다는 세계, 남섬부주. 즉 '우리가 사는 이 지구'.

결(訣)　결단하다. 결심하다.

착심래유(著甚來由)　무슨 이유인가.

팔만사천(八萬四千)　무수히 많음. 여기선 '부처 생존시 부처의 설법을 듣기 위해 왕사성 영축산 법회〔靈山會上〕에 모였던 수많은 청중들'.

삼십삼인(三十三人)　부처 → 가섭으로부터 달마 → 육조에 이르는 33인의 전법자(傳法者).

유아능지(唯我能知)　나 자신의 체험은 나만이 안다.

요요총총(擾擾忽忽)　물이 급하게 흘러가는 모양. 그러나 여기 제15칙에선 '요요총총수리월(擾擾忽忽水裏月)'까지 합하여 설두 자신의 활구로 쓰이고 있다.

착망(著忙) 당황해하다. 부산을 떨다.
입니입수 동사동생(入泥入水 同死同生) 생사고락을 같이하다. 선지식이 수행자의 눈높이로 내려와서 수행자를 지도하는 것.
무타(無他) 다른 뜻이 없다.
삼루(滲漏) 번뇌, 번뇌의 물살〔業識〕이 아직 흐르고 있는 상태.
편고(偏枯) 어느 한쪽으로 치우치다.
체묘실종(體妙失宗) 究妙失宗. 말〔언어의 기교〕에 걸려 본뜻〔宗智〕을 잃어버리다.
삼현(三玄) 임제가 선 수행자들을 지도할 때 사용한 세 가지 언어. ① 체중현(體中玄) : 거짓이 없는 언어, 진리 그 자체를 나타낸 언어, ② 구중현(句中玄) : 언어의 개념에 막히지 않고 본성을 깨닫게 하는 언어, ③ 현중현(玄中玄) : 상대적인 대립차원을 초월한 언어.
훙(薨) 제후의 죽음을 일컫는 말. 여기 제15칙에선 귀한 사람의 죽음을 말함.
뇌(誄) 제문(祭文).
사륜(絲綸) 천자의 명령〔詔勅〕.
사중(四衆) 四部大衆. 불교 교단을 구성하고 있는 네 부류의 사람들. 비구·비구니·우바새(남신도)·우바이(여신도).
진군양하(陳郡陽夏) 하남성 태강현(太康縣).
왕부상시(王府常侍) 일종의 문관(文官).
착(著) 여기선 '명령'을 나타내는 조사(倒却門前刹竿著).
곡록목상(曲彔木床) 설법할 때 앉는 법상(法床).
사득(捨得) ~하는 것을 아까워하지 않다. 득(得) : 어조사. 사부득(捨不得) : ~하는 걸 아까워하다.
칠사수신(七事隨身) 전장에 나가는 장군이 구비해야 할 일곱 가지. 그러나 여기선 '선사가 갖춰야 할 일곱 가지 자격'을 말한다. ① 대기대용(大機大用) : 교수법이 대담하고 거침없음, ② 기변신속(機辨迅速) : 상황 변화에 즉시 대응할 수 있는 순발력, ③ 어구묘영(語句妙靈) : 언어를 자유자재로 사용함, ④ 살활기봉(殺活機鋒) : 단호한 결단력과 자비심, ⑤ 박학광람

(博學廣覽) : 모든 분야에 박학다식함. ⑥ 감각불매(鑑覺不昧) : 예리한 직관력. ⑦ 은현자재(隱顯自在) : 자신을 감추고 드러내기를 자유자재로 하는 것.

농두(籠頭) 멍에. 여기 제15칙에서 '속박'을 뜻함.
각태(角駄) 마소의 짐. 쇠뿔에 짐을 싣는다는 뜻으로 망령된 생각이나 미혹한 것에 집착함을 이르는 말.
평전화상(平田和尙) 평전보안(平田普安, 730~843). 백장회해의 법을 잇다.
휘유(徽猷) 불변의 대도.

제16칙 鏡淸草裏漢

온밀전지(穩密田地) 은은하고 치밀해서 아무런 흔적도 나지 않는 경지. 전지(田地) : 경지.
줄탁(啐啄) 스승과 제자 사이의 절차탁마. 줄(啐) : 깨닫기 위한 제자의 노력. 탁(啄) : 제자를 깨우쳐 주기 위한 스승의 노력.
건화문(建化門) 建立教化門. 중생제도를 위한 방편 수단.
경청(鏡淸) 경청도부(鏡淸道怤, 868~937). 설봉의존의 법을 잇다.
차(箚) 예리한 대나무 끝으로 물건을 찌르다. 여기 제16칙에서는 '일침을 가하다'의 뜻.
장착취착(將錯就錯) 실수를 역이용하다.
괴소(怪笑) 비웃다, 꾸짖다.
초리한(草裏漢) 아무것도 모르는 시골뜨기.
방과(放過) 마음대로 하도록 놔두다. 과(過) : '행위의 계속'을 뜻함.
본인(本仁) 백수본인(白水本仁). 동산양개의 법을 잇다.
태원부(太原孚) 부상좌(孚上座). 설봉의 법을 잇다.
동하(洞下) 동산의 문하[洞山門下]. 조동가풍(曹洞家風)을 말함.

차사명기(借事明機) 어떤 구체적인 사례를 빌려 본래면목(本來面目, 본성)을 밝히다.

흡호동시(恰好同時) (쌍방이) 동시에 의기투합하다.

구득(構得) 到得. (경지에) 도달하다.

남원(南院) 남원혜옹(南院慧顒, 860~930).

풍혈(風穴) 풍혈연소(風穴延沼, 896~973).

취암(翠巖) 취암가진(翠巖可眞, ?~1064).

대(待) ~하면, 그때가 되면.

방양(榜樣) 길 안내판, 견본.

대양(對揚) 사람을 대해서 도(道)를 이야기하는 것.

폄박(貶剝) 비난받다, 혼쭐이 나다.

삼중사중(三重四重) 삼중사중으로 잘못을 저지르다.

명막(名邈) ① 이름을 붙이고 형상을 부여해 주다. ② 실속이 없는 빈 이름뿐이다. 여기 제16칙에선 ②의 뜻.

전구색학(塡溝塞壑) ① 객지에서 죽다. ② 온누리에 충만하다. 여기 제16칙에선 ②의 뜻.

범시(凡是) 대개, 도부지, 전연, 모조리.

만리애주(萬里崖州) 천지현격, 궁벽한 벽지. 애주(崖州) : 지금의 광동성 묘족(苗族) 자치구.

노자(老子) 여기 제16칙에선 부처의 이름(석가) 뒤에 붙는 일종의 존칭어. 석가노자(釋迦老子)의 준말.

귀요(貴要) 貴欲. 오로지 ~하고자 하다.

황학루(黃鶴樓) 호북성(湖北省) 무창(武昌)에 있는 명승지.

앵무주(鸚鵡洲) 황학루와 마주보고 있는 명승지로서 경관이 빼어나다.

낙초(落草) 사족, 불필요한 말.

치소(緇素) 흑백. '승(僧)과 속(俗)'으로 쓸 때도 있다.

단아(端倪) 어떤 일의 시작과 끝.

자난처사자시(者難處些子是) 이〔者, 此〕난처(難處)의 요긴한 곳이 바로 이

것이다.
득마(得麼) ~해도 되겠는가, ~해도 좋겠는가.
환작~득마(喚作~得麼) ~라고 말해도 되겠는가.

제17칙 香林西來意

백랑도천시(白浪滔天時) 큰 파도가 하늘을 뒤덮을 때. 즉 '모든 역량을 힘차게 발휘할 때'.
향림(香林) 향림징원(香林澄遠, 908~987). 운문의 법을 이었다.
대유인의착(大有人疑著) 대유(大有) : 단순한 강조어. 착(著) : 접미어. 즉 '사람으로 하여금 몹시 의심을 품게 하다'의 뜻.
거해칭추(鋸解稱鎚) 톱으로 저울추(稱鎚, 秤鎚)를 끊다. 즉 '아주 곤란한 문제', '대단히 어려운 일'.
백초두상 파각간과(百草頭上 罷卻干戈) 백초두(百草頭) : 모든 종류의 풀. 두(頭)는 어조사. 즉 '이 세상의 모든 것'. 간과(干戈) : 祖師西來意(선의 본질)에 대한 논의. 이 두 낱말을 합치면 다음의 뜻이 된다. '어느 곳에서든 조사서래의(선의 본질)에 대한 논의를 더 이상 하지 않는다'.
발초첨풍(撥草瞻風) 험한 수풀을 헤쳐 가며 선지식의 덕풍(德風)을 우러러보다. '깨닫기 위하여 온갖 고난을 감수하다'.
아호(鵝湖) 아호지부(鵝湖智孚). 설봉의 법을 잇다.
보자(報慈) 보자장서(報慈藏嶼). 생몰 연대는 미상.
종불~(終不~) 결코 ~할 수가 없다. 종(終) : 뜻을 강조하는 접두어.
대기변(大機辯) 깨달음으로 이끄는 교묘한 언설.
다반(多半) 大半. 대부분.
도장래(道將來) 말해 봐라. 장래(將來) : 동사 뒤에 붙어 동작의 현재화를 나타냄.

수처입작(隨處入作)　그때그때 깨우치도록 해주다. 입작(入作) : 역량을 발휘하다.

수재(收在)　담겨 있다, 들어 있다.

수정궁(水晶宮)　서천 영상사 천왕원(西川 迎祥寺 天王院).

청성향림(靑城香林)　사천성 성도에 있는 청성산의 향림원.

귀천주원(歸川住院)　사천성의 청성산으로 돌아가 향림원에 머물다.

타성일편(打成一片)　만물과 일체가 되다.

대안행(帶眼行)　안목을 확실하게 하다.

인지시(因地時)　수행할 때에.

색단인구(塞斷人口)　입을 꽉 틀어막아 버리다.

체조(體調)　격조(格調).

파비(巴鼻)　把鼻. 근거, 단서, 실마리.

실지(實地)　참된 경지, 진실된 경지.

납월화소산(臘月火燒山)　섣달의 불이 산을 태우다. 즉 '번뇌가 완전히 타 버린 상태'.

유자(猶自)　역시. 자(自) : 접미어.

영영향향(影影響響)　그림자에 그림자가 겹치고〔影影〕, 발소리에 발소리가 울리다〔響響〕. '수동적으로 남의 뒤만을 따라가는 사람들의 모습'.

자호(紫胡)　자호리종(紫胡利蹤, 800~880). 남전보원의 법을 잇다.

유철마(劉鐵磨)　위산(潙山) 문하의 비구니〔尼僧〕.

찰출(攃出)　충격을 주다, 자극을 주다.

방(放)　(상대가 하는 대로) 내맡겨 두다.

구혹(苟或)　혹은, 그러나 만일.

화성변타(和聲便打)　連聲便打. 그 소리를 따라 후려치다.

잠대충(岑大蟲)　장사경잠(長沙景岑). 남전보원의 법을 잇다.

막변시~부(莫便是~否)　~이 아니겠는가, ~은 아닐까. 같은 뜻으로 쓰이는 속어에는 다음의 것들이 있다. ① 莫~否, ② 莫~不, ③ 莫~麼, ④ 莫是~, ⑤ 莫是~以不, ⑥ 莫是~否, ⑦ 莫是~不, ⑧ 莫是~麼, ⑨ 莫不~

麽. ⑩ 莫便是~也無.

불감(不敢) 겸손한 인사말. '그렇습니다만……'.

제18칙   肅宗請塔樣

숙종(肅宗) 당(唐)의 제7대 황제. 현종(玄宗)의 셋째 아들. 안록산의 난 때 쿠데타를 일으켜 현종을 퇴위시키고 황제에 오름.
대종(代宗) 당의 제8대 황제. 숙종의 장자.
충국사(忠國師) 남양혜충(南陽慧忠, ?~775). 육조혜능의 법을 잇다.
백년(百年) 사후(死後).
기모화양(起模畫樣) 作模作樣. 형식을 갖추다, 체면치레하다.
노노대대(老老大大) 노대(老大)의 강조. '수행력도 원숙하고 풍모도 당당한 모양'.
여(與) ~을 위하여[爲].
무봉탑(無縫塔) 깎거나 손질한 흔적이 전혀 없는 탑. 여기선 본래면목의 상징으로 쓰이고 있다.
파부주(把不住) 잡을 수 없다, 포착할 수 없다, 불가능하다. ↔ 파득주(把得住).
양구(良久) 잠자코 있다.
정수장지(停囚長智) '죄인이 오랫동안 감옥에 갇혀 있게 되면 사악한 재주만 더욱 자라게 된다' 는 뜻.
구사편담(口似匾檐) 말문이 막혀 난처한 모양. 편담은 중국식 물지게로서 그 모양이 ⌒형으로 생겼다. 그러므로 '입이 편담(⌒)과 같다' 는 것은 말문이 막혔을 때의 입모양이다.
탐원(耽源) 탐원응진(耽源應眞). 충국사의 법을 잇다.
본분초료(本分草料) 본분인(수행자)으로서 살아갈 수 있는 영양분.

다호인호(摙胡人好) 사람을 속이지 마라. 호(好) : 어조사.

제이두 제삼두(第二頭第三頭) 제2류, 제3류. 두(頭) : 어조사.

수사축악(隨邪逐惡) 지나친 농담이나 장난을 치다.

상지남 담지북(湘之南 潭之北) 상주(湘州)의 남쪽과 담주(潭州)의 북쪽. 이 곳은 호남의 광대한 수촌(水村) 지대로서 여기선 '위치지울 수 없는 장소' 라는 뜻이다.

산형주장자(山形拄杖子) ① 머리를 山모양으로 다듬어 만든 주장자. ② 잘 다듬지 않은 천연의 주장자. 여기 제18칙에선 ②의 뜻이 더 적절하다.

무지식(無知識) 아무도 없다. '아는 사람은 아무도 없다.'

현종(玄宗) 당의 제6대 황제.

거도(巨盜) 당의 현종 때 반란을 주도했던 안록산(安祿山).

참거(僭據) 쳐들어오다.

제리(帝里) 帝都. 황제가 머무는 곳.

중사(中使) 황제가 파견한 사자(使者).

온색(慍色) 불편한 기색.

임어(臨御) 황제가 즉위하여 천하를 다스림.

연지(延止) 맞아들여 (궁중에) 머물게 하다.

청좌산화상(青剉山和尙) 남양혜충 국사의 도반. 육조의 법을 이었다.

동행(同行) 同參, 道伴. 같은 길을 가는 수행자.

삼조(三朝) 二朝(숙종, 대종)의 잘못된 표기다(《種電鈔》·《不二鈔》).

대소대(大小大) ① 대소(大小)의 강조. 대소(大小) : 사람의 이름 앞에 붙어 부정적인 기분을 나타내는 말. '소위 ~라는 사람이', '명색이 ~라는 사람이'. ② 크기가 어느 정도인가. 여기 제18칙 본칙 평창에선 ①의 뜻.

십신조어(十身調御) 십신(十身)을 갖추고 중생을 제도하는 부처. 제99칙을 참조하라.

연수여차(然雖如此) 雖然如此. 그렇긴 하지만.

기호롱도요(幾乎弄倒了) 하마터면 톡톡히 망신을 당할 뻔했다.

소지이진(掃地而盡) 흔적도 없이 사라지다.

호로호로(胡盧胡盧) ① 깃발이 나부끼는 소리. '펄럭펄럭'. ② 크게 웃는 모양. 여기 제18칙에선 ①의 뜻.

호언한어(胡言漢語) 胡言亂語. 잘 알아들을 수 없는 외국인의 말.

앙산(仰山) 앙산혜적(仰山慧寂, 807~883). 위산영우의 법을 잇다.

언중성악(言重性惡) 입이 무겁고 성격이 까다롭다.

성공(性空) 석상산 성공 화상. 백장의 법을 잇다.

호남창화상(湖南暢和尙) 자세하지 않다.

동어서화(東語西話) 횡설수설.

착(著) 여기 제18칙에선 문장의 끝에 붙어 명령을 나타냄(拽出這死屍著).

상견(相見) 여기 제18칙에선 '충국사와 숙종 황제가 서로 만난 것'을 뜻함.

관가(官家) 조정(朝廷).

폄안(貶眼) 눈을 부릅뜨다, 눈을 깜빡이다.

자(子) 접미사. 별 뜻이 없다. ㉑ 無縫塔子.

전어(轉語) 중요한 말, 강조하는 말, 심기를 일전시키는 말.

대소대(大小大) 여기 제18칙 송에선 '크기가 어느 정도인가'의 뜻.

창룡(蒼龍) 靑龍. 살아 있는 용.

층낙락(層落落) 탑이 층층이 우뚝 솟은 모양.

영단단(影團團) 탑의 광채〔影〕가 둥글게 빛나고 있는 모양〔團團〕.

낙칠락팔(落七落八) ① 어지럽게 흩어지다. ② 광채가 번쩍거리다. 여기 제18칙에선 ②의 뜻.

즉시(則是) 只是. 다만.

파징(婆澄) 파도가 자다.

이허(裏許) ~ 속에, ~ 안에.

와룡(臥龍) 살아 있는 용.

감(鑒) 모습을 나타내다.

착사자안목(著些子眼目) 약간의 안목을 드러내다.

제19칙　俱胝指頭禪

운출자기가진(運出自己家珍)　자신의 본성 속에 있는 본래 능력을 발휘하다.
구지화상(俱胝和尙)　생몰 연대 등에 대해서는 자세하지 않다.
범유소문(凡有所問)　어떤 물음에 대해서도.
둔근옥사(鈍根阿師)　鈍置阿師. 융통성이 전혀 없는 승.
생철주취(生鐵鑄就)　'제련하지 않은 생철로 모형을 주조하다'. 생철로는 어떤 모형도 주조할 수 없다. 여기 제19칙에선 '본래 천연'의 뜻으로 쓰이고 있다.
원명(圓明)　덕산연밀(德山緣密) 화상.
불소일날(不消一捏)　손가락 하나 까딱할 필요가 없다.
득임마(得恁麽)　이와 같이 ~할 수가 있는가.
애색살인(礙塞殺人)　자기 자신〔人〕을 질식시키다. 살(殺) : 동사 뒤에 붙는 강조어.
천세초만(天勢稍晚)　날이 점점 어두워지다.
수(須)　절대로, 무슨 일이 있어도.
육신보살(肉身菩薩)　인간의 몸으로 화현한 성자.
과시(果是)　果然是. 정말로, 예상대로.
천룡(天龍)　구지 선사를 깨닫게 한 선지식. 나머지는 자세하지 않다.
정중전주(鄭重專注)　아주 진지하게 정신을 한군데로 모으다.
현각(玄覺)　현각 화상. 생몰 연대는 미상. 법안의 법을 잇다.
운거석(雲居錫)　운거청석(雲居淸錫). 법안의 법을 잇다.
선조산(先曹山)　조산본적(曹山本寂, 840~901).
망로(莽鹵)　분명치 못하다, 철저하지 못하다.
서원(西園)　서원담장(西園曇藏). 마조의 법을 잇다.
용~부진(用~不盡)　미처 ~ 다 사용하지 못하다.
실연불회(實然不會)　정말로 모르다.

천인만인(千人萬人)　그 누구도.
나롱부주(羅籠不住)　꼼짝 못하게 하다.
탈거(脫去)　입적하다, 죽다.
명초독안룡(明招獨眼龍)　명초덕겸(明招德謙) 화상. 극심한 고행으로 왼쪽 눈을 실명했으므로 독안룡(獨眼龍)이라는 별명이 붙음.
국태심(國泰深)　국태도심(國泰道深) 화상.
과주객(瓜州客)　지기지우(知己之友), 서로 뜻이 통하는 사람. 과주(瓜州) : 감숙성 옥문관(玉門關) 부근의 지역.
비마(秘魔)　오대산 비마암(秘魔巖) 화상.
타지(打地)　타지 화상. 마조의 법을 잇다.
무업(無業)　분주무업(汾州無業, 759~820). 마조의 법을 잇다.
상격(常格)　일상적인 틀.
성요처(省要處)　요긴한 곳, 핵심적인 곳.
기관전환처(機關轉換處)　상대방의 정도에 알맞게 가르침을 펴는 곳.
성력(省力)　得力. 힘을 얻은 곳.
환타원명도(還他圓明道)　저 원명이 말한 ~이란 말에서 문제의 핵심을 포착해야 한다.
대양(對揚)　물음에 응답하다.
노(老)　원래는 존칭어인데 여기 제19칙에선 '친근감을 나타내는 접두어'로 쓰이고 있다. ㉠ 노구지(老俱胝).
우주공래(宇宙空來)　천지개벽 이래.
사륙문장(四六文章)　육조(六朝)시대 유행했던 사륙체(四六體)의 변려문체(騈儷文體). 그러나 여기 제19칙에선 그냥 '운문체의 총칭' 정도로 쓰이고 있다.
효와기특(諕訛奇特)　몹시 난해하고 특이하다.
거(去)　(적극적으로) ~을 하다.
당면제지(當面提持)　단도직입적으로 문제의 핵심을 제시하다.
참잡(參雜)　參錯間離. 한결같지 않다, 순수하지 않다.

요진(要津)　중요한 나루터. 여기 제19칙에선 '선 수행의 핵심적인 가르침[要津]'.

제20칙　龍牙西來意

퇴산적악(堆山積嶽)　산들이 겹겹이 겹쳐 있는 모양. 여기 제20칙에선 '조사서래의로 가득 찼다'는 뜻임.
당장애벽(撞墻礙壁)　담에 부딪고 벽에 걸리다. '조사서래의가 도처에 가득하다'는 뜻.
정사정기(佇思停機)　분별심을 일으키다.
직하(直下)　대번에.
종상래(從上來)　예로부터.
용아(龍牙)　용아거둔(龍牙居遁, 835~923). 동산양개의 법을 잇다.
취미(翠微)　취미무학(翠微無學). 단하천연의 법을 잇다.
감과(勘過)　음미하다, 좀더 살펴보다. 과(過) : 접미어.
과(過)　~을 건네주다.
선판(禪板)　좌선할 때 등을 곧바로 펴기 위해 등에 대는 등받이 나무판. 우리나라에서는 별로 사용하지 않는다.
내(來)　여기선 '명령을 나타내는 접미어'.
청룡(青龍)　① 동쪽을 지키는 신수(神獸). ② '명마(名馬)'의 이름. 여기 제20칙에선 ②의 뜻이 더 적합하다.
요차(要且)　어쨌든, 요컨대.
착(著)　여기 제20칙에선 '명중하다, 적중하다'의 뜻.
포단(蒲團)　좌선할 때 사용하는 좌구(坐具). 우리나라에선 이 포단 대신 좌복을 주로 사용하고 있다.
조계파랑(曹溪波浪)　육조혜능에서 비롯됐다는 중국 남종선의 흐름.

육침(陸沈) ① 아무도 모르게 잠적해 버리다. ② 현재 상황을 모르는 원리원칙주의자. ③ 아주 침몰하여 파멸해 버리다. 여기 제20칙에선 ③의 뜻.

의희월국 방불양주(依俙越國 髣髴揚州) 월국과 양주는 서로 다른 지역이지만 그러나 인물과 풍토가 서로 비슷하다. 여기 제20칙에선 '전혀 다른 사람들이 서로 비슷한 교수법을 쓰고 있다'는 뜻.

장위득(將謂得) ~을 얻었다고 할 수는 있으나.

변의(便宜) 이익, 이익을 보다. ↔ 낙절(落節, 손해).

취암지(翠巖芝) 대우수지(大愚守芝). 생몰 연대는 미상.

위산철(潙山喆) 대위모철(大潙慕喆, ?~1095).

석문총(石門聰) 생몰 연대는 미상.

첨전고후(瞻前顧後) 전후를 잘 살핀 다음 그 상황에 알맞은 행동을 취하다. 여기 제20칙에선 '적절하게 지도하다' 또는 '적절한 지도력'.

애착(挨著) 몰아세우다, 밀어붙이다.

일척안(一隻眼) 뛰어난 안목, 제3의 눈, 깨달음의 눈.

방개(放開) 放行. 긍정적인 입장을 취하다.

오조계(五祖戒) 오조사계(五祖師戒). 운문의 3세.

면장(面長) 얼간이, 멍청이, 멍청하다.

토숙(土宿) 土曜星. 불길한 일을 예고하는 별.

황룡신(黃龍新) 황룡오신(黃龍悟新, 1043~1114).

타착(打著) 처리하다, 해결하다.

덕산(德山) 덕산선감(德山宣鑑, 782~865). 봉(棒)을 휘두르기로 유명했던 선의 거장.

막야검(鏌鎁劍) 중국 고대의 명검.

화(団) 놀랐을 때 나오는 외마디소리, 또는 '힘을 줄 때 나오는 소리'.

사래다소시(死來多少時) 죽은 지가 오래됐다. 래(來) : 사(死)에 붙는 어조사. 소(少) : 다(多)에 붙는 어조사.

일두피선(一肚皮禪) 뱃속 가득 들어찬 선. '나는 선 수행자라는 자만심으로 가득 차 있는 것'.

재(在)　동사 뒤에 붙어 그 동작이 행해지는 장소를 표시함.
주공부(做工夫)　수행정진하는 것.
오예(五洩)　오예영묵(五洩靈默, 747~818). 마조의 법을 잇다.
석두(石頭)　석두희천(石頭希遷, 700~790).
두수정신(抖擻精神)　분발하다.
일향(一向)　한결같이, 오직, 오로지.
대매(大梅)　대매법상(大梅法常, 752~839). 마조의 법을 잇다.
염관(鹽官)　염관제안(鹽官齊安, ?~842). 마조의 법을 잇다.
진선(盡善)　지선(至善). 최상의 선.
불매(不昧)　확실하게 깨닫다.
노공(盧公)　《벽암록》'송'을 지은 설두 자신.
야즉(也則)　역시, 또한.
불착(不著)　~할 수 없다, ~하지 못하다.
시~시~(是~是~)　~인가 ~인가.
거(去)　在. ~에.
타입(打入)　들어가다. 타(打) : 동사 입(入)의 접두어.
조등(祖燈)　조사로부터 조사에게로 전해 오는 선의 법맥.
감대(堪對)　마주 대하다.
촉루전(髑髏前)　뼈만 남은 시체의 앞. 즉 '모든 지각 작용과 의식 작용이 사라져 버린 곳'.

제21칙　智門蓮花荷葉

건법당(建法幢)　진리의 깃발을 높이 달고 선의 종지를 힘차게 선양하다.
지문(智門)　지문광조(智門光祚). 설두의 스승.
유주유자가 최고시강남(幽州猶自可 最苦是江南)　유주는 그래도 괜찮다. 정말

고통스러운 것은 강남이다. ① '유주'는 중국 북방으로서 기후가 춥고 환경이 척박하다. 반면 '강남'은 기후도 따뜻하고 의식주도 풍부하다. 그러나 수행자의 입장에서 본다면 '강남'은 나태해지기 쉬운 곳이다. 즉 '좋은 환경이 되레 사람을 타락시킨다'는 뜻. ② 북송(北宋) 말기의 긴박한 정치 상황을 표현한 말이다. "금(金)에게 유주〔北京〕를 뺏긴 송은 남쪽으로 내려가서 강남〔南京〕에 도읍을 정했다. 그러나 금은 강남마저 뺏으려고 공격해 왔다. 이제 강남마저 금의 말발굽 아래 놓일 판국이니 정말 큰일이다." 그러나 여기 제21칙에선 이 긴박한 정치 상황의 의미가 한번 걸러져서 다음과 같은 상징적인 의미로 쓰이고 있다. '이전의 대답〔蓮花〕은 그런대로 지레짐작이 가능했다. 그러나 이 뒤의 대답〔荷葉〕은 도무지 그 뜻을 알 수가 없다'. 여기 제21칙에선 ②의 뜻으로 쓰이고 있다.

천리만리(千里萬里) 도저히 그 뜻을 헤아릴 수 없다, 도저히 알 수가 없다.
만한(顢頇) 얼굴이 긴 모양, 불분명한 모양.
용동(儱侗) 애매모호한 모양.
투자(投子) 투자대동(投子大同, 819~914).
위차(位次) 등급.
안립명자(安立名字) 이름을 붙이고 개념으로 규정하다.
광호(誑誘) 誑惑. 사람을 속이고 미혹시키다.
장득래(將得來) 가져오다.
고인(古人) 백장회해(百丈懷海) 선사.
영운(靈雲) 영운지근(靈雲志勤) 선사.
전두(前頭) (문장의) 앞부분. 두(頭) : 접미사.
요(了) 조금도 ~하지 않다〔了無交涉〕.
방령(放令) 放敎. 뜻대로 하게 내버려두다.
한한지(閑閑地) 절대의 경지에 이르다, 여유만만하다. 지(地) : 어조사.
우두(牛頭) 우두법융(牛頭法融). 4조 도신의 법을 잇다.
반석(斑石) 천지개벽 이전의 혼돈(混沌)이 들어 있다는 신령스러운 돌〔靈石〕.

망망탕탕(莽莽蕩蕩) 인과를 부정하고 허무주의에 빠져 마구잡이로 살아가는 것.

난문(攔問) 물음을 차단하다.

나리(那裏) ① 這裏(여기)에 대한 원칭(遠稱, 저기). ② 어느 곳(何處). 여기 제21칙에선 ②의 뜻.

암두(巖頭) 암두전활(巖頭全豁, 828~887).

협산(夾山) 《벽암록》 편찬자인 원오극근.

하여(何如) 如何. ~에 비교해서 어떤가. 'A 何如 B'의 형태로 쓰인다. 'A에 비해서 B가 어떤가'의 뜻. '如何'보다는 좀더 강조사이다.

왕로(王老) 중국인들 사이에 흔한 성씨인 '王씨 성을 가진 노인'. 여기 제21칙에선 '선지식을 얕잡아 부르는 말'.

자시(自是) 본래, 원래.

절인(浙人) 절강성(浙江省) 사람.

득득(得得) 먼 길을 터벅터벅 걸어오는 모양. (제1칙 본칙 평창에 나왔다.)

천(川) 사천성(四川省).

적자(的子) 후손, 후계자.

빙릉(氷凌) 積氷. 두꺼운 얼음, 빙판.

제22칙 雪峰鼈鼻蛇

인허(鄰虛) 물질을 구성하는 최소 단위. 인허진(鄰虛塵)이라고도 한다.

금종(擒縱) 움켜잡다(擒) : 부정적인 입장(把住). 놓아주다(縱) : 긍정적인 입장(放行).

설봉(雪峰) 설봉의존(雪峰義存, 822~908). 덕산의 법을 잇다.

남산(南山) 설봉산의 다른 이름.

일조(一條) 끈 같은 것을 세는 단위. 여기서는 '(독사) 한 마리'.

별비사(鼈鼻蛇)　살모사.
영인의착(令人疑著)　참 이상하군.
대유인(大有人)　반드시 ~할 사람이 있다. 대(大) : 강조할 때 쓰는 부사.
보주인송적(普州人送賊)　중국 보주는 도적의 집단 주거지. 그러므로 '보주인이 도적을 보낸다' 는 말은 '도적이 도적을 보낸다', '도적이 도적을 알아본다〔是賊識賊〕'는 말임.
이기방인(以己方人)　以己度人. 자기가 이러이러하므로 남도 이러이러할 거라고 지레짐작하는 것. '무지한 자의 억측'.
노견비은근(奴見婢慇懃)　남자종〔奴〕이 여자종〔婢〕을 은근히 보고 있다. 동병상련. 처지가 같으면 서로 가까워진다는 뜻.
능형(稜兄)　장경혜릉(長慶慧稜, 854~932).
사삼랑(謝三郞)　현사사비(玄沙師備, 835~908). 그는 사씨(謝氏) 집안의 셋째 아들〔三郞〕이었다.
일자친득(一子親得)　아비를 빼닮았다.
평전(平展)　평범하게 펼치다. 긍정적인 입장〔放行〕을 취하다.
타파(打破)　把住. 부숴 버리다. 부정적인 입장을 취하다. 타(打) : '파(破)'를 활성화시키는 접미사.
흠산(欽山)　흠산문수(欽山文邃). 동산의 법을 잇다.
타파칠통(打破漆桶)　흑칠통을 부숴 버리다. 즉 '확철대오하다' 라는 뜻.
오산점(鰲山店)　예주 오산진(澧州 鰲山鎭).
타수(打睡)　잠을 자다. 타(打) : '수(睡)'에 붙은 접두어. 앞의 타파(打破), 타풍타우(打風打雨)와 같은 용법이다.
당면거(噇眠去)　잠 좀 푹 자라. 거(去) : 말하는 자의 감정을 간접적으로 나타낼 때 사용하는 접미사.
토지(土地)　土地神.
칠촌리토지(七村裏土地)　일곱 마을이 합동으로 모시고 있는 토지신.
마매(魔魅)　현혹시키다.
인가남녀(人家男女)　사람들. 가(家) : '인(人)'에 붙은 접미사로서 별 뜻은 없다.
점흉(點胸)　(스스로의) 가슴을 가리키다.
차거(此去)　지금부터.
문도(聞道)　듣다. 도(道) : 접미어.
타후(他後)　이후.
예배기래(禮拜起來)　절하면서. 기래(起來) : 동사 뒤에 붙어서 동사의 개시 지속을 나타낸다.
민중(閩中)　복건성(福建省)의 복주(福州). 설봉의 고향.
상골산(象骨山)　설봉산의 다른 이름.
나능(那能)　어떻게 ~할 수 있겠는가.
이(貽)　후세에 물려주다.
주자(朱紫)　고급 관료의 옷 색깔. 당대(唐代)에는 삼품 이상의 관복에는 자색(紫色)을, 그리고 오품 이상에는 주색(朱色)을 썼다.
패금어(佩金魚)　관리들이 허리에 장식으로 차던 금고기〔金魚〕. 여기 제22칙에선 '권력의 상징'으로 쓰이고 있다.
대웅산(大雄山)　백장산의 다른 이름.
대충(大蟲)　'호랑이'를 가리키는 속어.
음음이소(吟吟而笑)　말없이 고개를 끄덕이며 미소 짓다.
끽다거(喫茶去)　차나 마시게. 거(去) : 행위의 계속을 나타내는 조사. 여기 제22칙에선 '가다'의 뜻보다 '문책'의 뜻이 담겨 있다. 즉 '차나 마시고 정신 차려라'는 조의 말투다.
신도(新到)　선원에 갓 들어온 사람.
정여(正如)　只如. 화제를 바꿀 때 쓰는 말. '~은 그렇다 치고'.
진정(眞淨)　진정극문(眞淨克文, 1025~1102). 황룡혜남의 법을 잇다.
타고롱비파 상봉양회가(打鼓弄琵琶 相逢兩會家)　북을 치고 비파를 타는 가운데 두 고수가 서로 만나다. 즉 '지음인의 상봉하는 모습'.
회가(會家)　고수, 달인(達人).
수사(隨邪)　빈정거리다, 비꼬다.

일성사(一星事) 아주 사소한 일. 성(星) : 옛날식 저울 눈금(일정한 간격을 두고 별[星, ★] 모양 표시가 있다).
평백지상(平白地上) 아무 일도 없는 보통의 상태.
출신처(出身處) 모든 분별과 속박을 벗어난 곳, 초탈한 곳.
태아검(太阿劍) 고대의 명검.
농사수(弄蛇手) 설봉의 '별비사'를 자유자재로 다룰 줄 아는 사람. 즉 '깨달은 사람'.
성군작대(成群作隊) 어중이떠중이가 무리를 이루다.
동화(同火) 同伙, 同參. 같은 스승의 문하생들, 같은 무리들.
능사비사(稜師備師) 장경혜릉과 현사사비.
소양(韶陽) 운문문언.
대장구(大張口) 입을 크게 벌리다.
오호사해(五湖四海) 온 천하, 온 우주.
유봉(乳峰) 설두가 머물던 설두산의 별명.
간방편(看方便) 방편을 보여 봐라. 솜씨를 보여 봐라. 간(看) : 여기 제22칙에선 '~을 보여 봐라'는 뜻이다.
착(著) 여기 제22칙에선 '적중하다', '명중하다'.
중언부당흘(重言不當吃) 했던 말[重言]을 또 지껄이는 것[吃]은 온당치 않다. 즉 '했던 말을 또 하고 있다'는 뜻.
모우상사(毛羽相似) 모습이 서로 닮다.
칠촌상(七村上) 뱀의 머리에서 몸 쪽으로 7촌 되는 곳. 이곳은 급소로서 여길 누르면 뱀은 줄처럼 맥없이 처져 버린다.
창(牕) 창(窓)과 같은 글자.
창명(滄溟) 滄海. 푸른 바다.

제23칙 保福妙峰頂

애찰(挨拶)　애(挨) : 가볍게 일침을 가하는 것. 찰(拶) : 강하게 일침을 가하는 것.
향배(向背)　향(向) : 뜻에 따르다〔向當〕. 배(背) : 뜻을 거스르다〔違背〕.
보복(保福)　보복종전(保福從展, ?~928). 설봉의존의 법을 잇다.
묘봉정(妙峰頂)　절대 진리의 최고봉.
평지상기골퇴(平地上起骨堆)　긁어 부스럼을 내다, 쓸데없는 짓을 하다.
감인근량(減人斤兩)　減人聲價. 사람을 얕잡아보다.
손공(孫公)　장경혜릉. 그는 손(孫)씨다.
거상(居常)　평상, 평상시, 보통 때.
해점흉(解點胸)　자만하다, 자신만만해하다.
고위기괴(孤危奇怪)　험준하고 특이하다.
교중설(敎中說)　《화엄경》입법계품(入法界品)의 말씀.
덕운비구(德雲比丘)　선재 동자가 찾아갔던 53 선지식 가운데 한 사람.
적적(的的)　바로 그것, 그 자체.
이장자(李長者)　이봉현(李通玄) 상사(635~730).《화엄합론(華嚴合論)》(40권)을 짓다.
칭성처(稱性處)　절대의 경지.
방일선도(放一線道)　넌지시 암시를 주다.
박박상응(拍拍相應)　박자와 노래가 잘 맞다.
초이리(草離離)　풀이 무성한 모양.
간시궐(乾屎橛)　마른 막대기 모양의 대변, 마른 대변 줄기. 또는 '대변을 닦는 막대기'.
감작하용(堪作何用)　어디에 쓰겠는가.
촉루착지(髑髏著地)　髑髏滿地. 땅에 해골이 즐비하게 널려 있는 모양. 패전의 모습.
할(瞎)　눈이 멀다.

제24칙 劉鐵磨臺山

마외(魔外)　天魔外道. 악마와 이단의 무리.
유철마(劉鐵磨)　위산 문하의 여승. 생몰 연대는 미상. 그 안목이 예리하기로 이름이 높다.
위산(潙山)　위산영우(潙山靈祐, 771~853). 위앙종의 초조.
노자우(老牸牛)　암소. 노(老) : 친숙함을 나타낼 때 이름 앞에 붙이는 글자.
대산(臺山)　오대산(五臺山). 중국불교의 최고 성지.
견기이작(見機而作)　상대방의 태도 변화에 따라 이쪽에서도 거기 알맞게 대응하는 것.
단월(檀越)　불교를 믿고 수행하는 신도.
관취(管取)　틀림없이.
일여설화(一如說話)　보통 때의 말.
사래선거(絲來線去)　상대의 움직임에 따라 자유자재로 대응하다.
상부(相副)　相合. 서로 들어맞다.
세제정견(世諦情見)　세속적인 견해.
사조연(四祖演)　사조산의 법연(法演). 황룡혜남의 법을 잇다.
건봉(乾峰)　월주건봉(越州乾峰). 동산양개의 법을 잇다.
전좌(典座)　선원에서 식사를 관장하는 직책.
좌발우전(左撥右轉)　자유자재.
철마(鐵馬)　철갑으로 무장한 말.
중성(重城)　견고한 성.
육국(六國)　한(韓)·위(魏)·조(趙)·연(燕)·제(齊)·초(楚). 후에 모두 진(秦)에 병합됐다. 그러나 여기선 '우리의 여섯 감각 기능〔六根〕'을 말한다.
구함사서(狗銜赦書)　어느 때 황제가 영리한 개〔狗〕에게 사면장〔赦書〕을 내리자 개는 그것을 물고〔銜〕천하를 돌아다녔다. 그러자 제후들마저 그 사면장에 닿는 것이 두려워 길을 피해 줬다고 한다. 그러나 여기 제24칙에선 다음의 뜻으로 쓰이고 있다. '위산의 활구〔老牸牛汝來也〕 앞에서는 저 막강한 유철마조차 길을 비키지 않을 수 없었다'.

일조주장양인부(一條拄杖兩人扶) 한 자루의 주장자를 두 사람이 잡고 있다. 즉 '두 사람이 돌아가는 곳은 결국 한 곳이다' 의 뜻임.

어가(御街) 천자가 행차하는 길. 궁전의 남정문(南正門)으로 통하는 길.

군향소상아향진(君向瀟湘我向秦) 그대는 남쪽의 소상으로 가고 나는 북쪽의 진으로 간다. 지음인이 남과 북으로 헤어지는 이별의 정을 말함(揚子江頭楊柳春 楊花愁殺渡江人 數聲風笛離亭晚 君向瀟湘我向秦. 鄭谷·淮上與友人別).

첩체(貼體) 當體. 脫體. 핵심.

재조(才調) 문장력, 글재주.

주차(周遮) 사설이 길다, 잔말이 많다.

금룡(金龍) 金烏. 해, 태양.

노도(老倒) 潦到. 늙어서 기력이 없다.

소용(疎慵) 게으르다.

제25칙 蓮花庵主不住

홀약(忽若) 만일, 만약.

연화봉암주(蓮花峰庵主) 천태산 연화봉 밑에 살았던 선승. 운문의 3세 후손이다.

화성(化城) 부처가 임시로 만든 요술의 성. 깨달음의 체험들이 여러 가지인 것처럼(쿤달리니, 차크라 등) 각각 다르게 말하고 있는 것은 유일한 깨달음(궁극적인 깨달음)으로 가는 길은 너무 단순하고 직선적이라서 사람들이 곧잘 싫증을 내기 때문이다. 그래서 부처는 임시방편을 써서 요소요소마다 깨달음의 멋진 궁궐[化城=단계]을 세워 놓고 사람들을 유인한다. 그런 다음 그걸 부정해 버리고 그 다음 단계로 나아가도록 한다. 자세한 것은 《법화경(法華經)》〈化城喩品〉에 있다.

일붕(一棚) 한 무리.

타(他) 여기 제25칙에선 '주장자'를 말함.

부득력(不得力) 쓸모가 없다. 득(得) : 어조사로서 동사 뒤에 붙어서 '가능, 완성'을 나타낸다.

유쟁반월정(猶爭半月程) 아직 반달(15일) 정도 갈 길의 거리가 남았다. 즉 '아직 멀었다'는 뜻. 쟁(爭) : '교(較)'와 뜻이 같다.

개리(箇裏) 這裏. 여기, 이 속.

즐률(櫛栗) 즐률나무로 만든 주장자.

뇌후견시(腦後見腮) 관상학에서 말하길 '머리 뒤에서 턱이 보이면 자기주장이 강하고 고집이 세다'고 한다. 그러나 여기 제25칙에선 '칭찬을 반어적으로 기술하고 있는 말'이다.

재변득(裁辨得) 감별하다, 식별하다.

국초(國初) 송(宋)나라 초. 송 태조 당시(960~976).

절각당아(折脚鐺兒) 다리가 부러진 무쇠솥.

일전어(一轉語) 심기일전시키는 언어, 새로운 국면을 제시하는 말.

기증(幾曾) 어찌 ~할 수가 있겠는가.

당장거변료(撞將去便了) 생각으로 헤아리고 글자를 파헤쳐 알려고만 하다.

인공, 인니, 인수(印空, 印泥, 印水) 깨달음의 정도를 시험하는 세 가지 방법 (자세한 설명은 '제25칙 본문의 풀이'를 보라).

임시(臨時) 그때가 돼서.

석실선도(石室善道) 당대(唐代)의 선승. 청원행사의 4대 후손이었던 선승.

사태(沙汰) 회창 5년(會昌五年, 845)에 있었던 당 무종(唐 武宗)의 불교탄압사건. 사찰 4,600개를 파괴하고 승려 26만 500명을 환속시켰다.

실처(實處) 진실 궁극의 경지.

지두(地頭) 자기만의 영역. 원래는 '상인들의 세력 범위'를 일컫는 말이었다.

엄양존자(嚴陽尊者)　엄양선신(嚴陽善信). 조주의 법을 이은 선승. 생몰 연대는 미상.

최잔(摧殘)　꺾어 버리다.

소삭(銷鑠)　(쇠붙이 등을) 녹이다.

현미(玄微)　현묘하고 미묘하다.

노로(盧老)　설두 자신.

의의(依依)　물이 유유히 흘러가는 모양.

견득철(見得徹)　투철하게 깨닫다.

신득급(信得及)　확실해서 의심할 여지가 없다. ↔ 신불급(信不及).

삼백담(三百擔)　100근, 약 50kg.

골골돌돌(鶻鶻突突)　아주 어리석은 모양.

척기미모(剔起眉毛)　눈썹을 치켜세우다. 두 눈을 크게 뜨다.

선월(禪月)　선월관휴(禪月貫休, 832~912). 선시의 거장이었던 선승.

법등(法燈)　청량진흠(淸涼秦欽, ?~974). 법안문익의 법을 잇다.

칠백고승(七百高僧)　황매산 오조홍인 문하의 700명 수행자들.

노행자(盧行者)　육조혜능.

청(請)　~을 하다.

관취(管取)　틀림없이, 분명히.

생철주취저한(生鐵鑄就底漢)　여기선 '무사도인(無事道人)'을 역설적으로 지칭하는 말이다.

전신일로(轉身一路)　한 걸음 더 박차고 나아가다.

삼조연하 칠척단전(三條椽下 七尺單前)　선원에서 한 사람이 앉아서 좌선할 수 있는 공간. 가로[橫] 3尺, 세로[縱] 7尺. 여기 제25칙에선 '몸소 좌선을 하다'의 뜻.

제26칙 百丈奇特事

백장(百丈) 백장회해(百丈懷海, 749~814).
기특사(奇特事) 대단한 일.
경살인(驚殺人) 사람을 놀라게 하다. 살(殺) : 어조사.
대웅봉(大雄峰) 백장산에 있는 봉우리.
사백주(四百州) 중국 전역. 여기 제25칙에선 '온 천하, 온 천지'란 뜻으로 사용되고 있다.
영불허행(令不虛行) 법령은 효력 없이는 결코 집행되지 않는다.
담하(擔荷) 물건을 짊어지다. 여기선 '책임 있게 말하다〔擔荷云〕'.
납승가(衲僧家) 선 수행자. 가(家) : 어조사.
별(別) 명확히 알다.
심담(心膽) 마음, 정신. 심지와 담력을 아울러 이르는 말.
쟁(爭) ~을 놓고 치열한 경쟁을 하다.
이의견의(以意遣意) 以意通意. 서로 뜻이 통하다. 견(遣) : 왕래하다.
여(如) (그 뜻이) 상통〔如〕한다. 여남전운(如南泉云) : 남전의 다음 말은 (본칙공안과 그 뜻이) 상통한다.
불견(佛見) 부처라는 생각.
법견(法見) 진리라는 생각.
폄향(貶向) 유배 보내다, 쫓아 버리다.
왕노사(王老師) 여기선 남전보원(南泉普願)을 말함. 그는 왕(王)씨였다.
등한(等閑) 무심하다, 무관심하다.
당기염롱처(當機拈弄處) 긴박한 생활에 직면하다, 매우 중요한 입장에 처하다.
활발발지(活鱍鱍地) 활기가 넘치다. 지(地) : 어조사.
마전상박(馬前相撲) 말 위에서 맞부딪치다. 빨리 승부를 겨뤄야 하는 위급한 상황에 처하다. 마(馬) : 전쟁할 때 사용하는 말.

방과(放過) 상대를 자유롭게 놔두다.

천마구(天馬駒) 명마의 한 가지.

화문서권(化門舒卷) 중생교화 수단(化門)으로서의 방행(放行, 긍정적인 입장, 舒)과 파주(把住, 부정적인 입장, 卷). 자유자재한 교화 방편.

오백년일간생(五百年一間生) 500년 만에 한 번 출현한 성인. 성인은 500년 만에 한 번 출현한다는 말이 있다.

벽면래(劈面來) 정면으로 다가오다.

감소(堪笑) 가소롭다. 감(堪): 동사 앞에 붙어서 동작의 가능성을 나타냄.

견득투(見得透) 철저하게 간파하다.

방내(方乃) 비로소.

육이부동모(六耳不同謀) '세 사람이 공모하지 마라. 비밀이 탄로난다'. '세 사람(六耳)이 모의를 하면 반드시 비밀이 밖으로 새어 나간다'는 옛말이 있다. 그러나 여기 제26칙에선 '내 말을 오해하지 말고 잘 알아들어라'라는 뜻이다.

기륜(機輪) 민첩한 언어와 행동을 자유자재로 굴러가는 바퀴(輪)에 비교한 것.

양두(兩頭) 유(有)와 무(無)의 상반되는 두 입장.

제27칙　雲門體露金風

불석미모(不惜眉毛) '설법(說法)을 잘 못하면 눈썹이 빠진다'는 말이 있다. 여기 제27칙에선 '눈썹(眉毛)이 빠지는 것도 개의치 않고(不惜) 상대를 위해서 설법을 한다'는 뜻.

가파인망(家破人亡) 人亡家破. 주관(人)과 객관(家)의 구별이 사라진 경지.

금풍(金風) 가을바람(秋風).

평보청소(平步靑霄) 푸른 하늘을 여유 있게 걷다. 즉 '일상의 상태 그대로 초월의 경지에 들어가는 것'.

위부 a 위부 b(爲復 a 爲復 b) 爲是 a 爲是 b, 爲當 a 爲當 b. 도대체 a인가 b인가. .

관한사저승(管閑事底僧) 풍류나 읊으며 실없는 말을 하는 승.

십팔문(十八問) 분양(汾陽)의 십팔문. 제9칙 본칙의 평창에 나옴.

변주문(辨主問) 주인[선지식]의 수행 정도를 탐색해 보려는 물음.

차사문(借事問) 어떤 사실을 실례로 들어 공부의 정도를 묻는 것.

일사호(一絲毫) 조금도, 전혀.

애(愛) 자칫하면 ~하기 쉽다.

상아이손(喪我兒孫) 자손을 근절시켜 버리다. 선문(禪門)의 전통을 근절시켜 버리다.

파단요진(把斷要津) 중요한 나루터를 장악하다. 즉 '급소를 움켜쥐다'. 단(斷) : 동사 뒤에 붙어 뜻을 강조하는 어조사.

유(攸) 어조사. 소(所)와 같음.

동(仝) 동(同)과 같은 글자.

축착개착(築著磕著) 치기도 하고 두드리기도 하면서 맘대로 가지고 놀다. 축(築) : 치다. 개(磕) : 두드리다. 착(著) : 접미사.

양표삽삽(涼飇颯颯) 바람이 쌀쌀하게 부는 모양.

골모탁수(骨毛卓竪) 寒毛卓竪. 놀랐을 때 몸의 털이 곤추서는 것.

소우몽몽(疏雨濛濛) 성근 빗발이 자욱히 내리다.

소림구좌미귀객(少林久坐未歸客) 소림사에서 9년 면벽[久坐]한 채 인도로 돌아가는 걸 잊은 길손[未歸客]. 달마 대사를 말함.

웅이일총총(熊耳一叢叢) 웅이산의 깊은 숲 속. 웅이(熊耳) : 달마의 묘탑이 있는 웅이산. 소림사에서 웅이산까진 약 300여 리가 된다.

불면(不免) 免不得. ~하는 외에는 다른 방법이 없다.

판치(版齒) 板齒, 前齒. 앞니. 달마가 불립문자를 반대하는 이들에게 맞아 앞니가 부러졌다는 말이 있다.

거취(去就) 존귀하고 비천한 것을 구분할 수 있는 능력. 또는 '선악에 대한 판단력'. ③ 행동 예) 作這去就 : 이런 행동을 하다, 이런 짓을 하다.
정촉(淨觸)　淸濁. 깨끗한 것과 더러운 것.
신구난도(信口亂道)　입에서 나오는 대로 마구 지껄이다.
겸협구쇄(鉗鋏鉤鏁)　대장간에서 무쇠를 다루는 도구들. 겸(鉗) : 제련용 무쇠 가위. 협(鋏) : 제련용 부젓가락. 구(鉤) : 물건을 잡아당기는 쇠갈고리. 쇄(鏁) : 묶는 쇠사슬. 여기 제27칙에선 위의 네 가지가 모두 '상속부단(相續不斷)'의 뜻으로 쓰이고 있다.
심상(尋常)　평소, 항상.
대룡공안(大龍公案)　벽암록 제83칙 공안.
풍불불지(風拂拂地)　바람이 부는 모양. 지(地) : 어조사.
정초초지(靜悄悄地)　쥐 죽은 듯이 고요하다.

제28칙　涅槃和尚諸聖

남전(南泉)　남전보원(南泉普願, 748~834). 조주의 스승.
백장열반(百丈涅槃)　백장유정(百丈惟政) 화상. 백장회해의 법을 잇다.
맹팔랑(孟八郎)　忘八郎. 예의범절을 모르는 망나니.
임마나잠아(恁麽那賺我)　이런 식으로 내가 속을 것 같은가. 임마나(恁麽那) : 如此. 이와 같이, 이런 식으로.
사가(乍可)　寧可. 차라리 ~하는 편이 낫다.
뇌치불회(賴値不會)　모르는 것이 천만다행이었다.
태살(太煞)　너무 ~해 버렸다.
불소(不消)　不用. ~할 필요가 없다.
수선사(壽禪師)　영명연수(永明延壽, 904~975). 염불선(念佛禪)의 창시자.
표전(表詮)　긍정적인 표현, 적극적인 표현.
차전(遮詮)　부정적인 표현, 상식을 초월한 격외의 표현.

서당(西堂) 선원에는 동당(東堂)과 서당(西堂)이 있다. 그러나 여기 제28칙에선 '다른 곳〔他山〕에서 와 잠시 머물고 있는 고승'을 일컫는 말로 쓰이고 있다.

결택(決擇) 決斷選擇. 의문을 풀고 이치를 명확히 깨닫다.

일장마라(一場懡㦬) 부끄러운 한 장면.

득(得) '획득'을 나타내는 어조사(識破得他).

변통저인(邊通底人) 임기응변에 능한 사람.

농니단한(弄泥團漢) 진흙덩이를 주무르는 녀석. 어리석은 짓을 하는 녀석.

굴굴순순(淈淈溎溎) 진흙과 물이 서로 뒤범벅이 된 상태. 즉 '탈속하지 못한 상태'. 무지몽매한 것.

원자각(元字脚) 원(元)자의 다리(儿). 즉 '언어문자의 총칭'.

두병수(斗柄垂) 북두칠성의 다섯 번째 별을 옥형(玉衡)이라 하는데 이 별은 북두칠성의 자루〔斗柄〕에 해당한다. 새벽이 되면 이 별이 기울어〔垂〕지는데 여기 제28칙에서 '북두칠성의 자루가 기울어졌다〔斗柄垂〕'는 것은 '새벽이 됐다'는 말이다.

광요토(光耀土) 깨달음을 체험한 직후 부처가 법열의 상태에서 21일 동안 《화엄경》을 설했다는 곳. 실제의 장소라기보다는 일종의 상징적인 장소로 봐야 한다.

발제하(跋提河) 인도 쿠시나가르에 있는 강. 이 강 부근에서 부처는 열반에 들었다.

만용궁영해장(滿龍宮盈海藏) 대승경전은 용궁의 보배 창고〔海藏〕에 비장되어 있다는 뜻.

수산주(修山主) 법안문익의 법을 이은 선승. 용제소수(龍濟紹修).

첨밀밀지(甜蜜蜜地) 언어가 너무 매혹적인 내용과 분위기를 띠고 있는 것. 지(地) : 어조사.

호호관래(好好觀來) 정신을 바짝 차리고 살펴보다.

맥구(驀口) 주둥이를 향해서 정면으로.

소부득면부득(少不得免不得) 그렇게 하는 것 외에는 다른 방법이 없다.

신수대사(神秀大師) 大通神秀(?~706).
대만(大滿) 오조홍인(五祖弘忍)의 시호.
비공(鼻孔) 본성, 본질〔正位〕.
구(口) 작용, 현상〔偏位〕, 언어.
염득구실각비공(拈得口失却鼻孔) '언어〔口〕로 표현하게 되면 그 핵심〔鼻孔〕을 잃는다'는 뜻.

제29칙 大隋劫火洞然

한현호래(漢現胡來) '중국 사람〔漢〕이 오면 중국 사람이 나타나고 오랑캐〔胡〕가 오면 오랑캐가 나타난다〔漢來漢現 胡來胡現〕'는 뜻. 즉 '밝은 거울에는 사물이 있는 그대로 거짓 없이 비친다'는 뜻.
치소(緇素) 여기 제29칙에선 본질〔正位〕과 현상〔偏位〕.
대수(大隋) 대수법진(大隋法眞, 834~919).
겁화(劫火) 이 세상의 종말에 일어난다는 불길.
대천(大千) 삼천대천세계(三千大千世界)의 준말. 우주.
타(他) 여기 제29칙에서는 자개(這箇)와 같은 뜻임. 즉 본성, 본래 자리를 가리킴.
야(也) 여기 제29칙에서는 '결단'을 나타내는 어조사(恁麼則隨他去也).
몰량대인(沒量大人) 그 역량이 비길 데 없이 뛰어난 사람.
대안(大安) 장경대안(長慶大安, 793~883).
동천염정현(東川鹽亭縣) 사천성 중부 지방.
화두(火頭) 총림에서 불을 관리하는 직책.
소지인(掃地人) 일체의 가치 관념을 쓸어 없애 버린 사람.
천(川) 사천성(四川省).
붕구산(堋口山) 사천성 서부 지방에 있는 산.

노차(路次) ~로 가는 길.
교의(教意) 불교의 교학과 이론.
교중운(教中云) 《구사론(俱舍論)》세간품(世間品)에 이르길.
성주괴공(成住壞空) 물질계의 네 단계 순환 작용. 생성〔成〕→ 존속〔住〕→ 파괴〔壞〕→ 소멸〔空〕.
삼재(三災) 주기적으로 일어난다는 우주적 규모의 세 가지 재난. ① 불의 재난〔火災〕, ② 물의 재난〔水災〕, ③ 바람의 재난〔風災〕.
삼선천(三禪天) 색계(色界). 사선천(四禪天)의 세 번째 영역.
서촉(西蜀) 지금의 사천성.
경준(景遵) 오대(五代) 후당(後唐)의 시승(試僧).
제대수(題大隋) 대수의 탑을 참배하고 읊은 시.
남능(南能) 남종선의 초조인 육조혜능.
천산(千山) 千山萬水. 산이 깊고 길이 험함.
감등(龕燈) 탑 앞에 켜 놓은 등불.
문단(問端) 문제점. 물음의 단서.
가련(可憐) 훌륭한, 멋진(여기 제29칙에선 '불쌍하다'는 뜻은 없다).
구구(區區) 勤勤. 부산한 모양, 바쁘게 다니는 모양.
득저인(得底人) 공안의 암호를 푼 사람, 깨달은 사람.

제30칙 趙州大蘿蔔

승문(承聞) 웃어른에 관한 말씀을 듣다.
미분팔자(眉分八字) 相見分明. 분명히 보다.
진주(鎭州) 하북성 정정현(正定縣). 무의 산지다.
대라복두(大蘿蔔頭) 아주 크고 굵은 무.
백염적(白拈賊) 날강도.

척기편행(剔起便行)　땅을 박차고 일어나 가 버리다.
강서징산성(江西澄散聖)　늑담영징(泐潭靈澄). 산성(散聖) : 형체에 구애받지 않는 자유인.
권회(圈繢)　올가미, 함정.
원록공(遠錄公)　부산법원(浮山法遠, 991~1067).
방별어(傍瞥語)　옆에서 곁눈질하는 말. 즉 '살짝 곁눈질해서 상대방을 송두리째 간파해 버린 말'.
구대(九帶)　부산법원이 지었다는 《불선종교의구대집(佛禪宗敎義九帶集)》(전100권).
타가(他家)　여기 제30칙에선 '조주'를 말함.
통소로(通霄路)　하늘[天, 깨달음]로 통하는 길.
구봉(九峰)　귀종도전(歸宗道詮, 930~985). 생몰 연대는 미상.
연수(延壽)　연수혜륜(延壽慧輪). 생몰 연대는 미상.
취측(取則)　공안으로 삼다.
자고자금(自古自今)　고금을 통해서 변하지 않는 법칙[極則].
영탈(潁脫)　주머니 속의 송곳 끝이 밖으로 튀어나온다는 뜻으로, 훌륭한 재능이 밖으로 드러남을 이르는 말. 재능이 남보다 뛰어나다.
전기영탈(全機潁脫)　모조리 드러나 버리다.
소득(消得)　낭비하다, ~을 쓰다. ↔ 불소득(不消得) : ~을 쓰지 않다, 절약하다.
열전(挒轉)　잡아 비틀다.
독허조주(獨許趙州)　오직 조주만을 인정할 수 있을 뿐이다.

제31칙　麻谷振錫遶床

마곡(麻谷)　마곡보철(麻谷寶徹). 마조도일의 법을 잇다.

장경(章敬) 장경회휘(章敬懷暉, 757~818). 마조도일의 법을 잇다.
잠살일선인(賺殺一船人) 賺殺一般人. 한배에 탄 사람을 속이다. 모든 사람을 속이다.
계려궐자(繫驢橛子) 나귀를 매 놓는 말뚝. 자(子) : 명사에 붙는 어미. ① 무용지물. ② 자유롭지 못함. ③ 언어문자만을 고집하는 것. 여기 제31칙에선 ①②의 두 가지 뜻으로 쓰이고 있다.
착(錯) 착(着). 여기 제31칙에선 일종의 일자공안(一字公案)으로 보면 된다.
유교일착재(猶較一著在) 아직 한 수[一著]의 차이가 있다.
재운전래(再運前來) 다시 이전과 똑같은 수법을 쓰고 있다.
취인설두(取人舌頭) 남의 말에 놀아나다.
시여(是汝) 너야말로.
직(直) 오직, 오로지.
곡록목상(曲錄木床) 曲彔木牀, 曲彔木床. 선승이 앉는 의자.
차사(此事) 本分事. 본래자기를 깨닫는 일.
판어(判語) 재판의 판결문.
양두(兩頭) 여기선 시(是)와 불시(不是).
취인구변(取人口辯) 남의 말만을 흉내내다.
소단(鎖斷) 문을 완전히 닫아 버리다.
경장주(慶藏主) 원오가 한때 묻고 배웠던 선배 수행승.
영가(永嘉) 영가현각(永嘉玄覺, 675~713).
특살랑당(忒煞郎當) 아주[忒煞] 형편없다[郎當].
견토방응(見兎放鷹) 토끼를 보고 매를 풀어 놓다. 즉 '그 상황에 가장 적절한 말이나 행동을 하다' 라는 뜻.
출과도(出過道) 사족을 붙여 말하다.
생철주취저한(生鐵鑄就底漢) 여기 제31칙에선 '대장부의 기상과 굳은 의지를 지닌 사람' 이란 뜻이다.
장졸수재(張拙秀才) 석상(石霜) 문하의 거사. 수재(秀才) : 과거시험에 합격한 사람.

서당장(西堂藏)　서당지장(西堂智藏, 738~817).

경산(徑山)　경산법흠(徑山法欽, 714~792).

산(山)　명사 앞에 붙여 자신을 낮추는 말. ㉠ 山僧, 山妻.

치완(癡頑)　자신의 아이들을 낮춰 부르는 말.

대~시(待~時)　~가 될 때, ~처럼 될 때.

중읍(中邑)　중읍홍은(中邑洪恩). 당대(唐代)의 선승. 생몰 연대는 미상.

사계(謝戒)　득도수계의 의식.

화상(和尙)　《전등록》(中邑章)에는 화화(和和)로 되어 있다. 화화(和和): 어린애가 말 배울 때 내는 소리.

조계(曹溪)　육조혜능.

조계인자상탈장래(曹溪印子上脫將來)　육조혜능의 인가 증명으로부터 그대로 나오다. 탈장래(脫將來): 원형에서 그대로 찍혀 나오다.

일숙각(一宿覺)　영가현각.

신풍화상(新豊和尙)　동산양개.

생원가(生冤家)　원한이 지금도 생생한 원수.

분(分)　~할 자격이 있다. ㉠ 始有參學分.

강호(江湖)　① 이 세상. ② 양자강과 동정호. 여기 제31칙에선 ②의 뜻이다.

시인(時人)　世人. 세상 사람.

과각(過却)　뛰어넘다. 각(却): 강조 어미.

염롱(拈弄)　옛 공안을 주석하고 비평하다.

석취미모(惜取眉毛)　눈썹을 아껴라. 즉 '말조심하라' 는 뜻. 말을 함부로 하면 눈썹이 빠진다는 말이 있는데 여기서 이 말(惜取眉毛)이 유래됐다.

절기(切忌)　~하는 것은 금물이다.

염각(拈卻)　拈得. 거론하다.

천수대비(千手大悲)　천수천안 관자재(관세음) 보살.

사해랑평 백천조락(四海浪平 百川潮落)　천하태평의 정경.

고책(古策)　여기 제31칙에선 '주장자'를 말함. 책(策): ① 지팡이(策杖). ② 채찍(策鞭).

십이문(十二門) 주장자 위에 달린 열두 개의 고리.

하사자개(何似這箇) 이것과 비교해서 어떤가.

공소삭(空蕭索) 번뇌망상이 사라진 정적의 경지.

무병약(無病藥) 병이 없는데 먹는 약.

덕산견위산공안(德山見潙山公案) 벽암록 제4칙 공안.

갱몰일성사(更沒一星事) 무위절학(無爲絶學)의 경지, 완벽한 깨달음의 경지.

오일일풍 십일일우(五日一風 十日一雨) 五風十雨. 우순풍조의 기후.

서왕모(西王母) 전설상의 선녀.

칠전팔도(七顚八倒) 일곱 번 구르고 여덟 번 거꾸러진다는 뜻으로 수없이 실패를 거듭하거나 매우 심하게 고생함을 이르는 말. 그러나 여기 제31칙에선 '자유자재'라는 뜻.

임시(任是) 당연히 ~조차도. 시(是) : 어조사.

제32칙 臨濟佛法大意

타첩불하(打疊不下) 해결하지 못하다, 처리하지 못하다. 타첩(打疊) : 해결하다, 처리하다.

정상좌(定上座) 임제의 법을 이은 선승. 자세한 것은 알 수 없다.

임제(臨濟) 임제의현(臨濟義玄, ?~867).

아랑당(訝郞當) 아주 멍청하다.

촉패(捉敗) (범인 등을) 붙잡다, 붙들다.

탁개(托開) 떠밀다.

실각비공(失卻鼻孔) 본성〔鼻孔〕을 잃다.

냉지리유인저파(冷地裏有人覷破) 곁에서 간파해 버린 자가 있다. 냉지(冷地) : 곁, 옆.

전득타력(全得他力) 순전히 남의 덕을 보다.

장근보졸(將勤補拙) 근면으로 지혜롭지 못함을 보충하다.

향북인(向北人) 北方人. 향(向) : 접두어.

만복(滿福) 인사말. '안녕하십니까?'

순세(順世) 입적, 임종.

적육단(赤肉團) 심장.

면문(面門) 얼굴에 있는 감각 기관들. 즉 '눈·귀·코·입'.

간시궐(乾屎橛) 막대기처럼 길게 말라비틀어진 대변. 또는 휴지 대용으로 쓰던 막대기.

토설(吐舌) 놀랐을 때 혀를 쑥 내밀고 있는 모습.

상거다소(相去多少) 얼마나 차이가 있는가. '어떻게 다른가'.

면황면청(面黃面靑) 당황해서 얼굴이 붉으락푸르락하다.

신계(新戒) 신출내기.

촉오(觸忤) 觸怒. 대들다, 말대꾸하다, 웃어른의 마음을 거슬러서 성을 내게 함.

축살(壓殺) 壓殺. 박살(내다).

요상귀자(尿床鬼子) 오줌싸개 녀석. 자리에 오줌 싸는 아이라는 뜻으로, 젊은 승을 낮잡아 이르는 말.

연망(連忙) 몹시 당황하다.

단제(斷際) 황벽단제(黃檗斷際, 황벽희운). 임제의 스승.

후종(後蹤) 후손.

지래(持來) (방법을) 사용하다. 래(來) : 능동적 의지를 나타내는 어조사.

종용(從容) 점잖다, 느긋하다.

거령(巨靈) 巨靈神. 황하(黃河)의 신. 거령신이 화산(華山)을 두 쪽으로 쪼개어 황하의 물을 흐르게 했다는 전설이 있다.

무다자(無多子) 無多般. '복잡하지 않다', '별것 아니다', '간단명료하다'.

혁살인(嚇殺人) 사람을 놀라게 하다. 살(殺) : 어조사.

화산(華山) 중국의 5대 명산 가운데 하나. 섬서성 화음현(華陰縣) 남쪽에 있다.

음계(陰界)　迷界. 깨닫지 못한 번뇌망상의 차원.
해인(海印)　물에 나무가 비치듯 이 모든 현상이 거울처럼 비치는 부처의 지혜.
진로(塵勞)　번뇌망상.
와해빙소(瓦解氷消)　흔적도 없이 사라져 버리다.

제33칙　陳尙書看資福

임마불임마(恁麼不恁麼)　임마(恁麼) : 긍정적인 입장에 서는 것(放行). 불임마(不恁麼) : 부정적인 입장에 서는 것(把住).《복본(福本)》에는 '恁麼却不恁麼 不恁麼却恁麼' 로 되어 있다.
진조상서(陳操尙書)　목주(睦州) 문하의 거사.
자복(資福)　자복여보(資福如寶). 당말오대(唐末五代)의 위앙종 선승.
온자(蘊藉)　너그럽다, 도량이 넓다.
조시(早是)　이미.
불착변(不著便)　운(運)이 안 좋다, 잘못되다, 빗나가다.
당착(撞著)　堅著. 마주치다, 부딪치다.
적불타빈아가(賊不打貧兒家)　도둑은 결코 가난한 집은 털지 않는다.
배휴(裴休, 791~864)　황벽 문하의 거사.
이고(李翺, 772~841)　약산 문하의 거사. 당시 이름 있던 문인.
청제(請齊)　공양(식사)에 초대하다.
츤(襯)　신자가 승에게 재물을 나누어 주다(財施).
감변(勘辨)　문답을 통해서 상대의 경지를 탐색하다.
황권적축(黃卷赤軸)　황색의 두루마리 종이에 적색의 축을 한 책. 즉 '불교경전'.
견설(見說)　~라고 말하다.

초초(草草) 경솔한 행동을 하다.

사승가(師僧家) 師僧. 스승의 위치에 있는 승. 가(家) : 어미.

삼경오론(三經五論) 여기 제33칙에선 '경전과 그 주석서〔論〕'.

모갑죄과(某甲罪過) 사과할 때 쓰는 말. '제 잘못입니다'.

비비상천(非非想天) 삼계(三界) 28천 가운데 최상위에 있는 천상계. 즉 무색 계천(無色界天).

불신도(不信道) 내 말이 맞지 않는가.

경치(境致) 풍경, 풍광. 여기 제33칙에선 구체적인 사물인 일원상(一圓相).

임마지(恁麽地) 恁麽. 이와 같다. 지(地) : 부사 어미.

답번(踏翻) 박차 버리다, 일축해 버리다.

산산(珊珊) 옥이 부딪쳐 울리는 소리.

삼척장자교황하(三尺杖子攪黃河) 세 척 길이의 막대기로 황하의 물을 휘젓다. '역부족', '철저하지 못함'의 뜻.

해산무사객(海山無事客) 신선의 경지에서 노니는 사람.

권련(圈䯀) 그물, 고기 잡는 도구.

하마(蝦蟆) 개구리.

하현라방(蝦蜆螺蚌) 새우, 바지락, 소라, 고둥.

즘생내하(怎生奈何) 어찌하겠는가, 어떻게 하겠는가.

겸신재내(兼身在內) 그대 자신도 같은 패거리다.

약불약조(若佛若祖) 부처와 조사. 약(若) : 如(~와).

정량(情量) 가치 판단.

삼산(三山) 신선이 살고 있다는 세 개의 산. 방장산(方丈山)·영주산(瀛州山)·봉래산(蓬萊山). 동해 바다의 어딘가에 있다고 함. 이 삼산(三山)은 거대한 거북〔巨鼇〕의 등에 실려 바다에 떠 있다고 한다. 그래서 이백(李白)은 그의 시 '회선가(懷仙歌)'에서 이렇게 읊고 있다. "큰 거북이여, 삼산을 싣고 가지 마라(巨鼇莫載三山去)."

제34칙　仰山問甚處來

앙산(仰山)　앙산혜적(仰山慧寂, 807~883).
정(程)　路程. 길의 거리.
오노봉(五老峰)　여산(廬山)에 있는 한 봉우리 이름. 그 모양이 다섯 노인이 서 있는 모습이라고 한다.
이일보(移一步)　깨달음을 향한 진일보.
태다사생(太多事生)　쓸데없는 말참견이 지나치다.
착심사급(著甚死急)　왜 그렇게 조급한가.
낙초지담(落草之談)　한 차원 내려서서 말을 하다.
요지산상로 수시거래인(要知山上路 須是去來人)　산 위의 길을 알고자 한다면 (그곳을) 몸소 갔다 온 사람에게 물어야 한다. 즉 '깨달음의 길을 알고자 한다면 그 방면에 정통한 사람에게 묻지 않으면 안 된다'는 뜻.
향상인아조(向上人牙爪)　최고의 경지에 도달한 사람의 솜씨.
화사(禍事)　큰일나다.
제철(提掇)　문제를 제기하고 평하다.
불~면견(不~免見)　~을 면치 못하다.
출초(出草)　出草之談. 한 차원 높인 말〔向上〕.
입초(入草)　入草之談. 한 차원 내린 말〔向下〕.
노(老)　여기 제34칙에선 '모든 걸 초월한 경지'의 뜻.
한산자(寒山子)　寒山. 선의 전성기에 살았다는 전설적인 인물.
거농(渠儂)　제3인칭 대명사. 그 사람.
도로(都盧)　모든 것.
나찬화상(懶瓚和尙)　일체 미상. 당대 남악(南岳, 衡山)에 은거했던 선승.
외우(煨芋)　재에 묻어 구운 토란.
공부(工夫)　여기 제34칙에선 '시간, 여유, 겨를'.
청요요 백적적(淸寥寥 白的的)　인품이 맑고 담백함.

선도화상(善道和尙) 석실선도(石室善道). 석두희천 문하에서 수행을 했다.
법안(法眼) 법안문익(法眼文益, 885~958). 법안종의 창시자.
정위(情謂) 생각과 분별심.
도두(到頭) 필경에는, 결국은.
임운(任運) 자연의 운행에 따라.
잔조(殘照) 낙조, 지는 햇살.
반백(班白) 斑白. 희끗희끗 센 머리.
노로(嘮嘮) 불경을 읽다.
황로(黃老) 《황정경(黃庭經)》과 《노자도덕경(老子道德經)》.
여치사올(如癡似兀) 어리석고 무지해 보이다. 올(兀) : 무지한 모양.
유심료일(有甚了日) 어찌〔甚〕 깨달을 날〔了日〕이 있겠는가.

제35칙 文殊前三三

당두차과(當頭蹉過) 當面蹉過. 면전에서 빗나가다.
결유예(決猶豫) 의혹을 해결하다. 유예(猶豫) : 망설이다, 머뭇거리다.
조백(皂白) 黑白. 여기 제35칙에선 '어리석음과 지혜로움'.
무착(無著) 무착문희(無著文喜). 오대산에 가서 문수 보살을 만났던 선승.
하필(何必) ① 어째서 ~할 필요가 있겠는가. ② 전혀 ~할 필요가 없다.
대방(大方) 대우주.
주지(住持) 불법을 보호하고 지켜 가다.
유괘진치재(猶掛唇齒在) 아직도 여전히 떠들고 있군. 재(在) : 강조 어미.
실두인난득(實頭人難得) 진실한 사람을 만나기 어렵다. 두(頭) : 어조사.
차간(此間) 이곳. 여기 제35칙에선 '오대산'을 가리킴.
각망수란(脚忙手亂) 당황하다, 부산을 떨다.
화두(話頭) 여기 제35칙에선 '화제, 문제점'.

오대(五臺) 오대산. 중국불교의 성지. 문수 보살이 상주해 있다고 한다.
파리잔자(玻璃盞子) 유리로 만든 찻잔. 자(子) : 어조사. ㉑ 침자(枕子, 베개).
균제동자(均提童子) 문수 보살을 시중드는 동자인 듯(?).
금강(金剛) 금강력사, 수호신장.
청량산(淸凉山) 오대산의 다른 이름.
흘금(迄今) 지금에 이르기까지[以迄于今].
야반승(野盤僧) 행각승. 떠돌이 중.
평평실실(平平實實) 아주 진지하다.
장주지장(漳州地藏) 나한계침(羅漢桂琛, 867∼928). 법안문익의 스승.
호호지(浩浩地) 넓다. 많다. 지(地) : 어조사.
쟁사(爭似) 어찌 ∼하는 것만 같겠는가. ∼에는 미치지 못하다.
종전박반(種田博飯) 밭에 씨를 뿌리고 밥을 먹다. 박(博) : 博取(어떤 물건을 내 것으로 취하다).
상차간(相次間) 俄頃間. 순간적으로. 즉시.
반굴(盤屈) 盤曲. (산맥 등이) 구불구불함.
완자(碗子) 찻잔. 자(子) : 어조사.
섭자(楪子) 찻잔 받침. 자(子) : 어조사.
조원일적수(曹源一滴水) 조계의 근원[曹源]에서 나온 한 방울의 물[一滴水]. 선의 핵심. 선의 정수.
낭야각(瑯琊覺) 낭야혜각(瑯琊慧覺). 분양선소의 법을 잇다.
유침선(有針線) 침선(針線, 바늘과 실) : 문제의 핵심. 문제의 핵심을 포착하는 주도면밀함. 문제의 핵심에 이르는 길.
교죽비(攪粥篦) 국 젓는 주걱.
등타도(等他道) 저[他, 문수]가 ∼라고 말하는 그 즉시. 등(等) : 待(∼하는 그 즉시).

제36칙　長沙一日遊山

장사(長沙)　장사경잠(長沙景岑). 남전보원의 법을 잇다.
문수(門首)　문전, 문 앞.
전두후두(前頭後頭)　앞부분과 뒷부분. 두(頭) : 명사·부사에 붙는 접미어.
춘의(春意)　봄기운, 봄의 화창함.
상수래(相隨來)　상대의 말에 맞장구를 치다.
부거(芙蕖)　芙蓉. 연꽃.
일화(一火)　한 무리의 집단. 여기 제36칙에선 '장사·수좌·설두의 3인'을 말함.
흡시(恰是)　옳지, 과연 그렇구나.
청이용나(倩你用那)　자네 것을 좀 빌려 써 볼 수 없겠는가.
사숙(師叔)　선종의 법맥상 숙부.
출입(出入)　(일상생활에서) 나고 드는 것.
협산정(夾山亭)　예주 협산정.
양변(兩邊)　여기 제36칙에선 '주인〔主〕과 나ㄱ네〔客〕'.
천불명경(千佛名經)　《삼천불명경(三千佛名經)》.
최호(崔顥, 704~754)　황학루의 시(詩)로 유명해진 사람. 이태백이 황학루에 와서 최호의 '황학루 시'를 보고 기가 질려 돌아갔다고 함.
득한(得閑)　한가하면.
제취(題取)　시를 짓다. 취(取) : 의도적이며 적극적인 기분을 나타내는 접미사.
주회옥전(珠回玉轉)　구슬이 돌고 옥이 구르다. 즉 '자유자재'를 말함.
광원(狂猿)　미친 듯이 슬피 우는 원숭이.
고대(古臺)　폐허가 되어 버린 옛터.
착력(著力)　전력투구를 하는 것.
직득(直得)　비록 ~라 해도, ~라는 결과가 되다.

반제(半提) 절반 정도의 제시.

전제(全提) 전면적인 제시.

향상일규(向上一竅) 제3의 눈, 깨달은 눈.

대박맹인(大拍盲人) 듣고 본 것에 구애를 받지 않는 무심(無心)도인.

군자(裙子) 바지. 아래에 입는 치마같이 생긴 옷.

편삼(褊衫) 저고리. 길이가 짧은 두루마기.

벽락(壁落) 울타리.

미득초절(未得勦絶) 언어의 흔적을 완전히 지워 버리지는 못했다. 초절(勦絶) : 끊음, 절멸시키다.

제37칙 盤山三界無法

엄이난해(掩耳難諧) 귀를 막을 겨를이 없다.

뇌문상번홍기 이배후륜쌍검(腦門上播紅旗 耳背後輪雙劍) 장군이 적진을 향해 위풍당당하게 진군하는 모습. 여기 제37칙에서 '선지식이 정법(正法)의 깃발 휘날리며 법전(法戰)을 벌이는 모습'에 비유함.

안변수친(眼辨手親) 눈으로 척 보면 알고 손으로 그 일을 처리하는 데 능숙하다.

거각(擧覺) 공안을 참구하다.

지대(祗對) 사람을 맞이하다, 상대의 물음에 답하다.

반산(盤山) 반산보적(盤山寶積). 생몰 연대는 자세치 않다.

막만인호(莫瞞人好) 사람을 속이지 마라.

불로중거(不勞重擧) 거듭 거론할 필요까진 없다.

향북유주(向北幽州) 지금의 하북성 지역. 향북(向北) : 北, 北方. 향(向) : 접두어.

보화(普化) 임제와 선문답을 했던 기승(奇僧).

막득(邈得)　그리다, 묘사하다.
진(眞)　眞影. 승려의 초상화.
타근두(打筋斗)　재주넘기를 하다.
풍광(風狂)　風顚. 미치광이 짓.
선기(璿璣)　북두칠성의 네 번째 별. 여기 제37칙에선 '마음〔心〕'을 상징함.
혼금박옥(渾金璞玉)　純金眞玉. 본래 천연의 아름다움.
여타약(驢駝藥)　나귀 등에 실을 정도로 많은 약.
성외구(聲外句)　聲前一句. '생각을 넘어선 경지에서 내뱉는 말이나 글귀'.
일장패궐(一場敗缺)　패배의 한 장면. 敗缺은 패궐(敗闕)과 음이 같으며 패궐이라 읽는다.
나변(那邊)　여기 제37칙에선 '깨달은 경지〔悟境〕'.
삼조(三祖)　삼조승찬(三祖僧璨, ?~606).
해탈심갱(解脫深坑)　해탈에 집착하여 깨달음의 깊은 구렁에 빠져 있는 것.
전신처(轉身處)　보다 높은 차원으로의 방향 전환.
칠천팔혈(七穿八穴)　七通八達. 능수능란.
차로경과(借路經過)　이미 나 있는 길을 이용하다. 즉 '이미 있는 언어를 통해서 본래 진리를 언급하다'의 뜻.
자령출거(自領出去)　자신의 죄를 인정하고 자신이 직접 형장으로 가다.
화엄경계(華嚴境界)　《화엄경》에서 말하고 있는 '삼계유심(三界唯心, 우주의 근원은 마음)'의 경지.
안피탄저(眼皮綻底)　깨달음의 안목을 갖춘 이.
종불(終不)　결코 ~치 않다.
소내한(蘇內翰)　소동파(1036~1101). 내한(內翰) : 한림학사의 별칭.
조각(照覺)　동림조각(東林照覺, 1025~1091).
광장설(廣長舌)　부처의 설법.
구봉건(九峰虔)　구봉도건(九峰道虔). 생몰 연대는 미상.
일긍청공(一亙晴空)　하늘 가득 찬 허공.
고인(古人)　도장산(道場山)의 여눌(如訥). 생몰 연대는 미상.

호가곡(胡家曲)　북방의 이민족이 부는 풀피리소리. 음률이 기막히게 빼어난 곡.

유인(有人)　소동파.

논량(論量)　시비장단을 논하다, 송(頌)을 검토하고 음미하다.

한림지재(翰林之才)　제1급 문장가의 재능.

제38칙　風穴鐵牛機

쾌인일언(快人一言)　영리한 사람은 한 마디만 들어도 즉시 깨닫는다.

풍혈(風穴)　풍혈연소(風穴延沼, 896~973).

영주(郢州)　지금의 하남성 신양현(信陽縣).

아내(衙內)　관아의 안.

조사심인(祖師心印)　선의 정수. 인(印, 도장) : '거짓이 없다'는 뜻에서 곧잘 '진수', '진리'에 비유됨.

상사(狀似)　相似. ~와 같다.

철우지기(鐵牛之機)　무쇠로 만든 소[鐵牛, 黃河의 神]처럼 부동의 경지에 있는 것.

삼요(三要)　선(禪)의 핵심을 일컫는 말인 듯. 《임제록》에 나오는 말인데 그 뜻이 분명치 않다.

거즉인주(去卽印住)　심인(心印)에서 떠나려 하면[把住] 오히려 심인(心印)에 머물게 된다.

주즉인파(住卽印破)　심인(心印)에 머물려 하면[放行] 심인(心印)은 부서진다.

무돈치처(無頓置處)　둘 곳이 없다.

문채이창(文彩已彰)　흔적이 보이다, 흔적이 남다.

노파장로(盧陂長老)　미상. 장로(長老) : 연장자를 높여 부르는 말.

암효득(諳曉得)　暗曉得. 거짓 깨달은 체하다.
불탑인(不搭印)　인정해 주지 마라.
경예(鯨鯢)　고래. 경(鯨) : 수고래. 예(鯢) : 암고래.
거침(巨浸)　큰 바다.
신구천리(神駒千里)　천리마 신구(神駒)는 단숨에 천리를 달린다.
초뇨(炒鬧)　큰 소동이 일다. 언쟁하다.
둔치살인(鈍置殺人)　사람을 바보 취급하다. 살(殺) : 어조사.
독수(毒手)　수행자를 이끌기 위한 신랄한 수단.
목주(牧主)　영주(郢州)의 자사(刺史).
차득참학사필(且得參學事畢)　수행 공부를 완전히 끝내 버린다.
허(噓)　가쁜 숨을 토해내는 소리.
평지끽교(平地喫交)　특별히 문제될 것이 없는 데서 실수를 하다.
참(讖)　예언, 예언을 하다.
서암(瑞巖)　서암사언(瑞巖師彥). 암두의 법을 잇다.
성성착(惺惺著)　정신 차려라.
만각(瞞却)　속다, 속이다.
양주록문(襄州鹿門)　호북성 녹문산(鹿門山).
곽시자(廓侍者)　수곽(守廓). 남원 문하의 선승.
소강(小江)　월주(越州)의 조아강(曹娥江).
대가(大舸)　큰 배.
경수도산(鏡水圖山)　거울에 비친 강과 그림 속의 산.
유언(遺言)　다른 사람이 이미 쓴 말.
몽륜(蒙輪)　전쟁에 사용되는 배, 전함.
열한(列漢)　허공.
오호(五湖)　太湖.
작복청허성(杓卜聽虛聲)　점치는 법의 한 가지. 야밤에 솥에 물을 가득 부은 다음 그 위에 나무 국자를 띄운다. 그런 다음 나무 국자[杓] 자루가 가리키는 방향으로 집을 나가 맨 처음 만나는 사람이 무심코 내뱉는 말을 듣고 길

흥화복을 결정하는 것. 여기 제38칙에선 '근거 없는 속된 말'이란 뜻으로 쓰이고 있다.

섬어(譫語)　잠꼬대.

애견(騃見)　어리석은 소견.

취암(翠巖)　취암산.

교수(梟首)　梟首. 목을 베어 나뭇가지에 매달아 놓는 형벌.

교수증인휴검거(梟首甑人携劍去)　명검의 장인이었던 간장(干將)의 아들 미간척(眉間尺)의 고사. 자세한 것은 제100칙 송(頌)의 평창을 보라.

재허윤용(再許允容)　다시 청익(請益, 재차 질문의 기회)을 허락하다.

하유(何有)　何如, 如何, 怎麼. 어떻게 ~할 것인가.

혈운(穴云)　불필요한 글자임.《오등회원(五燈會元)》에는 이 두 글자가 없다.

이(以)　已와 통용. 즉 일을 끝마치다[已]. 깨닫다.

청운(清云)　'穴云'의 잘못 표기임.

차좌끽다(且坐喫茶)　자, 앉아서 차 한잔 들게. 끽다거(喫茶去)가 부정적이라면 차좌끽다는 긍정적이다.

종(從)　여기 제38칙에선 '하고 싶은 대로 하도록 내버려두다'의 뜻임.

황면절자(黃面浙子)　풍혈(風穴)을 가리킴. 풍혈은 절강성 사람〔浙江省人, 浙子〕인데 절강성인의 안색은 대부분 황색이므로 이런 식의 표현을 쓴 것이다.

둔치일상(鈍置一上)　한바탕 바보 취급을 당하다.

차간(此間)　이곳, 여기.

호호(好好)　정확히, 분명하게.

원래(元來)　뜻밖에도, 참으로 훌륭한.

복응(服膺)　가슴에 새겨 두다, 잘 지켜 잠시도 잊지 않다.

원두(園頭)　선원에서 채소밭을 관리하는 직책.

남방일봉(南方一棒)　경청(鏡清) 선사의 지도 방법을 말함.

무생인(無生忍)　무생법인(無生法忍), 절대 진리.

오대(五代)　당(唐)이 멸망하고 송(宋)이 건국되기 이전. 즉 후량·후당·후진·후한·후주가 서로 싸우던 53년간(907~960)을 말함.

이란(離亂)　난리, 전쟁.

범시(凡是)　모든, 일반적인.

찬화족금(攢花簇錦)　문장의 수식이 화려함.

유하락(有下落)　낙처(落處, 핵심)가 있다, 안목이 있다.

재(才)　'纔'와 통용. '~하자마자', '~하는 그 순간'.

언중유향(言中有響)　말이 예사롭지 않다.

교분자(膠盆子)　아교풀이 가득 담긴 그릇. 여기선 '분별심이 끊어진 본래 자리'를 뜻함.

피가대초(披枷帶銷)　교조주의에 얽매여 있는 것.

자명(慈明)　자명초원(慈明楚圓, 986~1039). 분양선소의 법을 잇다.

운거홍각(雲居弘覺)　운거도응(雲居道膺, ?~902).

금득(擒得)　擒住. 붙잡다.

삼현과갑(三玄戈甲)　평창을 보라.

초왕성(楚王城)　초(楚)나라의 옛 서울. 즉 영주(郢州).

조종(朝宗)　여러 강물이 바다로 흘러 들어가 모임.

하살(嚇殺)　깜짝 놀라디.

섬부철우(陝府鐵牛)　섬부에 있는 황하의 수호신. 무쇠소〔鐵牛〕모양을 하고 있다.

가주대상(嘉州大象)　가주의 대강(大江) 옆 암벽에 조각된 360척 되는 미륵불(唐 玄宗 때 조각).

삼현삼요(三玄三要)　현묘하고 요긴함. 삼현(三玄)의 '三'과 삼요(三要)의 '三'에는 별 뜻이 없다. 본문에서 '一句 속에 三玄이 있고 一玄마다 각각 三要가 있다'고 한 것은 '모든 활구 속에는 생각으로 헤아릴 수 없는 현묘한 이치가 깃들어 있다'는 뜻이다(《種電鈔》).

묘변(妙辨)　妙解. 문수 보살.

구화(漚和)　방편, 목적 달성을 위한 우회적인 방법.

불부(不負)　외면하지 않다.

절류기(截流機)　번뇌의 물살을 헤치고 나올 수 있는 기질. 또는 '그런 기질의 사람'.

붕두(棚頭)　무대.

후면(後面)　송(頌)의 후반부.

지소(只消)　只用. ~하기만 하면.

제39칙　雲門金毛獅子

노배(爐鞴)　수행자를 단련시키는 스승의 수완.

개급퇴두(垲圾堆頭)　먼지더미.

반반박박(斑斑駁駁)　짐승의 털무늬가 잡스러운 것. 여기 제39칙에선 '아주 지저분한 것'을 말함.

화약란(花藥欄)　① 작약꽃이 쓰러지지 않도록 네 귀퉁이에 나무를 박아 울타리를 만든 것. 즉 '작약꽃 보호용 울타리'. ② 나무 울타리에 둘러싸인 만개한 작약꽃. 여기 제39칙에선 ①과 ②의 뜻이 모두 통한다.

변임마거시(便恁麼去時)　문득 이렇게 갈 때(알 때). 《운문광록(雲門廣錄)》에는 '便恁麼會時(문득 이런 식으로 알 때는)'로 되어 있다.

방감작마(放憨作麼)　어리석은 짓을 해서 어찌하려는가.

양채일새(兩采一賽)　한 번의 주사위 도박판에서 이길 승산이 큰 눈금(彩)이 동시에 나온 경우를 말함. 즉 '쌍방이 모두 이길 가능성이 있다'는 뜻. 여기 제39칙에선 '막상막하'의 뜻으로 쓰이고 있다.

시십마심행(是什麼心行)　이 무슨 수작인가, 도대체 어쩔 셈인가.

양구동무일설(兩口同無一舌)　두 사람(兩口)이 문답하고 있는 그 참뜻은 언어를 초월해 있다.

만한(顢頇)　멍텅구리, 바보.

현사(玄沙)　현사사비(玄沙師備, 835~908).

농적적지(膿滴滴地)　피고름이 줄줄 흐르다. 지(地) : 어조사.

삼촌심밀(三寸甚密)　말이 세련되어 조금의 틈도 없다. 삼촌(三寸) : 혀〔舌, 말〕.

신채답거(信彩答去)　말의 표현에 맡겨 대답하다. 신(信) : 내맡기다. 채(彩) : 문장의 표현 수식. 거(去) : 어조사.

전록록지(轉轆轆地)　수레바퀴가 막힘없이 굴러가는 것. 여기 제39칙에선 '자유자재'의 뜻임.

우도(又道)　덕산연밀(德山緣密)의 말. 생몰 연대는 미상.

기중인(其中人)　본래인, 깨달은 사람.

태갈등(太葛藤)　설명이 너무 지나치다.

대가(大家)　여러분, 모든 사람. 가(家) : 어조사. 달인(達人, 巨匠)이라는 뜻이 아니다.

보주인송적(普州人送賊)　'보주'는 도적이 많은 곳. '보주인에게 도적을 호송하게 한다'는 말은 '도적에게 도적을 호송하게 한다'는 뜻임. '고양이에게 생선을 맡긴다'는 말과 같음.

상석타령(相席打令)　연회석의 분위기를 보고 거기 알맞은 유희를 행하다. '임기응변'과 같은 뜻.

동현별곡(動絃別曲)　현(絃)이 움직이면 그 즉시 무슨 곡인지를 아는 것. 지음인(知音人)과 같은 뜻.

재나변거(在那邊去)　《일야본(一夜本)》에는 '在那邊(어디에 있는가)'으로 되어 있다. 여기에서의 거(去)자는 어조사라기보다 불필요한 글자다. 그러므로 마땅히 《일야본》의 '在那邊'을 따라야 한다.

제40칙　南泉如夢相似

할아락절(黠兒落節)　① 이익을 보려고 잔꾀를 부리다가 되레 손해를 보는 것.

② 적은 이익을 보려다 되레 많은 돈을 잃다. ③ 이익을 남기려다 원금마저 날려 버리다.

육긍대부(陸亘大夫, 764~834) 남전 문하의 거사.

남전(南泉) 남전보원(南泉普願, 748~834). 조주의 스승.

조법사(肇法師) 승조 법사(僧肇法師, 384~414(?)). 구마라십의 제자. 저서에 《조론(肇論)》등이 있다.

기괴(奇怪) 여기 제40칙에선 '대단하다'는 뜻으로 쓰이고 있다.

출기(出氣) 울분을 풀다.

이성(理性) 현상계를 관통하는 불변의 실성.

생(生)·**융**(融)·**예**(叡) 구마라십의 제자인 도생(道生)·도융(道融)·도예(道叡).

나십(羅什) 구마라십(鳩摩羅什, 344~413). 구자국(龜玆國) 사람. 후진(後秦) 때 장안에 와서 수많은 산스크리트어 불경들을 한역(漢譯)했다.

장로(莊老) 장자와 노자의 문헌들.

고유마경(古維摩經) 지겸(支謙)이 번역한 《유마경》.

사론(四論) 승조의 《조론》. 이 《조론》은 다음의 네 가지가 합쳐진 것이다. ①《物不遷論》, ②《不眞空論》, ③《般若無知論》, ④《涅槃無名論》.

논중도(論中道) 《열반무명론(涅槃無名論)》에서 말하길.

공동(空洞) 텅 빈 구멍.

고인(古人) 덕산연밀.

제호상미(醍醐上味) 맛 중에 최고의 맛.

상정(常情) 상식적인 사고의 틀.

산하부재경중관(山河不在鏡中觀) 이 객관 현상과 내가 분리되어 있지 않다는 뜻.

초(草) 번뇌망상.

약부동상수 언지피저천(若不同床睡 焉知被底穿) 같은 침상에서 자 보지 않으면 이불 속이 떨어진 걸 알 수가 없다. 즉 '상대와 같은 입장에 처해 보지 않으면 상대를 알 수 없다'는 뜻.

여이타병료야(與爾打倂了也) 너에게 말할 수 있는 것은 모두 말했다.

부동(不同) 不同而同. '겉으로 다른 것 같지만〔不同〕그러나 속으론 같다〔而同〕'는 뜻.

위부 a 위부 b(爲復 a 爲復 b) a인가 b인가.

제41칙 趙州大死底人

시비교결처(是非交結處) 시비와 선악이 엇갈리는 곳.

초방(超方) 세상을 초월하다.

대사저인(大死底人) 크게 한번 죽었다가 되살아난 사람. 깨달은 사람.

투명(投明) 날이 새다, 새벽이 되다. 투(投) : ~이 되다〔至〕.

도(到) 멀리로부터 오다〔自遠而來也〕.

간루타루(看樓打樓) 루(樓) : 씨뿌리는 수레〔耬〕로서 씨앗 상자를 장착했다. 이 상자 밑에 작은 구멍이 뚫려 있는데 상자를 치면〔打樓〕 씨앗이 밭고랑에 뿌려진다. '樓를 보고 樓를 친다'는 말은 '상사에 씨앗이 있는 걸 보고 상자를 쳐 씨앗을 뿌린다'는 말이다(《不二鈔》). 이 말이 여기 제41칙에선 간풍사범(看風使帆, 바람이 부는 걸 보고 그쪽 방향으로 돛폭을 올리다)과 같은 의미로 사용되고 있다. 즉 '상대방의 움직임에 따라 이쪽의 행동을 결정한다'는 임기응변의 뜻이다.

심행문(心行問) 자신이 이미 체험한 바를 시험삼아 상대에게 묻는 것.

행자(行者) 승려가 되기 위하여 준비 단계에 있는 사람.

평지상사인무수(平地上死人無數) 평탄한 길을 걷는 안이함 속에서 오히려 낭패를 보는 자가 많다.

호수(好手) 名人. 수완가, 달인.

철화상(喆和尙) 진여모철(眞如慕喆). 생몰 연대는 미상.

영광화상(永光和尙) 영광원진(永光院眞). 생몰 연대는 미상.

수(廋) 숨기다.
번래복거(翻來覆去) 죽고 사는 것[死活]을 자유자재로 반복하다.
온자(蘊藉) 견문이 넓고 깊이가 있다.
약기(藥忌) 한약을 복용할 때 금해야 하는 음식. 例 숙지황이 든 한약 복용시 금해야 할 음식[藥忌]=생무.
하수(何須) 하필이면 ~할 필요가 있는가, 하필이면 ~하려 하는가.
문과(問過) 따지고 캐묻다.
고인(古人) 이 문장(제41칙)에서 고인은 덕산연밀.
고인(古人) 이 문장(제41칙)에서 고인은 운문문언.
임시(任是) 비록 ~라 해도.
벽안호승(碧眼胡僧) 달마 대사.

제42칙 龐居士好雪片片

단제독롱(單提獨弄) 방편을 쓰지 않고 단도직입적으로 제시하다.
고창(敲唱) 묻고 대답하다.
흑산하타좌(黑山下打坐) 打入黑山下坐. 미망의 세계에 안주하다.
방거사(龐居士) 방온 거사(龐蘊居士, ?~808). 마조의 법을 잇다.
약산(藥山) 약산유엄(藥山惟儼, 751~834).
단아(端倪) 사물의 시작과 종말. 단서, 실마리.
호설(好雪) 아, 눈이 오는구나.
언중유향(言中有響) 말 밖에 뜻이 있다. 말이 예사롭지가 않다.
상수래(相隨來) 남의 말에 맞장구를 치다.
구적파가(句賊破家) 도적을 끌어들여 가산(家産)을 모두 날려 버리다.
염로자(閻老子) 염라대왕.
재(在) 문장의 끝에서 강한 단정을 나타냄. 例 未放去在.

단화(斷和)　교제가 끊어진 친구 사이를 중간자가 들어서 다시 화해시키는 것.
판어(判語)　판결문.
우해(偶諧)　잘 조화를 이루다.
장괴(張乖)　내 뜻에 맞는 것[張]과 거슬리는 것[乖].
주자(朱紫)　당나라 관리의 복장인 주의(朱衣)와 자의(紫衣). 여기 제42칙에 선 '관료'.
열찰(列刹)　중국 전역의 선원 사찰.
반환(盤桓)　여기 제42칙에선 '머물다'의 뜻임.
일반(一半)　1/2, 절반.
가하(架下)　상식적인 틀. 여기 제42칙에선 '방거사의 손아귀'를 말함.
구중(彀中)　화살의 사정권, 올가미.
전봉상주(箭鋒相拄)　막상막하. 여기 제42칙에선 '선의 거장과 거장의 불꽃 튀는 만남'을 말함.
일색변사(一色邊事)　평등 무차별의 경지.
낙절처(落節處)　손해 본 곳, 실수한 곳.
송살료(頌殺了)　송(頌)을 끝내다. 살(殺) : 강조 어미.

제43칙　洞山寒暑廻避

종상래(從上來)　예로부터, 옛날부터 지금까지.
동산(洞山)　동산양개(洞山良价, 807~869). 조동종의 시조.
벽두벽면(劈頭劈面)　정면, 눈앞.
소하매각가은성(蕭何賣卻假銀城)　한(漢)의 소하(蕭何, ?~B.C. 193)가 선우(單于)와 싸울 때 '우리나라에는 은으로 만든 성이 있다[我國有銀城]'고 거짓으로 속여 선우를 유인해 낸 고사. 여기 제43칙에선 '없는 것을 있다고 말하다'의 뜻.

사리(闍黎)　아사리(阿闍黎). 승려의 존칭.

임애간호시(臨崖看虎兕)　절벽 끝에서 맹수를 만나다. 즉 '진퇴양난의 곤경에 처하다'의 뜻.

특지일장수(特地一場愁)　특별히 마음을 아프게 하는 한 장면. 지(地) : 어조사.

황룡신(黃龍新)　황룡오신(黃龍悟新, 1043~1114).

수두타령 액하완금(袖頭打領 腋下剜襟)　소매 끝[袖頭]에 깃을 달고[打領], 겨드랑이 밑[腋下] 옷깃을 잘라내다[剜襟]. 즉 '주도면밀하여 허점이 전혀 없는 것'.

불감(不甘)　납득하지 못하다.

지견(支遣)　취급하다.

오위(五位)　조동종에서 진리를 보는 다섯 가지 입장. 동산오위(洞山五位), 군신오위(君臣五位)라고도 함.

회호정편(回互正偏)　정(正, 本質)과 편(偏, 현상)을 서로 번갈아 교체시키다.

정중편(正中偏)　본질[正]에서 현상[偏]을 보는 것[君視臣].

은은유회구일혐(隱隱猶懷舊日嫌)　은은하게 옛날의 낯익은 감정이 남아 있다. 은은(隱隱) : 보이진 않지만 분명히 존재하는 것. 혐(嫌) : 친근한 정, 친밀한 감정.

실효(失曉)　날이 샐 무렵.

편중정(偏中正)　현상에서 본질을 보는 것[臣向君].

정중래(正中來)　본질의 입장[君位].

편중지(偏中至)　현상의 입장[臣位].

겸중도(兼中到)　본질과 현상이 둘이 아닌 경지[君臣合道].

당금휘(當今諱)　당금(當今) : 지금 현재. 휘(諱) : 천자의 이름.

전조단설재(前朝斷舌才)　전조는 당(唐)의 앞에 있던 수(隋)나라를 말한다. 수나라 이지장(李知章)은 변재가 뛰어나 누구도 그 앞에서는 입을 열지 못했다. 그래서 사람들은 그를 일러 '변재[말]로 세상을 정복한 자[坐斷舌

才, 斷舌才]'라 일컬었다.

절합(折合)　필경, 결국은.
부산원록공(浮山遠錄公)　부산법원(浮山法遠, 991~1067). 생몰 연대 미상.
동산(洞山)　동산수초(洞山守初). 생몰 연대 미상.
조산(曹山)　조산혜하(曹山惠霞). 생몰 연대 미상. 조산본적의 법을 잇다.
안배(安排)　적재적소에 알맞게 배치하다.
원타타지(圓陀陀地)　자유자재한 모습. 지(地) : 어조사.
당두(當頭)　① 목전. ② 갑자기. ③ 즉석에서.
인준(忍俊)　인준불금(忍俊不禁, 웃음을 참을 수 없다)의 준말.
한로(韓獹)　한씨(韓氏)의 명견(名犬).《전국책(戰國策)》에 나옴.
출세(出世)　垂手. 세상에 나와 중생교화를 하는 것.
불출세(不出世)　不垂手. 오직 수행에만 전념하는 것.
차별지(差別智)　分別智. 다양한 현상을 식별하는 지혜.
십팔반(十八般)　十八種. 여기 제43칙에선 '여러 가지' 라는 뜻임.
연망(連忙)　아주 바쁘게.
지여(只如)　그건 그렇다 치고.

제44칙　禾山解打鼓

화산(禾山)　화산무은(禾山無殷, 884~960). 구봉도건(九峰道虔)의 법을 잇다.
습학(習學)　아직 듣고 배울 것이 남아 있는 차원[有學位].
절학(絶學)　더 이상 듣고 배울 것이 없는 차원[無學位].
인(鄰)　깨달음 직전에 도달한 것.
일개철궐자(一箇鐵橛子)　한 개의 쇠막대기.
진과(眞過)　습학과 절학을 초월한 경지.

일필구하(一筆句下)　일필로 선을 그어 말살하다.

해타고(解打鼓)　타고(打鼓) : 시간을 알리기 위하여 치는 북. 북을 잘 친다(두드린다). 해(解) : ~할 수 있다. 여기 제44칙에선 화산(禾山)이 승에게 한 말이다. '북 (한번) 잘 치는군' 정도로 해석하면 된다.

철질려(鐵蒺藜)　옛날식 지뢰. 마름 모양(입체식 삼각형)의 쇠붙이로서 끝이 뾰족하다. 이것을 길에 뿌려 적의 공격이나 추적을 차단하는 데 썼다.

확(確)　단단하다, 확실하다.

진제(眞諦)　聖諦第一義. 최고의 진리.

구급퇴(坵圾堆)　쓰레기더미.

향상인(向上人)　최고의 진리를 터득한 사람.

불오(不悟)　깨달음〔悟〕마저 초월한 경지〔悟了還同未悟時〕.

설봉곤구(雪峰輥毬)　설봉의 나무공 굴리기〔輥毬〕 공안. '송'의 평창에 나옴.

국사수완(國師水碗)　제48칙 '본칙 평창'을 보라.

조주끽다(趙州喫茶)　제22칙 '본칙 평창'을 보라.

염제(拈提)　문제를 제기하다.

원정계조 만물함신(元正啓祚 萬物咸新)　신년 초의 인사말. '새해에는 복운이 열리고 만물이 모두 새로워지소서'의 뜻.

십팔반실리(十八般失利)　열여덟 번이나 손해를 보다.《오등회원(五燈會元)》(七. 鏡淸章)에는 육반실리(六般失利, 여섯 번이나 손해를 보다)로 되어 있다. 그러므로 실팔반실리(十八般失利)는 육반실리(六般失利)의 잘못 표기이다.

정과대사(淨果大師)　호국원(護國院) 수증 대사(守證大師).

회창사태(會昌沙汰)　당 무종 회창 5년(845)에 있었던 불교탄압사건.

삼문외양개한(三門外兩箇漢)　산문 밖의 금강역사상(金剛力士像).

끽득임마대(喫得恁麽大)　이렇게 덩치가 큰가.

욕주(浴主)　知浴. 선원에서 목욕탕을 관장하는 직책.

일락삭(一落索)　한 토막의 말. 한바탕의 이야기.

일예석 이반토(一拽石 二般土)　평창을 보라. 예석(拽石) : 연자방아를 돌리다. 반토(般土) : 흙을 나르다.

환중천자칙(寰中天子勅) 한 나라 안에서의 황제의 칙명. 확고부동한 지상 명령.

새외장군령(塞外將軍令) 변방에서의 장군의 명령. 황제의 칙명과는 별개의 명령 체계.

상골로사(象骨老師) 설봉(雪峰)을 말함. 설봉이 주석하던 설봉산은 상골산(象骨山)이라고도 부름.

농롱동동(儱儱侗侗) 불분명하다, 뚜렷하지 않다.

첨자첨혜고자고(甜者甜兮苦者苦) 네 사람이 모두 제각각 독특한 맛이 있다. 네 사람 : 拽石의 歸宗, 般土의 木平, 輥毬의 雪峰, 解打鼓의 禾山. 자세한 것은 평창을 보라.

귀종(歸宗) 귀종지상(歸宗智常). 마조의 법을 잇다.

보청(普請) 주로 육체적인 노동을 하기 위하여 선원에서 선승들을 소집하는 것. 울력.

유나(維那) 선원에서 선승들의 기강을 담당하는 직책.

목평(木平) 목평선도(木平善道). 청원행사의 7세 후손.

신도(新到) 신참 승려, 초보 승려.

반(般) 운반하다.

삼전토(三轉土) 세 짐의 흙.

철륜천자(鐵輪天子) 우리가 사는 이 지구를 다스린다는 가상(假想)의 황제.

환중칙(寰中勅) 철륜천자의 칙명.

초료(鷦鷯) 뱁새, 참새.

소가(小可) 輕可. 보잘것없다.

혜서(鼷鼠) 생쥐.

작작패세(作斫牌勢) 패(牌, 공을 막는 나무판)를 다듬는 시늉을 하다.

경절(徑截) 빠른 길. 단도직입적.

도불출(跳不出) (화산의) 틀(손아귀)을 벗어나지 못한다.

제45칙 趙州萬法歸一

만법(萬法) 삼라만상.

일(一) 여기 제45칙에선 '근원적인 하나의 진리'.

청주(靑州) 하북(河北)에 있는 도시. 조주의 고향.

일령포삼(一領布衫) 마(麻)로 만든 한 벌의 두루마기.

예각(拽却) (그물을) 치다.

일격편행처(一擊便行處) 말이 나오기가 무섭게 즉시 그 본뜻을 간파해 버리는 경지.

보화(普化) 임제와 같은 시대에 살았던 기승(奇僧).

여허대(如許大) 이 정도로 크다. 이 정도밖에 크지 않다.

타개의로(打開義路) 해설을 붙이다, 해석하다.

노고추(老古錐) 끝이 둥글게 무뎌진 낡은 송곳. 여기 제45칙에선 '원숙한 경지에 이른 조주'를 뜻함.

편벽(編辟) 다그쳐 추궁하다.

영득(贏得) 이익을 보다.

서호(西湖) 설두가 주석하던 설두산의 서북호수(西北湖水).

하재(下載) (배나 수레에서) 짐을 내리다〔把住〕. 또는 '서북풍'을 일컫기도 함.

십팔문(十八問) 분양(汾陽)의 18문(十八問).

상재(上載) (배나 수레에) 짐을 싣다〔放行〕. 또는 '동남풍'을 일컫기도 함.

무사회(無事會) 수행할 것도 깨달을 것도 없다고 주장하는 무사안일한 사고방식.

쾌룡주(快龍舟) 굴원(屈原)을 추모하는 멱라제(汨羅祭) 때 경주용으로 사용하는 배〔輕舟〕.

삼조연하간취(三條椽下看取) 좌선용의 자리〔三條椽下〕에서 간파〔看取〕하라. 즉 '실참실구(實參實究, 실질적인 수행)를 통해서 직접 깨닫도록 하라'는 뜻.

제46칙　鏡淸雨滴聲

일추변성(一槌便成)　망치로 한번 쳐서 완성하다. '예리한 수행자'를 말함.
편언가절(片言可折)　한마디로 결단을 내리다.
성색(聲色)　인식의 대상이 되는 사물, 일체의 현상.
경청(鏡淸)　경청도부(鏡淸道怤, 868~937). 설봉의 법을 잇다.
우적성(雨滴聲)　낙숫물 떨어지는 소리.
불방실두(不妨實頭)　아주 진지하다. 두(頭): 어조사.
사생야(事生也)　문제가 생기다.
관득기변(慣得其便)　능수능란하다.
요구(鐃鉤)　갈고리.
탑색(搭索)　밧줄.
계불미기(洎不迷己)　나도 이미 나 자신을 잃어버렸다.
탈체(脫體)　해탈체, 본체.
자리(這裏)　여기 제46칙에선 '門外是什麽聲'을 말한다.
천취(薦取)　깨닫다, 간파하다.
발구(鵓鳩)　비둘기.
사교하마(蛇咬蝦蟆)　뱀이 개구리를 물다.
단련어(煅煉語)　수행자를 단련시키는 말.
심행(心行)　사량분별의 흔적이 남는 언행.
심종(心宗)　선(禪)의 근본 종지.
망정(忘情)　무심(無心)의 경지.
전연(展演)　展開演說. 사람들에게 법(法, 불법, 선)을 말하는 것.
과구(窠臼)　관념적인 틀.

전(轉)　관심을 다른 곳으로 돌리게 하다.
각근하대사(脚跟下大事)　발밑의 중대사. 즉 '본래자기를 깨닫는 일'.
대가(大家)　대중, 모든 사람. 대(大) : 대중(大衆). 가(家) : 어미.
작자(作者)　作家宗師. 일가(一家)를 이룬 선의 거장.
방패(雱霈)　비가 억수같이 내리는 모양.
입류(入流)　깨달음의 영역에 들어감.
전물(轉物)　사물을 자유자재로 활용하다.
교중도(敎中道)　교(敎) 가운데 이르기를. 즉 《능엄경》(권6)에 이르기를'.
문(聞)　聞慧. 삼혜(三慧)의 한 가지. 삼혜(三慧) : 깨달음에 이르는 지혜의 3단계. ① 문혜(聞慧) : 들음을 통해서 지혜를 계발하는 것, ② 사혜(思慧) : 사유를 통해서 지혜를 계발하는 것, ③ 수혜(修慧) : 수행을 통해서 지혜를 계발하는 것.
전두송(前頭頌)　'제10칙 송'을 가리킴.

제47칙　雲門六不收

팔각마반(八角磨盤)　① 팔각형의 돌절구 받침(磨者石磨也 盤者磨之座也~八角者必因磨目之數有八故也.《不二鈔》p.193 下段). ② 여덟 개의 칼날이 달린 글라인더[研磨盤]. 즉 고대 인도 신화에 나오는 무기의 한 가지 (岩波文庫新本《碧巖錄》中卷, p.157).
팔각마반공리주(八角磨盤空裏走)　① 팔각형의 돌절구 받침이 공중을 굴러가고 있다. 즉 '고정관념의 흔적이 전혀 없다'는 뜻. ② 팔각형의 글라인더가 공중을 선회하며 모든 걸 분쇄시켜 버리다. 즉 '관념의 흔적이 전혀 없다'는 뜻. ①과 ②가 그 뜻은 같지만 그러나 ①의 쪽을 택해야 '팔각마반'의 해석에 무리가 없다.
제삼수(第三首)　제3류.

구혹(苟或)　그러나, 만일, 조금이라도.

정사정기(佇思停機)　판단을 내리지 못하고 곰곰이 생각하다.

수(豎)　시간.

횡(橫)　공간.

법신량변사(法身量邊事)　법신의 외향적인 면.

추날(抽捏)　더럽히다.

교중(敎中)　《금광명경》권4, 천왕품(天王品).

협산(夾山)　협산선회(夾山善會, 805~881).

교중(敎中)　《법화경》방편품(方便品).

법안(法眼)　진리를 통찰할 수 있는 직관력.

일이삼사오륙(一二三四五六)　여기 제47칙에선 육불수(六不收)와 같은 활구로 쓰이고 있다.

적수적동(滴水滴凍)　물방울이 떨어지면서 즉시 얼어 버리다. 즉 '털끝 한 오라기조차 용납하지 않는 치밀함'을 말함.

삼생육십겁(三生六十劫)　여기 제47칙에선 '깨달음의 날을 기약할 수 없다'는 뜻.

만도(謾道)　假道. 거짓말을 하다, 헛소리를 하다.

신광(神光)　제2조 혜가 대사(慧可大師).

일인전허 만인전실(一人傳虛 萬人傳實)　최초의 어느 한 사람〔一人〕이 거짓을 전하자〔傳虛〕그 뒤로 모든 사람들〔萬人〕이 그 거짓을 진실인 줄 알고 서로서로 전해 가는 것〔傳實〕. 원래 사실무근인 것이 최초의 한 사람으로부터 많은 사람들에게 전승되고 있는 동안에 엄연한 사실로 둔갑해 버린다는 뜻.

권의(卷衣)　옷자락(옷소매)을 걷어붙이다.

마라(憸㦬)　慚愧・羞恥를 뜻하는 속어. 부끄럽다, 창피하다.

유봉(乳峰)　설두가 머물던 설두산 유봉.

자파이안정(刺破爾眼睛)　① 온누리에 충만하여 보는 곳마다 그대의 눈을 찌르다(《種電鈔》). ② 똑똑히 보라고 멍청한 그대의 눈을 찌르다(《禪語辭

典》古賀英彦 編著, 思文閣出版社, 1997년). 파(破) : 뜻을 강조하는 조사.

하천객작아(下賤客作兒)　비천한 하인.
체당견득(諦當見得)　분명하게 깨닫다.
상차(相次)　즉시.
이삼(二三)　달마로부터 혜능까지의 6대(2×3=6).
입작(入作)　깨달음의 경지에 들어가[入] 이 깨달음을 자유자재로 활용[作]하는 것.

제48칙　王太傅煎茶

왕태부(王太傅)　장경(長慶) 문하의 거사.
초경(招慶)　천주(泉州)의 초경원(招慶院).
낭상좌(朗上座)　혜랑(慧朗), 장경의 법을 잇다.
명소(明招)　명소독안룡(明招獨眼龍). 한쪽 눈을 실명했기 때문에 독안룡(獨眼龍, 외눈)이란 별명이 붙었다. 원래 이름은 명소덕겸(明招德謙). 생몰연대는 미상.
요(銚)　차를 따르는 주전자.
별인(別人)　타인.
다로(茶爐)　찻물을 끓이는 화로.
봉로신(捧爐神)　'다로'의 다리. '다로'를 받치고 있는 귀신(鬼神) 형상.
사관(仕官)　벼슬살이를 하다.
강외(江外)　강 건너 저쪽.
야채(野樵)　봄에 야산의 초목을 태운 뒤 남은 나무등걸. 이 '야채'를 장작으로 쓰려고 사람들이 모여들어 시끄럽게 떠드는 것을 타야채(打野樵)라 한다. 여기 제48칙에선 '소란을 피우다'는 뜻으로 쓰이고 있다.

점파(點破) 간파하다.

사랑당(死郞當) 아주 형편없는 것. 사(死) : 부정적인 강조어.

비인(非人) 여기 제48칙에선 봉로신(捧爐神)을 말함.

득기편(得其便) 그 틈을 엿보다.

발랑발뢰(潑郞潑賴) 無風流漢. 무뢰한, 아무렇게나 되는대로 행동하는 사람.

지천주(知泉州) 천주 자사로 부임하다.

변개(辨箇) 분명하게 밝히다. 개(箇) : 어조사.

인준불금 난봉기편(忍俊不禁 難逢其便) (곁에서 보고) 참을 수 없어 한 마디 하긴 했으나[忍俊不禁], (상대방의) 틈(허점)을 엿보기는 어렵다[難逢其便].

보수(寶壽) 보수연소(寶壽延沼). 임제의 법을 잇다.

호정교(胡釘鉸) 땜질[釘鉸]을 직업으로 삼았던 당나라 때의 산인(散人 : 비승비속인. 어디에도 구속받지 않는 자유인). 선문에 자주 출입했으며 몇 편의 시가 남아 있다.

다구옥사(多口阿師) 말을 잘하는 승.

휴거(休去) 아무 말도 못 하다.

미칠사(米七師) 米胡. 위산영우의 법을 이은 선승. 자세한 것은 알 수 없다.

노숙(老宿) 덕망이 높고 연로한 고승.

단정삭(斷井索) 끊어진 밧줄 토막.

천년도핵(千年桃核) 천년이 지나 단단해질 대로 단단해진 복숭아씨. 즉 '경직된 교조주의'를 말함.

자린공봉(紫璘供奉) 당 숙종 때의 내전봉공승(內殿奉供僧, 내불당에 공양을 올리는 승)이었던 범자린(范子璘). 내전봉공승은 황제의 고문직을 겸하기도 했다.

갱설심불의(更說甚佛意) 어떻게 부처의 참뜻을 설명하겠는가.

성풍(成風) 도끼날로 바람을 일으켜 상대방의 코끝에 묻은 흙을 떼어낸 고사. 평창에 자세히 나온다. 여기 제48칙에선 '아주 비범하다'는 뜻.

화회불일(話會不一) 이치에 맞지 않는 문답.

우이성문(偶爾成文) 생각 없이 쓰고 보니 우연히 멋진 문장이 되다.
장자(莊子) 《장자》 서무귀편(徐無鬼篇)에 있는 우화.
출기(出氣) 울분을 풀다.

제49칙 三聖以何爲食

칠천팔혈(七穿八穴) ① 七通八達, 자유자재. ② 철저하게 부서지다(부수다). 여기 제49칙에선 ①의 뜻이다.
백잡천중(百匝千重) 백 겹 천 겹으로 수비를 견고하게 하다.
우두몰 마두회(牛頭沒 馬頭回) 신출귀몰.
과량저인(過量底人) 역량이 뛰어난 사람.
삼성(三聖) 삼성혜연(三聖慧然). 임제의 법을 잇다.
투망금린(透網金鱗) 어떤 그물에도 걸려들지 않는 황금비늘의 물고기. 즉 '깨달음마저 초월한 자유인'.
미심(未審) 의문문을 이끄는 조사. '도대체 ~인가'.
태고생(太高生) 너무 거만하다. 생(生) : 어조사.
감인다소성가(減人多少聲價) 사람의 명성을 깎아내리다. 소(少) : 어조사.
일천오백인선지식(一千五百人善知識) 설봉의 문하에는 언제나 1,500명의 수행자들이 모여 있었다. 그래서 설봉을 일러 '일천오백 인의 선지식'이라고 했다.
화두야불식(話頭也不識) 문답의 방법조차 잘 모르다. 말귀〔話頭〕를 못 알아듣다.
주지사번(住持事繁) 절의 일이 바빠 이만 실례한다.
부재승부(不在勝負) 승부는 문제가 되지 않는다.
일출일입(一出一入) 일진일퇴. 공격과 방어를 마음대로 하는 것.
수결(受訣) 선의 비결을 전수받다.

차불섭(且不涉)　전혀 건드리지 않다.
이성불법(理性佛法)　불교의 본질.
필사한(匹似閑)　匹似閑地(《福本》). 여유 있게. 지(地) : 어조사.
지이일이분수(只以一二分酬)　다만 간단한 말로 응수하다.
정해문(呈解問)　자신의 경지를 드러내 보이는 물음.
동하(洞下)　洞山 문하. 조동 가풍(曹洞家風)을 말함.
차사문(借事問)　어떤 사실을 빌려 본래 자리를 묻는 것.
완만(頑慢)　여유만만.
금종(擒縱)　파주(把住)와 방행(放行).
수창(酬唱)　묻고 대답하는 것, 문답.
정법안장(正法眼藏)　진리를 보는 올바른 안목.
하사생(何似生)　자, 어떤가. 생(生) : 어조사.
막둔치호(莫鈍置好)　바보 취급하지 마라. 호(好) : 어조사.
엽(鬣)　말의 갈기 같은 지느러미.
단아(端倪)　일의 자초지종, 단서, 실마리.
매롱(賣弄)　과시하다, 자랑하다.
살토살사작십마(撒土撒沙作什麼)　흙을 뿌리고 모래를 뿌려 어쩔 셈인가. 즉 '쓸데없는 말을 해서 뭘 하려는가'의 뜻임.
삼조연하 칠척단전(三條椽下 七尺單前)　선당(禪堂) 안에서 한 사람이 앉을 수 있는 자리.
정당(定當)　요점(급소)을 파악하다.
수분염롱(隨分拈弄)　각자의 역량에 따라 논하다.

제50칙　雲門塵塵三昧

도월계급(度越階級)　수행의 모든 단계를 초월하다.

당기직절(當機直截) 문제의 핵심을 간파하다.

출신구(出身句) 출신(出身)의 경지를 읊은 글귀. 출신(出身) : 해탈하다. 번뇌에서 벗어나다.

진진삼매(塵塵三昧) 개개의 사물이 개개의 사물이면서 동시에 일체(온 우주)를 포함하고 있는 선정(禪定＝三昧)의 경지.

포대리성추(布袋裏盛錐) 포대자루 속에 송곳이 가득하다. 즉 '기밀이 누설되다' 라는 뜻(왜냐하면 포대자루 속에 가득 찬 송곳은 밖으로 삐져나오기 때문이다).

함원전(含元殿) 당나라 때 장안에 있던 궁전(咸亨元年三月丁丑 改蓬萊宮爲含元殿.《舊唐書》高宗本紀).

정당득(定當得) 會得. 확실히 알다.

단적위인(端的爲人) 요점을 정확하게 제시해서 사람을 지도하다.

노(露) 정체가 드러나다.

축각설두(縮卻舌頭) 입 닥쳐라.

창천창천(蒼天蒼天) 아아, 원통하다(애석하다).

무곤장자(無裩長者) 억만장자의 아들이면서 바지 한 벌도 없이 떠도는 걸인. 부처의 속성〔佛性〕을 가지고 태어났으면서 중생으로 살아가고 있는 사람을 비유한 말이다.《법화경》신해품(信解品)에 나오는 비유다.

낭당불소(郞當不少) 낭패가 적지 않다.

전면송(前面頌) 제14칙 송을 말함.

후면(後面) 제73칙을 가리킴.

몽대(懞袋) 무지의 포대자루. 어리석은 견해.

육극(六極) 동·서·남·북·하늘·땅.

구유(九維) 器世間. 우리가 사는 이 세상, 이 현상계.

구유도자론(九維徒自論) '이 현상계는 가변적이므로 이에 대하여 논하는 것은 탁상공론〔徒自論〕에 지나지 않는다' 는 뜻.

봉문(蓬門) 퇴락한 집의 부서진 문.

제51칙 雪峰是什麼

해로(解路) 理路. 지적(知的)인 이해.
독탈처(獨脫處) 홀로 해탈한 경지. 절대 자유의 상태.
향관(鄕關) 고향. 여기 제51칙에선 '본래의 경지'를 말함.
만리망향관(萬里望鄕關) 만리에서 고향을 바라보다. 즉 '본래의 경지와는 멀리 떨어져 있다'는 뜻.
일장령과(一狀領過) 두 사람을 한 죄목(罪目)으로 묶어 처단하다.
귀안정(鬼眼睛) 수상한 눈초리, 괴상한 눈초리.
경두대각(擎頭戴角) 머리를 쳐들고 뿔을 과시하다. 즉 '아주 위험해서 접근하기 힘든 것'. 또는 '눈밝은 수행자'를 뜻하기도 함.
이탄자(泥彈子) 진흙으로 만든 화살촉. '무용지물'을 말함.
전박판(氈拍板) 모직물로 만든 딱딱이.
여룡무족 사사유각(如龍無足 似蛇有角) 다리 없는 용과 같고 뿔 난 뱀과 같다. 상식의 차원을 넘어선 것. '송'의 평창을 보라.
문과(問過) 다그쳐 묻다.
동도(同道) 同參, 道伴. 같은 수행자의 길을 가는 사람.
계호방과(洎乎放過) 洎合放過. 하마터면 놓칠 뻔했다.
호벽구편타(好劈口便打) 주둥이를 쥐어박아 버리다.
말후구(末後句) 더 이상 말로 할 수 없는 최후의 한 마디(활구의 극치).
희(噫) 탄식하는 소리.
정적(正賊) 진짜 도둑.
권회(圈繢) 올가미, 함정.
호여(好與) 好. ~하는 것이 좋다.
만천망지(漫天網地) 盖天盖地. 천지를 뒤덮다.
계호분소불하(洎乎分疏不下) 뭐라고 설명할 수 없다.
지자시(只這是) 지금 말한 이대로다. 죄인이 자백을 한 후 '지금 말한 이대로

일 뿐 더 이상 숨긴 것은 없다'고 다짐하는 상투어.

약홀(若忽)　若. 만일.

미려마라(迷黎麻羅)　눈이 가물거려 사물이 잘 보이지 않다. 여기 제51칙에선 '안목이 없음'을 뜻한다.

사태(沙汰)　당 무종(唐武宗) 회창 5년의 불교탄압사건.

독해처(毒害處)　아주 예리한 곳.

득편의(得便宜)　이익〔便宜〕을 보다.

장신로영(藏身露影)　몸을 숨겼지만 그림자가 드러나다. '흔적이 남아 있다'는 뜻.

두피(肚皮)　心中. 뱃속.

계교(計較)　따지다, 헤아리다. 그러나 여기 제51칙에서 '장난기'라는 뜻으로 쓰이고 있다.

탁발(托鉢)　손에 발우(밥그릇)를 들다. 여기 제51칙에선 '탁발동냥'이란 뜻이 아님.

착적(著賊)　도적에게 감쪽같이 털리다.

노자(老子)　여기 제51칙에선 노한(老漢), 어르신네.

명암(明暗)　명(明) : 차별, 건립, 긍정〔放行〕. 암(暗) : 평등, 파괴, 부정〔把住〕.

여우무각 사호유각(如牛無角 似虎有角)　뿔 없는 황소 같고 뿔이 난 범과 같다. '뭐라고 단정지어 말할 수 없다', '언어로 표현할 수 없다'는 뜻.

군향소상아향진(君向瀟湘我向秦)　그대는 북쪽의 소상으로 가고 나는 남쪽의 진으로 간다. 서로 북과 남으로 헤어지는 것. 즉 '지음인(知音人)과의 석별의 아쉬움을 나타내는 말'. 이 말은 원래 정곡(鄭谷)의 다음 시에 나오는 구절이다. '揚子江頭楊柳春　楊花愁殺度頭人　一聲羌笛離亭外　君向瀟湘我向秦'.

수절(殊絶)　멀리 떨어져 있다. 아는 이가 드물다.

각근하유대오색선재(脚跟下猶帶五色線在)　발밑에 아직도 오색의 선(線)이 남아 있다. 즉 '아직도 흔적이 남아 있다'는 뜻.

유교반월정(猶較半月程) 아직도 반달(半月, 15일) 정도 갈 길(程)의 차이가 있다. '아직 멀었다', '아직도 많은 격차가 있다'는 뜻.

종타(從他) 從你, 任他, 任你. 비록 ~라 할지라도.

살(煞) 殺. 대단한, 굉장한. 뜻을 강조하는 어조사.

모채사자(毛彩些子) 전체가 아닌 일부분.

개일선로(開一綫路) 암시를 주다, 힌트를 주다. 제39칙 본칙 평창에 이미 나왔다.

타살료(打殺了) 완전히 모두 읊어 버렸다. 타(打) : 동사적인 성격이 강한 접두어. 살(殺) : 어조사. 료(了) : ~해 버렸다.

초경(招慶) 초경원에 머물던 장경혜릉(長慶慧稜, 854~932).

파화행(把火行) 밤길에 횃불을 든 길 안내인.

동승신주(東勝身洲) 지구의 동쪽에 있다는 세계.

서구야니주(西瞿耶尼洲) 인도의 신비 우주론에서 지구의 서쪽에 있다는 세계.

제52칙 趙州石橋略彴

구향(久響) 평소 존경심을 품고 있던 사람을 처음 만났을 때 하는 인사말. '오래전부터 한번 뵙고 싶었습니다'.

약작(略彴) 掠彴. 외나무다리.

일망타취(一網打就) 一網打盡. 한 그물로 모조리 잡아 버리다.

이응(李膺) 후한(後漢)시대의 사람(110~169).

대도투장안(大道透長安) 大道通長安. 큰길은 장안(長安, 唐의 수도)으로 연결되어 있다.

고위(孤危) 고고하고 험난하여 접근하기 어려운 것.

관계(灌溪) 관계지한(灌溪志閑, ?~895). 임제의 법을 잇다.

벽전(劈箭)　화살처럼 빠른 급류(急流), 아주 빠른 물살.
전록록지(轉轆轆地)　자유자재로 움직이다. 지(地) : 어조사.
구마지(漚麻池)　삼〔麻〕을 담그는 웅덩이. 삼을 담그기 위하여 파 놓은 웅덩이.
황룡(黃龍)　황룡혜남(黃龍慧南, 1002~1069).
타타지(拖拖地)　(뱀이) 꿈틀거리며 기어가는 모양. 지(地) : 어조사.
금시조(金翅鳥)　용을 잡아먹는다는 전설상의 큰 새. 가루다(Garuda).
비력(費力)　인위적으로 힘을 쓰다, 수고하다. ↔ 성력(省力).

제53칙　馬大師野鴨子

휴헐(休歇)　결말을 짓다.
마대사(馬大師)　마조도일(馬祖道一, 709~788).
백장(百丈)　백장회해(百丈懷海, 749~814).
비공(鼻孔)　본래면목, 본성.
공관(供款)　사실대로 자백하다.
담탁(啗啄)　새가 먹이를 쪼다. 여기 제53칙에선 '상대를 깨달음으로 유인하는 물음'을 뜻한다.
뉴(扭)　잡아 비틀다.
인통성(忍痛聲)　아픔을 참지 못해 내뱉는 소리.
참취(參取)　친히 뵙고 가르침을 받으라. 취(取) : 적극적인 동작을 뜻하는 접미어.
요(要)　欲. ~하고자 한다면.
관세(丱歲)　幼年. 어린 시절.
삼학(三學)　수행자가 실천해야 하는 세 가지 기본 덕행. ① 계(戒) : 절제 있는 생활, ② 정(定) : 마음의 안정, ③ 혜(慧) : 직관력의 강화.

대적(大寂)　마조(馬祖)의 시호.

뉴주(扭住)　잡아 비틀다. 주(住) : 동사 뒤에 붙어서 동작을 확고부동하게 고정시킨다.

봉경우연(逢境遇緣)　어떤 상황에 처하더라도.

여전마후(驢前馬後)　나귀의 앞과 말의 뒤. 주체성 없이 남의 뒤만 따라다니는 것.

배석(拜蓆)　절을 할 때 사용하는 좌복.

금일사(今日事)　깨닫는 일.

작례(作禮)　절하다, 예배하다.

동사(同事)　같은 직책을 맡은 사람, 동료.

이금(而今)　如今. 지금.

성지명백(性地明白)　본성이 분명히 드러나다.

지하허(知何許)　(몇 마리나 되는지) 알고 있는가. 허(許) : 조사. 수량을 나타내며 수사와 양사의 중간에 쓰임(~남짓).

지타타갈등다소(知他打葛藤多少)　(마조는) 말을 너무 많이 한 것은 아닌가. 지타(知他) : 반어적인 의문 표현(~인가). 타(他) : 의미 없는 조사. 소(少) : 나(多)에 붙는 어미.

각근하(脚跟下)　원래는 '발아래' 라는 뜻이다. 그러나 여기 제53칙 공안에선 '즉시, 그 자리에서'의 뜻으로 쓰이고 있다.

자연탈체(自然脫體)　自然脫體現成(《福本》). 전체가 그대로 드러나다.

제54칙　雲門近離甚處

절철참정(截鐵斬釘)　참정절철, 일도양단. 어떤 장애라도 능히 헤치고 나아갈 수 있는 자유인의 역량.

서선(西禪)　소주서선(蘇州西禪). 생몰 연대는 미상. 남전의 법을 잇다.

가살실두(可煞實頭)　아주 정직하다.
화재(話在)　아직 할 말이 있다.
대요(待要)　~하려고 하다.
청룡(青龍)　① 동쪽을 관장한다는 신령스러운 짐승[神獸]. ② 명마(名馬)의 이름. 여기 제54칙에선 ②의 뜻임.
합작마생(合作麼生)　도대체 어찌하려는가. 합(合) : 강한 의문을 나타내는 조사.
당면화(當面話)　정면에서 문제의 핵심을 드러내어 응답하는 것.
수망각란(手忙脚亂)　몹시 당황해하다, 몹시 수선떨다.
종유(蹤由)　올바른 법도.
맹가(盲枷)　헛도리깨질.
사백주(四百州)　四百餘州. 송(宋) 이후 중국 전토를 행정구역상 400여 주(餘州)로 나눈 데서 이 말이 유래되었다. 원뜻은 '중국 전토'인데 여기 제54칙에선 '온 천하'라는 뜻으로 쓰이고 있다.
사리상차착야(闍黎相次著也)　자네[闍黎=설두]가 얻어맞을 차례[相次]다.
낙절(落節)　손해, 또는 '손해를 보다'. ↔ 편의(便宜).
총수(總須)　直須. '반드시 ~ 하지 않으면 안 된다[總須喫棒]'.

제55칙　道吾漸源弔孝

방일선도(放一線道)　암시를 주다, 힌트를 주다.
도오(道吾)　도오원지(道吾圓智, 769~835). 생몰 연대는 미상.
점원(漸源)　점원중흥(漸源仲興). 생몰 연대는 미상. 도오의 법을 잇다.
매모상두(買帽相頭)　① 모자를 사고 나서 머리 크기를 재다. ② 모자를 사려고 머리 크기를 재다. 즉 '상대방에게 알맞게 응수하다'. 여기 제55칙에선 ②의 뜻.

호불성성(好不惺惺) 전혀 제정신이 아니다. 호불(好不) : 강한 부정을 나타내는 말.

천이객(穿耳客) 영리한 사람.

각주인(刻舟人) 刻舟求劒人. 어리석은 자.

굴봉(屈棒) 죄 없이 맞는 억울한 매.

천화(遷化) 入寂. 돌아가시다(죽다).

가살신선(可煞新鮮) 아주 멋지다, 아주 훌륭하다.

석상(石霜) 석상경제(石霜慶諸, 807~888). 도오의 법을 잇다.

초자(鍬子) 가래(농기구의 한 가지).

수후루수(隨後婁藪) ① 아무 생각 없이 상대방의 말을 따라가다. ② 즉시 탐색전을 벌이다. 여기 제55칙에선 ②의 뜻.

태지생(太遲生) 너무 늦다. 생(生) : 어미.

착력(著力) 전력을 다하다.

입득(入得) 깨달음을 얻다〔悟入〕.

영득일주(贏得一籌) 한 수 이기다.

혈적적지(血滴滴地) 심혈을 기울이다. 지(地) : 어조사.

지사(知事) 여기 제55칙에선 '절의 서무를 맡은 직책'을 말함.

특살(忒煞) 매우, 몹시. 살(煞) : 殺의 강조 어미.

상자(傷慈) 자비심이 너무 많다.

타배번근두(打背翻筋斗) 뒤로 재주넘기를 하다.

칠현녀(七賢女) 《칠현녀경(七賢女經)》에 나오는 일곱 명의 현녀들.

시다림(屍陁林) 寒林. 인도에서 시체를 버리는 숲.

인(人) 本來人. 불생불멸하는 본래의 나〔主人公〕.

대자(大姊) 제일 큰언니.

작마(作麼) 어떻게 됐다고? 뭐라고? 강한 힐문을 내포하고 있는 말.

전기(全機) 자기 자신이 가지고 있는 전 능력.

성요처(省要處) 가장 핵심적인 곳.

착력(著力) 전력을 다하다.

정호착력(正好著力) 전력투구.
축착(築著) 쑤시다, 찌르다. 착(著) : 어조사.
직도(直道) 분명하게 말하다.
정령귀굴(精靈鬼窟) 識情鬼窟. 번뇌망상.
불소(不消) 불필. ~할 필요가 없다.
혼륜지(渾淪地) 통째로.
일화(一火) 한 무리, 같은 무리.
경두(競頭) 서로 앞을 다투다. 두(頭) : 부사에 붙는 접미어.

제56칙 欽山一鏃破三關

자시(自是) 본래, 원래부터.
양선객(良禪客) 巨良. 나머지는 자세치 않음.
흠산(欽山) 흠산문수(欽山文邃). 동산양개의 법을 잇다.
일족파삼관(一鏃破三關) 한 개의 화살로 세 개의 관문을 뚫다.
방출~간(放出~看) ~을 내놔 봐라.
대가(大家) 諸人. 여러분. 대(大) : 대중들. 가(家) : 어조사.
주산고안산저(主山高按山低) 풍수지리에서는 북쪽에 높은 산이 있고(主山高) 남쪽에 낮은 산이 있는 것을(按山底) 길지(吉地)로 친다. 이 경우 북쪽 산을 주산(主山), 남쪽 산을 안산(按山)이라 한다. 그러나 여기 제56칙에선 '흠산(欽山)의 대답이 멋지다'는 뜻이다.
지과필개(知過必改) 화살을 잘못 쏜 것 같으니 다시 한 번 정확하게 쏘겠다.
의대번관나(擬待翻款那) 진술을 번복할 셈인가. 의대(擬待) : ~하려고 하다. 번관(翻款) : 진술(款)을 뒤집다. 나(那) : ~할 셈인가.
유금유종(有擒有縱) 잡기도 하고 놓아주기도 하다. 즉 파주(把住)와 방행(放行)을 자유자재로 쓰다.

불착소재(不著所在) 명중시키지 못하다.

차래(且來) 일단 이리로 오라.

좌반우전(左盤右轉) 좌우로 몸을 교묘하게 움직이다.

추편섬등(墜鞭閃鐙) 채찍이 떨어지고 등자(鐙子, 승마용의 발걸이)가 번쩍이다. 말 위에서 전력을 다해 싸우는 것.

이장군(李將軍) 한(漢)의 이광 장군(李廣將軍, B.C. 119).

지대(祗對) 支對. 대응하다, 대처하다.

좌변부전 우변불후(左邊不前 右邊不後) 앞으로 나아갈 수도 뒤로 물러설 수도 없다.

가련(可憐) ① 훌륭하다, 멋지다. ② 불쌍하다. 여기 제56칙에선 ①의 뜻으로 쓰이고 있다.

적적분명(的的分明) 뚜렷하다.

동안(同安) 동안상찰(同安常察). 생몰 연대는 미상.

양공(良公) 양(良)선객.

요차(要且) 결국은.

거사(擧似) 擧向. 이야기를 꺼내다.

불시호심(不是好心) 호의로 이렇게 말한 것이 아니다.

착정채(著精彩) 마음을 한곳으로 집중하다.

제57칙 趙州至道無難

호(乎) 及乎의 '乎'. 문장의 호흡을 늦추는 허사.

좌단요진 불통범성(坐斷要津 不通凡聖) 전략상 중요한 나루를 장악하여 범부와 성인을 통행하지 못하게 하다. 즉 '절대 자유인의 경지'를 말함.

미위분외(未爲分外) 지나친 것이 아니다.

지도(至道) 가장 높은 도, 최고의 진리.

간택(揀擇)　(좋고 나쁨, 또는 높고 낮음을) 가리다, 구별하다.

철질려(鐵蒺藜)　마름쇠. 적의 공격을 막기 위하여 뿌려 놓은 마름 모양(입체 삼각형 모양)의 무쇠. 옛날식 지뢰. 여기 제57칙에선 '씹어 삼킬 수 없다', 즉 '알 수 없다'는 뜻.

대유인의착재(大有人疑著在)　사람으로 하여금 몹시 의심을 품게 하다. 대유(大有) : 강조어. 착재(著在) : 어조사.

만구함상(滿口含霜)　아무 말도 할 수 없다.

금강주철권(金剛鑄鐵券)　철권(鐵券) : 황제가 공신(功臣)에게 줘서 자손들의 장래를 보증하던 철제의 굽은 판(황제의 말이 기록되어 있다). 여기 '금강으로 만든 철권'이란 '누구도 그 속내용을 알 수 없다'는 뜻.

전사노(田厙奴)　田舍奴. 이 멍청한 자식. 무지몽매한 사람을 욕하는 말.

산고석렬(山高石裂)　山崩石裂. 산이 무너지고 돌이 깨진다.

목징구거(目瞪口呿)　눈을 똑바로 뜨고 입을 벌린 채로 있다. '갑자기 충격을 받아 말문이 막혀 버린 모습'.

관려자(關捩子)　문을 여닫는 '걸이'와 '고리'. 즉 '핵심', '전환점'을 뜻함.

벽구편색(劈口便塞)　갑자기 상대의 입을 틀어막아 버리다.

적심편편(赤心片片)　간절한 마음.

복당(福唐)　지명. 중국의 복주(福州) 지방.

문맹(蚊蝱)　모기와 등에.

누의(螻蟻)　땅강아지와 개미.

담수하두매(擔水河頭賣)　물가에서 물을 팔다. 즉 '쓸데없는 짓을 하다'의 뜻.

포고(布鼓)　천으로 만든 북. 아무리 쳐도 소리가 나지 않는다. 즉 '모든 언어의 흔적이 사라진 지도(至道) 자체'를 말함.

상두인(上頭人)　上人, 上根(기질이 강하고 직관력이 뛰어난 사람).

교활(教活)　(조주에게 죽은 이 승을) 되살려 내다.

자장래료(自將來了)　당당하게 자기 자신을 내보이다.

제58칙　趙州時人窠窟

부(否)　~이 아니겠는가.
과굴(窠窟)　집착, 집착하다.
칭추(秤鎚)　저울.
이기방인(以己方人)　以己度人. 자기의 기준으로(자기의 선입관을 통해) 남을 평가하다.
직득오년분소불하(直得五年分疎不下)　5년 동안 아무 말도 할 수 없었다. 직득(直得) : ~라는 결과에까지 이르다.
호손끽모충(胡孫喫毛蟲)　원숭이가 송충이를 씹다. '삼킬 수도 내뱉을 수도 없는 난처한 입장'.
문자교철우(蚊子咬鐵牛)　모기가 무쇠소를 물다. '감히 접근할 수 없다', '이빨도 들어가지 않다' 의 뜻.
당두(當頭)　① 눈앞〔目前〕. ② 갑자기, 일제히. ③ 즉석에서. 여기 제58칙에선 ①의 뜻임.
투자종도자(投子宗道者)　投子法宗. 설두의 법을 잇다.
투자(投子)　서주(舒州, 지금의 安徽省) 투자산(投子山).
척(褁)　(물건을) 싸다.
적각(赤脚)　맨발.
동성(桐城)　투자산 부근의 도시.
빈신(嚬呻)　기지개를 켜다.
입로(入路)　悟入(깨달음의 경지에 들어감)의 단서가 있다.
강(强)　~남짓. 오년강(五年强) : 5년 남짓.
자고자금(自古自今)　고금을 통해서 불변하는 진리.

제59칙 趙州唯嫌揀擇

간과총리 점정납승명맥(干戈叢裏 點定衲僧命脈) 법전(法戰, 안목의 밝기를 겨루는 선문답)을 통해서 선 수행자의 생사를 결정짓다.
점정(點定) 결정하다, 지시하다.
재운전래(再運前來) 또다시 동일한 방법을 사용하다.
하불인진자어(何不引盡這語) 왜 이 문구를 끝까지 인용하지 않는가.
타근난적수(垛根難敵手) 부동의 상태에 있는 것[垛根]과는 싸워 이길 수가 없다. 타근(垛根): 과녁을 세우기 위해 쌓아 놓은 흙더미. 여기 제59칙에선 '부동의 상태에 있는 것'의 뜻으로 쓰이고 있다.
착패료(捉敗了) 사로잡아 버리다.
흔하(釁罅) 틈, 간격, 상대방의 허점.
이사구절백비(離四句絶百非) 사구(四句)를 여의고 백비(百非)를 끊었다. 제73칙 본칙을 보라. 사구백비(四句百非): '일체의 언어 표현'을 말함.
태심원생(太深遠生) 매우[太] 심오하다. 생(生): 어조사.
경박박지(硬剝剝地) 아주 단단하다. 지(地): 어조사.
타(他) '鬼號神泣'의 귀(鬼)와 신(神)을 말함.
산소(山魈) 소매(魈魅). 도깨비.
고덕(古德) 동산양개를 가리킴.
탈체(脫體) 여기 제59칙에선 '남김없이, 모조리'의 뜻.
진개재리료(眞箇在裏了) 진짜[眞箇]는 여기 있다.

제60칙 雲門拄杖子

발전(撥前) 능수능란하게 다루다.

불소(不消)　不用. ~할 필요가 없다.

운문(雲門)　운문문언(雲門文偃, 864~949).

점화재임시(點化在臨時)　臨時轉化. 상대의 움직임에 따라 적절하게 대응하다(變動無常 依敵轉化.《三略》).

주차(周遮)　빙 둘러서 말하다.

벽락(壁落)　가로막는 것, 장애물, 울타리.

독로처(獨露處)　독특한 곳, 개성이 드러난 곳.

차여(且如)　只如. 그건 그렇다 치고.

다호도(搽胡道)　얼버무려〔搽胡〕말하다〔道〕.

종연(摐然)　많은 것들이 한꺼번에 융기하는 모습.

이여지명(理與智冥)　불변의 본질〔理〕과 나 자신의 직관력〔智〕이 하나가 되다.

경여신회(境與神會)　객관적인 경계〔境〕와 주관적인 나 자신의 정신〔神〕이 서로 감응하다.

일회일체회(一會一切會)　한 가지를 알게 되면 나머지도 모두 알게 된다.

진(眞)　眞性. 즉 '우리의 본성(本性)'.

종전(從前)　지금까지.

식신(識神)　분별 작용.

음계(陰界)　오음(五陰)의 세계, 미망의 세계.

오천사십팔권(五千四十八卷)　당(唐) 개원 10년(開元十年, 722) 지승(智昇)이《개원석경목록(開元釋經目錄)》(全20권)을 지었는데 여기 수록된 경론의 권수가 모두 5,048권이었다. 이후론 이 숫자가 '대장경을 총칭하는 말'로 통용되었다.

향주장처염철(向拄杖處拈掇)　주장자를 소재로 하여 문제를 제기하다.

파초(芭蕉)　파초혜청(芭蕉慧清). 생몰 연대는 미상.

연등불(然燈佛)　석가모니 부처가 수행자로 있을 때 성불의 수기(授記, 예언)를 내렸다는 전설상의 부처.

막시~마(莫是~麽)　~이 아니겠는가.

농정혼(弄精魂)　기괴한 행동을 하다. 정신을 소모하다.
도설(徒說)　부질없는(쓸데없는) 말을 하다.
좌지우지(左之右之)　핵심을 찌르지 못하고 주변을 맴돌다.
일개간시편(一箇乾柴片)　한 조각 마른 장작개비. 즉 '별 가치가 없는 물건'.
거령자선범(擧令者先犯)　법령을 거론하는 그 자체가 법령을 어긴 것이다.
상차(相次)　즉시.
삼천, 팔백(三千, 八百)　여기 제60칙에선 '많은 수를 나타내는 말'로 쓰이고 있다.
대의(大意)　근본 뜻.
우문(禹門)　龍門. 제7칙 '송의 평창'을 보라.
청량소(淸凉疏)　징관(澄觀, 738~839)의《화엄경소(華嚴經疏)》.
상담망혼(喪膽亡魂)　몹시 낙담하다. 본문의 '반드시 낙담할 것이다〔必喪膽亡魂〕'는 '어찌 낙담할 필요가 있겠는가〔何必喪膽亡魂〕'의 잘못된 표기인 것 같다(《碧巖錄(新版)》中卷, p.262, 岩波文庫, 1997년 ;《碧巖錄(現代語譯)》中卷, p.342, 末木文美士 編, 岩波書店, 2001년).

제61칙　風穴若立一塵

환타본분종사(還他本分宗師)　저 본분종사(작가종사, 선지식)에게 맡겨라.
　환(還) : ~에게 맡기다.
기의(機宜)　교화의 시기〔機緣〕가 적절함.
독거환중사(獨據寰中事)　범부와 성인조차 통하지 않는 본분사(本分事).
풍혈(風穴)　풍혈연소(風穴延沼, 896~973).
수어(垂語)　문제를 제기하다.
화족족 금족족(花簇簇 錦簇簇)　활짝 핀 꽃무늬가 마치 비단에 수놓은 것처럼 아름답다.

본분초료(本分草料)　본래인으로서 살아갈 수 있는 영양분. 즉 '확철대오를 위한 전술전략과 그 방법'.

전변처(轉變處)　상대 차별의 위치〔偏位, 臣位〕를 절대 평등의 위치〔正位, 君位〕로 전환시킨 곳.

예(翳)　눈병, 눈이 잘 보이지 않는 병.

황매칠백고승(黃梅七百高僧)　황매산 오조홍인 문하에 있던 700명의 수행자들.

노행자(盧行者)　육조혜능.

조장(條章)　가치 기준.

쌍제료(雙提了)　입일진(立一塵, 放行)과 불립일진(不立一塵, 把住)의 두 가지를 제시하다.

종교(從敎)　儘敎, 任敎. 설사 ~라 할지라도.

웅기(雄基)　웅대한 기반.

운거라한(雲居羅漢)　중국의 운거사는 아주 높은 곳에 위치한 절인데, 이 절 나한상들은 모두 아래를 내려다보고 있다. 그래서 선문에서는 거만한 사람을 일러 '운거사의 나한(운거라한)'이라 지칭한다.

일사도환유~마(一似道還有~麽)　'~이 있는가' 라고 말한 것과 같다.

점흉처(點胸處)　자신 있게 말한 곳, 확신에 찬 곳.

제62칙　雲門中有一寶

무사지(無師智)　스승 없이 저 혼자 증득한 지혜.

무연자(無緣慈)　부처의 조건 없는 자비.

불청승우(不請勝友)　초청하지도 않았는데 스스로 찾아가 벗이 되어 주다.

육합(六合)　동·서·남·북·하늘·땅.

일보(一寶)　한 보배. 즉 '불성'.

형산(形山)　사람의 몸.

점(點)　바로 이것이다. 제4칙 본칙 착어에 이미 나왔음.

삼문(三門)　절의 '산문(山門)'.

시추기(屎臭氣)　구린내.

조간두(釣竿頭)　釣竿. 낚싯대. 두(頭) : 명사 뒤에 붙는 접미사.

조법사(肇法師)　승조 법사(僧肇法師). 구마라십의 제자.

후진(後秦)　오호십육국(五胡十六國)의 하나(384~417).

나십(羅什)　구마라십(鳩摩羅什, 344~413).

발타라(跋陀羅)　불타발타라(佛駄跋陀羅, 359~429). 석가족 출신의 인도 고승으로서 양나라 때 중국에 옴.

조(造)　깊은 경지에 도달하다.

당오(堂奧)　학문의 깊은 뜻.

가(假)　暇. 여가, 짬.

소양신정기(韶陽新定機)　제6칙 '본칙 평창'을 보라.

상당거(相當去)　서로 의견이 일치하다. (어떤 문제를) 분명히 알다. 거(去) : 어조사.

입로(入路)　깨달음을 증득[悟入]할 수 있는 그 단서.

화상자(和尙子)　자(子) : 접미어. 여기 제62칙에선 '선승들에 대한 일반적인 존칭'으로 쓰이고 있다.

획일획(劃一劃)　선 하나를 죽 긋다.

나롱불긍주(羅籠不肯住)　아무리 구워삶아도 영 말을 듣지 않다.

여룡(驪龍)　턱밑에 여의주가 있다는 흑룡(黑龍).

운염염(雲冉冉)　구름이 흘러가는 모양.

타단시득(打斷始得)　끊어 버리지 않으면 안 된다.

당미노안(瞠眉努眼)　瞠眉瞠眼. 두 눈을 똑바로 뜨고 쳐다보다.

근진(根塵)　여섯 개의 감각인 육근(六根)과 그 대상인 육진(六塵). 즉 '상대적인 차원'을 말함.

여여불(如如佛)　佛 그 자체.

좌살(坐殺)　앉아 있다. 안주하다. 살(殺) : 강조 어미.

제63칙　南泉兩堂爭猫

제시(提撕)　스승인 선사가 수행자를 지도하는 것.
남전(南泉)　여기 제63칙에선 '남전산'을 가리킴. 안휘성(安徽省) 귀지현(歸池縣)에 있다.
합뇨(合鬧)　소란을 피우다.
남전(南泉)　여기 제63칙에선 남전보원(南泉普願). 조주의 스승.
일대칠통(一隊漆桶)　한 무리〔一隊〕의 무지몽매한 놈들.
편시(便是)　바로 그것이다.
차득(且得)　정말이지, 참으로.
잡잡지(匝匝地)　唖唖地. 끝없이 지껄이는 모양. 지(地) : 어조사.
정건곤저안(定乾坤底眼)　천지의 질서를 바로잡는 안목.
득(得)　여기 제63칙에선 '좋다', '괜찮다'의 뜻.
헌지(軒知)　懸知. 잘 알다, 분명히 알다.
합하(合下)　當頭. 즉시 그 자리에서.
심어(甚語)　어떤 말.
당두(當頭)　즉시 그 자리에서.
두선화(杜禪和)　杜撰 선화. 엉터리 선 수행자.
절합(折合)　결론, 결론을 내리다.
뇌득(賴得)　다행히 ~ 덕분에.
왕노사(王老師)　남전보원. 남전의 성이 왕(王)씨이기 때문에 이런 식으로 부르고 있다.
일도양단임편파(一刀兩段任偏頗)　좀 지나치다 싶지만 거기 개의치 않고 일도양단을 하다.

편파(偏頗)   편(偏) : 불평. 파(頗) : 부정(不正).
몰헐두(沒歇頭)   (시시비비를) 쉬지 못하다, 결말을 짓지 못하다. 헐두(歇頭) : 歇子. 쉬다.
전불구촌 후불질점(前不搆村 後不迭店)   앞으로 나아가자니 마을[村]이 없고, 뒤로 돌아가자니 주막[店]이 없다. '진퇴양난'의 뜻.

제64칙   南泉問趙州

동도자방지(同道者方知)   같은 길을 가는 자만이 알 수 있다.
창박상수(唱拍相隨)   노래와 박자가 잘 맞다. '손발이 잘 맞다'.
적자(的子)   嫡子. '후계자'.
진개(眞箇)   참으로.
노작가(老作家)   능수능란한 선의 거장.
전기대용(全機大用)   전기(全機) : 어떤 표정이나 움직임이 없는 것. 대용(大用) : 털끝만큼도 조작이 없는 것.
나개(那箇)   그(He). 여기 제64칙에선 '남전'을 지칭함.
원래(圓來)   마무리 짓다, 일단락 짓다.
득임마(得恁麼)   잘 그렇게 ~할 수가 있다.
신수염래초(信手拈來草)   약초 아닌 풀이 없다. 문수가 선재 동자에게 약초를 구해 오라고 하자 선재 동자는 손 닿는 대로 아무 풀이나 뜯어서 문수에게 보이며 말했다. "약초 아닌 풀이 없습니다."
별시(別是)   감명의 느낌을 나타낼 때 쓰는 강조어. '참으로 ~가 아니겠는가'.
축착개착편전(毄著磕著便轉)   자유자재로 전환하다.
안뇌(眼腦)   안목.
동득동용(同得同用)   같이 증득하고 (그 증득한 바를) 같이 활용하다.

제65칙　外道問佛有無

십허(十虛)　시방허공.
찰해(刹海)　刹塵. 저 바닷물과 같이 많은 불국토(佛國土, 생명체가 살고 있는 세계).
당득(當得)　적중하다, 해당되다.
외도(外道)　불교 이외의 수행자.
사자(些子)　약간, 조금.
양구(良久)　한참 동안 말없이 앉아 있음.
득입(得入)　得悟入. 깨닫게 해주다.
반리명주(盤裏明珠)　옥쟁반에 구르는 옥구슬. 즉 '민첩하고 무애자재함'.
아난(阿難)　아난다(Ananda). 부처의 큰 열 제자 가운데 한 사람. 부처의 사촌 동생이었던 그는 미남이었고 기억력이 뛰어났다.
고로착생철(錮鏴著生鐵)　솥 땜질을 하는 데〔錮鏴〕무쇠〔生鐵〕를 쓰다. '성과 없는 노력', '불가능'을 뜻함.
습득구끽반(拾得口喫飯)　더 이상 쓸데없는 말을 못 하도록 입속에 밥을 처넣어 주다.
하락(下落)　落著之處. 핵심.
거좌(據坐)　앉아 있다.
차·피(此·彼)　차(此) : 有言. 피(彼) : 無言.
기증(幾曾)　어떻게 ~할 수가 있겠는가.
천의회(天衣懷)　천의의회(天衣義懷, 993~1064). 설두의 법을 잇다.
취모(吹毛)　吹毛劍. 고대의 명검.
백장상(百丈常)　백장도상(百丈道常, ?~991). 법안문익의 법을 잇다.
취암진(翠巖眞)　취암가진(翠巖可眞, ?~1064).
구유(九有)　고대 중국은 구유(九有=九州)로 나눠져 있었다. 여기 제65칙에선 '전세계'라는 뜻.

청황적백(青黃赤白) 청(青) : 青色服(관리), 황(黃) : 黃色服(도사), 적(赤) : 赤色服(승려), 백(白) : 白色服(속인). 즉 '모든 사람들'이란 뜻.

교라(交羅) 教雜羅列. 종횡으로 얽히고 나열하다.

사유타전론(四維陀典論) 힌두교의 네 가지 베다 경전. 리그베다 · 사마베다 · 아유르베다 · 아따르바베다.

재처(在處) 處處. 가는 곳마다.

오천(五天) 五天竺. 고대 인도를 '동인도 · 서인도 · 남인도 · 북인도 · 중인도'의 다섯으로 구분하여 불렀다. 그러나 여기 제65칙에서는 그냥 '인도'라는 뜻이다.

위산진여(潙山眞如) 대위모철(大潙慕喆, ?~1095).

진여(眞如) 위산진여.

대사(大似) 마치 ~와도 같다. 대(大) : 육조(六朝)시대 이후 널리 쓰인 강조어.

장(長) 더욱 빛나게 하다.

타(他) 외도를 지칭함.

위령(威獰) 용맹스러운 모습.

기륜(機輪) 수행자의 민첩한 기질을 수레바퀴의 회전에 비유함. 여기 제65칙에선 '외도의 민첩한 기질'을 말함.

팔냥(八兩) 반 근.

당하(當下) 즉시, 대번에.

천리추풍(千里追風) 천리마. 하루에 천 리를 달리는 명마. 원래 추풍(追風)은 진시황의 일곱 명마〔七名馬〕 가운데 하나였다.

인순(因循) 무기력하고 인습적인 것.

연성벽(連城璧) 전국시대 조(趙)나라의 보옥(寶玉). '화씨벽(和氏璧)'이라고도 함.

상여(相如) 연성벽을 가지고 진나라에 갔던 조나라 사신. 사마상여.

전기(全機) 전 인격.

아록록지(阿轆轆地) 자유자재로 걸림 없이 굴러가다. 아(阿) · 지(地) : 어조사.
자개(這箇)　이것. 근원적인 주체.
입작(入作)　入證, 入悟. 깨닫는 것, 깨달음.
입작분(入作分)　入作의 몫, 깨달음의 몫.
점파(點破)　문제점을 지적하다, 핵심을 제시하다(긍정적인 입장).
살사(撒沙)　가치를 인정하지 않다, 부정하다(부정적인 입장).

제66칙　巖頭什麽處來

당기적면(當機覿面)　문제의 핵심을 정통으로 꿰뚫다.
함호지기(陷虎之機)　범을 함정에 빠트릴 수 있는 계책. 즉 '대단한 전술전략과 역량'.
정안방제(正按傍提)　정면에서 육박하고 측면에서 보살피다. '수행자를 인도하는 스승의 수완과 능력'.
명합암합(明合暗合)　밝음[明]과 어둠[暗], 어느 쪽에도 합치하나.
쌍방쌍수(雙放雙收)　방행(放行, 긍정)과 파주(把住, 부정)의 작용을 모두 구비하다.
납패결(納敗缺)　실패하다.
서경(西京)　당(唐)의 수도였던 장안(長安).
황소(黃巢)　당조(唐朝) 붕괴의 원인이 된 농민난(875~884)의 지도자. 천사황소(天賜黃巢, 하늘이 황소에게 이 검을 주노라)의 명(銘)이 새겨진 검이 하늘로부터 떨어졌다는 전설이 있다.
수득(收得)　(어떤 물건을) 얻다, 손에 넣다.
초적(草賊)　좀도둑.
모광한(茅廣漢)　謀廣漢. 허풍쟁이, 얼간이, 얼빠진 놈, 멍청한 놈.
화(囮)　① 놀랐을 때 내지르는 외마디소리. ② 힘을 줄 때 나오는 소리[囮地

一聲]. 여기 제66칙에선 ①의 뜻.

지견추두리 불견착두방(只見錐頭利 不見鑿頭方) 송곳[錐頭] 날카로운 것만 알고 끌[鑿頭] 모난 것은 모른다. 즉 '한쪽 면만을 알고 전혀 융통성이 없음'을 뜻한다.

발초첨풍(撥草瞻風) 풀을 헤치고 바람의 방향을 보다. 즉 '수행자가 행각을 떠나 눈밝은 선사의 가풍에 접하는 것', '갖은 고난을 무릅쓰고 스승을 찾아 행각하는 것'. 제17칙 본칙 평창, 제20칙 본칙 평창 등에 이미 나왔다.

행각안(行脚眼) 수행자로서의 뛰어난 식견, 수행자로서의 올바른 안목.

아랑당(迓郎當) 訝郎當. 흐리멍덩하다. 야무지지 못하다.

염라노자(閻羅老子) 염라대왕의 경칭.

지타(知他) 반어적인 의문 표현. '도대체 ~ 알 수 있겠는가(알 수 없다)'. 타(他) : 의미 없는 어조사(任他·從他·管他의 경우와 같음).

별지거(瞥地去) 瞥爾, 瞥然. '~하는 그 순간'. 지(地) : 부사 어미. 거(去) : 어조사.

장(杖) 여기 제66칙에선 '~을 가지고', '~으로'의 뜻임.

막야검(鏌鋣劍) 고대의 명검.

광전절후(光前絶後) 空前絶後. 전무후무.

여지약하(如之若何) 如之何. 우회적인 방법(방편)을 사용하다.

방령(放令) 放敎. 그대로 ~하게 놔두다.

사랑당지(死郎當地) 아주 형편없다. 지리멸렬하기 이를 데 없다. 사(死) : '郎當'을 강조하는 접두어. 지(地) : 부사 어미(어조사).

끽반선화(喫飯禪和) 쓸데없이 밥만 축내는 수행자. 즉 '안목이 밝지 못한 수행자'.

합(合) 의문의 기분을 나타내는 부사. '도대체'.

구두쾌리(口頭快利) 말을 잘하다.

투자(投子) 투자대동(投子大同, 815~914).

염평승(鹽平僧) 염(鹽) : 연(延)의 오자. 연평승(延平僧)은 '복건성 연평부의 승'으로서 '소산증(疏山証)'을 말함.

맹팔랑한(孟八郎漢)　擔板漢. 한쪽밖에 보지 못하는 외곬. 편협주의자.
석도자(錫刀子)　주석으로 만든 칼[錫刀]. '무뎌서 쓸모가 없는 것'. 자(子) : 어미.
일구(一口)　(칼 따위의) 한 자루.
거농(渠儂)　3인칭 대명사. 그 사람. 여기 제66칙에선 '암두(巖頭)'를 지칭함.
산등(山藤)　주장자의 다른 이름.
득편의시락편의(得便宜是落便宜)　요행수로 이익[便宜]을 봤으나 결국은 그로 인해 손해[落便宜]를 보게 된다.
간출(趕出)　쫓아내다, 쫓아 버리다.

제67칙　梁武帝請講經

부대사(傅大士)　선혜 대사(善慧大士, 497~569). 양대(梁代)의 재가 불자.
어행주사(魚行酒肆)　생선가게와 술집. 즉 '시장바닥'.
노노대대(老老大大)　노대(老大)의 강조. ① 수행력은 원숙하고 풍채도 낭랑함. ② 나이는 잘 먹었으면서도 ~(나이값을 못 한다). 여기 제67칙에선 ②의 뜻임.
화성병산(火星迸散)　불꽃이 튀기다, 전광석화의 경지.
동갱무리토(同坑無異土)　같은 구덩이에는 다른 흙이 없다. 즉 '그놈이 그놈이다', '똑같은 놈들이다'.
수제선(受齊禪)　제(齊)나라 왕위를 물려받다. 선(禪) : 제왕이 자신의 왕좌를 어진 사람에게 넘겨주는 것. '禪讓', '放伐'이라고도 함.
오경(五經)　《시경(詩經)》·《서경(書經)》·《주역(周易)》·《예기(禮記)》·《춘추(春秋)》.
황로(黃老)　道敎.
출세지법(出世之法)　세상의 도리를 초월한 가르침. 즉 '불법(佛法, 부처의 가르침)'.

구로(劬勞)　부모의 은혜.
사불(事佛)　부처를 섬기다.
누약(婁約)　양(梁)나라 혜약 법사(慧約法師). 생몰 연대는 미상.
유화(遊化)　사방을 다니면서 중생교화를 하다.
차호은현(遮護隱顯)　초능력과 신통력이 자재하여 측량하기 어려운 것.
당래(當來)　당래하생(當來下生)의 준말. '앞으로 이 세상에 출현할 ……(미륵불)'.
금릉(金陵)　지금의 남경(南京).
빈도(貧道)　승려 자신이 자기를 겸손하게 일컫는 말.
금중(禁中)　宮中. 즉 '궁궐의 안'.
추전(推轉)　밀어서 넘어뜨리다.
일여~도(一如~道)　전적으로 (다음과 같이) ~ 말하듯.
이용(利用)　여기선 '예리한 작용'.
재과(攙過)　뒤섞다, 오염시키다.
쌍림(雙林)　부대사(傅大士)가 머물던 곳.
작적불수본(作賊不須本)　① 도적질에는 자본금이 필요없다. ② 도적이 되는 데는 신분·출신 따위는 필요치 않다. 여기 제67칙에선 ①의 뜻.
서서(栖栖)　皇皇. 아주 바쁜 모양.
몰판치로한(沒板齒老漢)　앞니〔板齒〕가 없는 노인. 즉 '달마 대사'를 일컫는 말이다.
출기(出氣)　울분을 풀다.
열만(熱瞞)　속다, 바보 취급당하다.
일상(一上)　一回. 한바탕.
수승(殊勝)　지고(至高)의 경지, 빼어난 경지.
출세변사(出世邊事)　중생교화의 일.
뇌시유(賴是有)　다행히도 ~이 있다.

제68칙　仰山問三聖

구구상투(句句相投)　주고받는 말이 짝짝 들어맞다.
앙산(仰山)　앙산혜적(仰山慧(惠)寂, 807~883). 위산영우의 법을 잇다.
삼성(三聖)　삼성혜연(三聖慧(惠)然, ?~?). 임제의현의 법을 잇다.
구적파가(勾賊破家)　拘賊破家. 도적을 끌어들여 집안이 망하다.
일사암두소(一似巖頭笑)　'암두의 웃음과 비슷하다'. 제66칙 참조.
시정당간(始定當看)　試定當看. 시험삼아 점검해 보라.
대기대용(大機大用)　도량이 넓고 행동이 대담한 것.
앙앙장장(昂昂藏藏)　자신감에 넘치다.
회해(淮海)　회수(淮水)의 북쪽에서 해주(海州)에 걸친 그 일대.
사장(寺莊)　사원에 딸린 장원(莊園).
미후(獼猴)　원숭이.
명창(明窓)　方丈室. 방장 스님이 기거하는 방.
추관(推官)　사법재판관.
연수당(延壽堂)　병승(病僧)을 간호하는 곳.
전(顚)　제정신이 아니다, 전도(顚倒)되다.
취신타겁(就身打劫)　① 몸에 걸친 것까지 모두 빼앗기다. ② 바둑에서 상대방에게 일부러 허점을 보여 한 수를 내준 다음 최후의 한 수로써 마지막 승부를 결정하는 것. 여기 제68칙에선 '되받아치다'의 뜻으로 쓰이고 있다.
약위종(若爲宗)　이 무슨 종지(宗旨)인가, 어떤 종지인가. 약위(若爲) : 如何.
유래(由來)　원래, 원래부터.
절공(絶功)　절묘한 승마술. 여기 제68칙에선 '절대의 수완'을 말함.
사백군주(四百軍州)　四百州. '온 천하'를 말함. 제54칙 송 참조.
수즉대가수(收則大家收)　파주(把住, 收, 부정)의 입장이면 쌍방이 모두 파주의 입장을 취한다.
사이부조(死而不弔)　스스로를 돌보지 않고 너무나도 비참하게 죽었으므로 조문할 필요가 없는 죽음. 외(畏, 戰死), 압(壓, 壓死), 익(溺, 溺死) 등을 말한다. 여기 제68칙에선 '아주 완전히 죽어 버려서 흔적조차 없다'는 뜻으로 쓰이고 있다.

제69칙   南泉拜忠國師

홍로상일점(紅爐上一點)   불이 벌건 화로에 떨어지는 한 송이 눈. 즉 '어떤 흔적도 남지 않는 경지'.

차지(且止)   且置. 그건 그렇다 치고.

인연(寅緣)   因緣. 여기 제69칙에선 '수행상의 모든 타율적인 조건들', 즉 '구속력'을 말한다.

남전(南泉)   남전보원(南泉普願, 748~834). 조주의 스승.

귀종(歸宗)   귀종지상(歸宗智常). 생몰 연대는 미상.

마곡(麻谷)   마곡보철(麻谷寶徹). 생몰 연대는 미상.

충국사(忠國師)   남양혜충(南陽慧忠, ?~775).

육침선(陸沈船)   물이 없는 곳에서 침몰한 배. '무용지물'.

여인배(女人拜)   무릎을 꿇지 않고 선 채로 하는 반절.

심행(心行)   경솔한 말이나 행위 등을 비판적으로 말할 때 쓰는 말.

시십마심행(是什麽心行)   이게 무슨 실없는 짓인가.

경두대각자(擎頭帶角者)   머리에 뿔이 난 자. 즉 '비범한 수행자'를 일컫는 말임.

강종(綱宗)   근본정신.

여여(如如)   眞如. 진리 그 자체.

유기(由基)   활의 명수였던 초(楚)나라 양유기(養由基).

당두일로(當頭一路)   화살이 정면으로 날아오는 곳.

촉처(觸處)   隨處, 是處. 가는 곳마다, 도처에.

하태직(何太直)　어쩌면 그렇게도〔何太〕 정확한가〔直：當：的中〕. 즉 '어쩌면 그렇게도 정확하게 (목표물을) 명중시키는가'의 뜻.

주차(周遮)　말이 많음.

태로생(太勞生)　아주 힘들다.

저저처평지유여 고고처관지부족(低低處平之有餘 高高處觀之不足)　낮기로 말하면 한없이 낮고 높기로 말하면 한없이 높아 그 정상을 볼 수가 없다.

상료(相料)　想料. 곰곰이 생각해 보다.

춘추(春秋)　책 이름.《여씨춘추(呂氏春秋)》. 공자가 지은 노나라의 역사서.

일규(一揆)　같은 길, 같은 법칙〔一度〕.

방촌(方寸)　여기 제69칙에선 '마음'을 뜻함.

혜거삼매(慧炬三昧)　지혜가 불처럼 타오르는 경지.

장엄왕삼매(莊嚴王三昧)　복덕과 지혜로 가득 찬 경지(이 둘은《법화경》묘음보살품에 나오는 단어다).

삼매(三昧)　정신집중.

소연지(翛然地)　① 어디에도 막힘이 없다. ② (새 같은 것이) 빨리 날아가다, 몹시 빠르다. 여기 제69칙에선 ①의 뜻으로 쓰이고 있다. 지(地) : 어미.

제70칙　潙山侍立百丈

직절(直截)　핵심.

위산(潙山)　위산영우(潙山靈祐, 771~853).

오봉(五峰)　오봉상관(五峰常觀). 생몰 연대는 미상.

운암(雲巖)　운암담성(雲巖曇晟, 782~841).

차로경과(借路經過)　이미 만들어 놓은 길을 사용하다. 즉 '이미 있는 언어를 사용하여 본래 자리를 드러내다'의 뜻.

면피후삼촌(面皮厚三寸)　낯가죽이 두껍다.

화니합수(和泥合水)　진흙투성이가 되다. '사람을 위하는 마음이 지나치다'.

과자(鍋子)　냄비. 여기 제70칙에선 '생활에 꼭 필요한 물건', '아주 중요한 물건'을 뜻함.

작액(斫額)　손을 이마에 대고 멀리 바라보다.

고인(古人)　운문문언.

변통저인(變通底人)　임기응변이 능한 사람.

채(采)　취하다, 갖다.

생기처(生機處)　생명력으로 가득 찬 곳.

풍조(風措)　風流. 정취.

파정봉강(把定封疆)　자기 영역을 굳게 지키다.

십주(十州)　바다 가운데 있다는 선경(仙境). '평창'에 자세히 나온다.

나산(羅山)　나산도한(羅山道閑). 생몰 연대는 미상.

완전반박(宛轉盤礴)　반박도도지(盤礴滔滔地). 자유자재하다.

대양(大陽)　太陽. 해.

반혼향(反魂香)　이 향을 사르면 죽은 이의 영상이 나타난다고 함.

선약(僊藥)　仙藥. 불로장생한다는 약초. 선(僊) : '仙'과 같은 글자.

지초(芝草)　영지버섯.

목과(木瓜)　일종의 약초.

옥영(玉英)　먹으면 불로장생한다는 옥(玉)의 꽃잎. 일설에는 '보옥(寶玉)'이라는 말이 있다.

화완포(火浣布)　불에 타지 않는 옷감.

봉훼(鳳喙)　봉황의 부리(주둥이).

곤오석(琨吾石)　昆吾石, 美玉. 이 돌로 검을 만들면 옥(玉)이 진흙처럼 잘라진다고 함.

외국잡전(外國雜傳)　자세치 않다.

대진(大秦)　전설 속의 나라.

창해(漲海)　남해(南海).

십주기(十洲記)　동방삭(東方朔)이 편찬했다는《해내십주기(海內十洲記)》.

팔권수공안동간(八卷首公案同看) '본칙(제70칙)은 8권의 처음 공안(제71칙·제72칙)과 서로 연결된 공간이므로 같이 연결시켜 읽어 봐야 한다'는 뜻임.

제71칙　百丈倂却咽喉

작액(斫額)　손차양. 손차양(손갓)을 하고 멀리 바라보다.
마전상박(馬前相撲)　말 위에서 마주치다. 급박한 상황 속에서 빨리 승부를 겨루지 않으면 안 되는 경우를 말함.
긴신(緊迅)　기질과 직관력[機鋒]이 날카로운 것.
위초(危峭)　孤危. 준엄하다, 그 기상이 험악하다.
반박도도지(盤礴滔滔地)　宛轉盤礴. 자유자재, 무애자재.
가하(架下)　붕하(棚下). 기존의 틀 속, 상식적인 범주.
일두지(日頭地)　원뜻은 '관리 등용시험에서 수석으로 합격하는 것'을 말한다. 그러나 여기 제71칙에선 '가장 뛰어난 것[第一機]'의 뜻.
지여타일점(只與他一點)　다만 저를 한 번 더 확인시켜 주고 있다(강조하고 있다).
점(點)　① 입력하다. ② 감화시키다. ③ (어떤 사물이나 문제의 핵심) 바로 그것이다.
용사진(龍蛇陣)　병법(兵法)에서 치는 진(陳)의 한 가지. 여기 제71칙에선 '백장의 물음'을 말한다.
금아(金牙)　금고(金鼓)와 아기(牙旗). 대장군 진영의 상징.
칠사(七事)　대장군이 구비하는 일곱 가지 무기. 활[弓]·화살[矢]·단도[短刀]·검[劍]·창[戈]·투구[冑]·갑옷[甲].
이장군(李將軍)　한(漢)의 명장 이광(李廣, B.C. ?~119).
악(鶚)　물수리. '매' 과에 속하는 새로서 물가의 고기를 잡아먹고 산다.

취리두상출저어(就裏頭狀出底語)　핵심[裏頭]을 정확히 지적한 말.
조(鵰)　수리(물수리과에 속하는 새).
혼신(渾身)　전신.

제72칙　百丈問雲巖

운암(雲巖)　운암담성(雲巖曇晟, 782~841).
하막굴리출래(蝦蟆窟裏出來)　두꺼비 굴속에서 나오다. '몹시 떠들어대다'의 뜻임.
점피착골(粘皮著骨)　① (어떤 일을 빨리 끝내지 않고) 계속 질질 끌다. ② 일을 점점 더 복잡하게 만들다.
반전락후(半前落後)　半落前後, 半上落下. 애매모호하다.
거(渠)　저[他]. 여기 제72칙에선 '본래의 나[主人公]'를 뜻함.
습기(習氣)　어떤 행위를 하고 난 다음 남아 있는 생각이나 감정의 잔재.
반청반황(半靑半黃)　(벼가 아직 덜 익어서) 반은 푸르고 반은 누런 것. '아직 수행이 익지 않은 상태'를 말함.
영탈(穎脫)　재능 따위가 남보다 뛰어남.
과구(窠臼)　상식적인 틀.
개전(蓋纏)　번뇌의 다른 이름.
원(源)　心源. 본성.
촉파(觸破)　觸諱, 觸忌. 상대가 터부시하는 것을 말하다. 즉 '말해선 안 될 것을 말하다'. 원래는 '살아 있는 황제의 이름을 부르길 꺼려한다'는 뜻임.
약개(躍開)　略開. (문을) 활짝 열다.
선장(仙杖)　황제의 의장(儀杖).
봉황루(鳳凰樓)　禁中. 여기 제72칙에선 '깨달음의 경지'를 말함.
염섬(廉纖)　아주 미세한 번뇌.

화니합수(和泥合水)　타니대수(拖泥帶水). 진흙투성이가 되다.
대웅산(大雄山)　백장이 주석하던 백장산(百丈山).
탄지(彈指)　(경각심을 일깨우기 위하여) 손가락을 튕기는 것.
창천중갱첨원고(蒼天中更添怨苦)　엎친 데 덮친 격으로 곤욕을 치르다.
지시(只是)　다만 ~할 뿐이다.
반척(返擲)　(사자가) 갑자기 덮치다, 비호같이 공격하다, 기습하다.

제73칙　馬大師四句百非

마대사(馬大師)　마조도일(馬祖道一, 709~788).
사구(四句)　모든 언어의 귀결점인 네 가지 기본 표현 형식. 즉 ① 유(有) : 영원주의, ② 무(無) : 찰나주의, ③ 비유비무(非有非無) : 영원주의도 아니고 찰나주의도 아닌 것, ④ 비비유 비비무(非非有 非非無) : 영원주의 아닌 것도 아니고 찰나주의 아닌 것도 아닌 것.
백비(百非)　무한부정(無限否定). 모든 종류의 언어 표현.
서래의(西來意)　달마 대사가 서쪽(인도)에서 온 뜻. 즉 '선의 근본 뜻'.
지장(智藏)　서당지장(西堂智藏, 738~817).
초미대충(焦尾大虫)　늙은 범. 대충(大虫) : 범.
초승자박(草繩自縛)　自繩自縛. 스스로가 스스로를 묶다.
해형(海兄)　백장회해(百丈懷海, 749~814).
팔십사원선지식(八十四員善知識)　마조 문하에 있던 84명의 선지식.
포장규굴(抱贓叫屈)　장물(贓物, 훔친 물건)을 움켜안고 억울하다고 울부짖다.
불용도도(不用忉忉)　말장난하지 마라.
진각(眞覺)　유승진각(惟勝眞覺). 황룡혜남의 법을 잇다.
두뇌(頭腦)　단서, 실마리, 관점, 요점(要點).
타갈등(打葛藤)　많은 말을 하다.

내풍심변(來風深辨) 深辨來風. 화살을 쏘기 전에 바람 부는 방향을 잘 살피는 것. 즉 '상대방을 간파하다' 의 뜻.

상추과(相推過) 서로 상대방에게 떠맡기다.

박맹지(拍盲地) 눈뜬 장님.

당문(當門) 當面. 면전, 목전.

불별지(不瞥地) 영리하지 못하다. 지(地) : 어조사.

온당(穩當) 확실하다, 분명하다.

일구검(一口劍) 한 자루의 검.

팔면수적(八面受敵) 역량이 대단하다, 능수능란하다.

봉후선생(封后先生) 風后先生. 병법에 통달했던 전설적인 인물. 여기 제73칙에선 활구(活句)로 쓰이고 있다.

금성옥진(金聲玉振) 아주 훌륭하다, 완전하다. 《맹자(孟子)》(萬章下)에 나오는 말.

종시(終是) 마침내, 결국.

고시(故是) 원래, 물론.

마구(馬駒) 망아지. 여기 제73칙에선 마조(馬祖)를 말함.

답살(踏殺) 함부로 짓밟다. 살(殺) : 술어 뒤에 붙어서 정도의 깊이나 세기를 강조하는 부사. 예) 賺殺(감쪽같이 속다), 凍殺(꽁꽁얼다).

아야사아다(阿爺似阿爹) '아야' 나 '아다' 는 둘 다 '아버지' 라는 말로서 양자강 이남에서는 '아야' 라 부르고 양자강 이북에선 '아다' 라 부른다.

자사자(這些子) 이 핵심, 이 요점.

불획이(不獲已) 부득이 (~하지 않을 수 없다).

합살득호(合殺得好) 잘 결말을 짓다.

서천(西天) 西天竺. 인도의 서부 지방.

반야다라(般若多羅) 달마 대사의 스승. 생몰 연대는 미상.

진단(震旦) 중국.

금계(金雞) 닭. 닭의 미칭(美稱). 여기 제73칙에선 마조의 스승인 '남악회양' 을 말함. 왜냐하면 그는 금주(金州) 사람이었기 때문이다.

양화상(讓和尙) 남악회양(677~744). 육조혜능의 법을 잇다.
궐후(厥後) 그후.
강서(江西) 마조도일.
달마(達磨) 반야다라(般若多羅)의 잘못된 표기다.
적육단(赤肉團) 심장(心臟)(《種電鈔》).
차막(且莫) 더 이상 ~하지 마라.
대위진여(大潙眞如) 대위모철(大潙慕喆). 생몰 연대는 미상.
조시(早是) 이미.
상래(上來) 從上來. 지금까지, 이제까지.

제74칙 金牛和尙呵呵笑

갈등과(葛藤窠) 언어의 속박.
비로인(毘盧印) 조사(祖師)의 심인(心印). 선의 핵심.
전지(田地) 경지.
전지온밀처(田地穩密處) 견실하면서 동시에 흔적이 없는 경지.
환위실마(還委悉麼) 알겠는가.
금우(金牛) 마조의 법을 잇다. 나머지는 미상.
재시(齋時) '점심때'.
보살자(菩薩子) 여기 제74칙에선 '수행자들'이란 뜻. 자(子): 어조사.
인재경찬(因齋慶讚) 밥 먹기 전에 '잘 먹겠습니다'라고 인사를 하는 것.
상석타령(相席打令) 술좌석의 분위기를 보고 거기 알맞은 주령(酒令, 술좌석에서의 유희)을 행하는 것.
막시~마(莫是~麼) ~한 것이 아니겠는가.
전(顚) 顚倒. 미치다, 실성하다, 제정신이 아니다.
보화왕좌(寶華王座) 설법상의 설법좌.

수요여차(須要如此) 이런 짓을 하다.
이륙시중(二六時中) 하루 24시간 가운데, 온종일.
망자(妄自) 함부로, 멋대로.
생기(生機) 생명력, 생생하게 살아 있음.
구쾌사자(口快些子) 깨달음을 얻은 것처럼 입으로만 지껄이다.
부여(付與) 건네주다.
효와(誵訛) ① 뜻을 파악하기가 아주 어려운 곳. ② 잘못된 곳, 빗나간 곳[敗缺處]. 여기 제74칙에선 ②의 뜻.
위당(爲當) 爲復. 'A 爲當 B': A인가 B인가.
직향삼천리외(直向三千里外) 비록 삼천리 밖으로 간다 하더라도. 직(直): 비록 ~라 해도.
감재기선(鑒在機先) 조짐을 보이기 이전에 이미 그 정체를 알아 버리다.

제75칙　烏白問法道

일임(一任) 一切任意. 모든 걸 내 뜻대로 처리하다.
제지(提持) 부정의 입장[把住]에 서는 것.
평전(平展) 긍정의 입장[放行]에 서는 것.
정주화상(定州和尙) 석장정주(石藏定州, 718~800).
오구(烏臼) 마조의 법을 잇다. 나머지는 미상.
하사(何似) 何如. ~에 견주어서 어떤가.
초초(草草) 허둥대다. 여기 제75칙에선 '함부로'의 뜻으로 쓰이고 있다.
굴봉(屈棒) 아무 잘못도 없이 얻어맞는 억울한 매질.
점득(點得) 點頭. (상대방의 말을) 수긍하다.
지타(知他) 도대체 ~을 알 수 있겠는가(알 수 없다). 타(他): 무의미한 조사. **예** 任他, 從他, 管他. 제66칙 본칙 평창에 나왔음.

착십마사급(著什麽死急) 著甚死急. 왜 그리 조급한가.
개한(箇漢) 本來面目漢. 본래의 나.
소득임마(消得恁麼) 用得如是. 능력이 이와 같다. 그러나 여기 제75칙에선 '대단하다'의 뜻으로 쓰이고 있다.
경경(輕輕) 전혀 힘들이지 않고.
탱문주호(撑門拄戶) 문에 버티고 서서 적이 들어오지 못하게 하다. 즉 '자신의 입장을 굳게 지키고 있다'는 뜻.
탁삭지(卓朔地) 아주 빼어난 모양. 지(地) : 어조사.
자시(自是) 원래부터.
정진의상(情塵意想) 번뇌망상, 분별심.
해상명공수(海上明公秀) ① 명공(明公) : 태양. 수(秀) : 태양이 떠오르는 수려한 모습. 즉 '바다에서 태양이 떠올라 멀리까지 다 보이므로 모든 환영이 사라진 경지'. ② 명공수(明公秀) : 신기루. 즉 '실체가 없는 것'의 비유. 여기 제75칙에선 ①의 뜻이 더 적합하다.
일조주장양인부(一條拄杖兩人扶) 한 주장자를 두 사람이 잡고 있다. 즉 '방법은 달라도 그 귀결점은 결국 같다'는 말.
겁석(劫石) 大盤石. '무한한 시간'의 뜻으로 쓰이고 있다.
금추(金鎚) 劫石을 깨부술 수 있는 해머(망치).
기하반(幾何般) 종횡무진한 수단이 얼마나 되는가.
백천만중(百千萬重) 그 전술전략을 도저히 측량할 수가 없다.
태무단(太無端) 너무나 뜻밖이다.
기합(洎合) 幾合, 幾乎. 하마터면 ~할 뻔하다.
타파채주(打破蔡州) 채주성이 함락되다. 당 원화 9년(唐元和九年, 814) 오원제(吳元濟)가 반란을 일으켜 채주성(蔡州城)에서 농성에 들어갔다. 그러나 원화 12년(817), 채주성의 반란은 평정됐는데 여기 제75칙에선 이 고사를 '아주 위급한 상황에 놓였다'는 뜻으로 쓰고 있다.
사래선거(絲來線去) 실이 오면 줄이 간다. 즉 '상대의 움직임에 따라 자유자재로 대응하다'의 뜻.

육수의(六銖衣)　아주 가볍고 얇은 옷. 일수(一銖)=한 냥〔一兩〕의 1/24.
임시(任是)　비록 ~라 하더라도.
입지(立地)　서 있다. 지(地): 어조사.
홀약(忽若)　만약, 만일.
한지기뢰(旱地起雷)　메마른 땅에 벼락만 치다. 여기 제75칙에선 '일방적으로 부정적인 입장〔把住〕만을 취하다'의 뜻.
당지(當抵)　抵當. 대응하다.
과~여(過~與)　~을 ~에게 건네주다.

제76칙　丹霞問甚處來

복색건곤(畐塞乾坤)　천지에 충만하다. 복(畐): 충만하다.
단하(丹霞)　단하천연(丹霞天然, 738~824).
총몰래처(總沒來處)　온 곳을 전혀 모르다.
암함래(諳含來)　말 밖의 뜻을 암시하다. 래(來): 어세를 강조하는 조사.
지타시황시록(知他是黃是綠)　도대체 익었는가 설었는가. 지타(知他): 도대체 ~.
제일표(第一杓)　첫번째 물 한 바가지.《종전초(種電鈔)》에는 '第二杓'로 되어 있다.
무공철추(無孔鐵鎚)　구멍 뚫리지 않은 무쇠 방망이. ① 본래 천연적인 것. ② 바보 천치, 무지몽매. 여기 제76칙에선 ②의 뜻이다.
의세기인(倚勢欺人)　세력을 등에 업고 사람을 무시하다.
무단작십마(無端作什麼)　엉뚱하게도 뭣을 하려는가.
득마(得麼)　~라고 말할 수 있는가.
진기기래(盡其機來)　최선을 다해서 말하다.
도아할득마(道我瞎得麼)　나를 눈멀었다고 말할 수 있겠는가. '내가 안목이 없단 말인가'.

하허(何許) 何處. 어디, 어느 곳.

역려(逆旅) 여관, 숙소.

인자(仁者) 제2인칭에 사용하는 말. 귀군(貴君).

선관(選官) 관리에 등용되다.

당(當) 부(復)와 상통함. 여기 제76칙에선 의문을 강조하는 말이다. '도대체 ~인가'. ㉠ 당왕하소(當往何所) : 도대체 어디로 가야 하는가. 당시하물(當是何物, 復是何物) : 도대체 무슨 물건인가.

재견(才見) ~을 보자마자.

복두각(幞頭脚) 두건의 양쪽 끈.

착조창거(著槽廠去) 방앗간으로 가거라. 착(著) : 於(~으로).

성승(聖僧) 승당(僧堂) 중앙에 안치한 문수 보살상.

영탈(穎脫) 아주 뛰어나다.

직시(直是) 틀림없이.

불통(不通) 밝히지 않다.

몽동한(懵懂漢) 어리석은 놈.

폄폄지(貶貶地) 눈을 크게 뜨다(큰 충격을 받았거나 놀랐을 때의 모습). 지(地) : 어조사.

대강(大綱) 요점, 결국, 요컨대.

제당처(諦當處) 見得處, 悟入處. 경지.

하득(下得) 用得. 사용할 수 있다.

안우두끽초(按牛頭喫草) 소의 머리를 눌러 억지로 풀을 먹이다. 즉 '시절인연이 익지 않았는데 억지로 깨닫게 하려는 것은 아무 효과가 없다' 는 뜻. 또는 '스승의 지나친 친절'.

사칠이삼(四七二三) 인도의 28조사(4×7=28)와 달마에서 혜능에 이르는 중국의 여섯 조사들(2×3=6).

보기(寶器) 불법을 전하는 상징물들. 주장자, 의발 등. 그러나 여기 제76칙에선 조사(祖師)의 심인(心印), 공안(公案) 등의 상징어로 봐야 한다.

환수추흉(換手搥胸) 두 손으로 번갈아 가며 가슴을 치다. '몹시 원통해하다'.

육침(陸沈) 물이 없는 육지에서 침몰하다. 여기 제76칙에선 '아주 흔적조차 없이 침몰해 버리다'의 뜻. 제20칙 본칙 착어에 이미 나왔음.

나리(那裏) ① 저곳. ② 何處, 어디서. 여기 제76칙에선 ②의 뜻으로 쓰이고 있다.

허사치(虛事褫) 虛事持. 치(褫)와 지(持)는 중국어 원발음이 같다.

제77칙 雲門答餬餠

천천하인비공(穿天下人鼻孔) 사람을 자기 뜻대로 조종하다.

운문(雲門) 운문문언(雲門文偃, 864~949).

설주상악(舌拄上齶) 말문이 꽉 막혀 버리다.

수장선고 이다불대(水長船高 泥多佛大) 물길이 길면 배의 돛폭이 높고, 진흙이 많으면 그 진흙으로 빚은 불상이 크다. 즉 '상대의 정도에 따라 거기 알맞게 대응하는 것'.

도불허행 공불랑시(道不虛行 功不浪施) 적합한 상대가 있어야만 비로소 도(道)는 발현한다(《周易》繫辭).

물가작료(勿可作了) 無可作悟了人. 깨닫지도 못했으면서 깨달은 체하는 것은 옳지 않다.

도착(道著) 말하다, 단언하다.

성색불법(聲色佛法) 소리와 형태로 나타난 불법. 즉 설법의 음성과 좌선 수행 등의 모습.

삼계(三界) 중생들이 윤회하는 세 종류의 세계. ① 욕계(欲界) : 욕망의 세계, ② 색계(色界) : 물질의 세계, ③ 무색계(無色界) : 순수 의식의 세계.

나개(那箇) 무엇으로.

차수지견(差殊之見) 특수한 견해.

조시(早是) 이미.

매몰료(埋沒了) 손발을 쓸 수 없는 지경이 되어 버렸다.

마삼근(麻三斤) 동산의 마삼근(麻三斤) 공안. 제12칙 洞山麻三斤 공안을 참고하라.

해타고(解打鼓) 화산의 해타고(解打鼓) 공안. 제44칙 禾山解打鼓 공안을 참고하라.

좌주(座主) 경전 강의를 전문으로 하는 학승.

차거작좌주(且去作座主) 결국 좌주가 되어.

영득(贏得) ~으로 끝나 버리다.

초담(超談) 불조(佛祖)의 경지마저 초월한 말〔超佛越祖之談〕.

봉하파리(縫罅披離) 갈라진 틈과 찢어진 곳.

축래(壓來) (갈라진 틈이나 찢어진 곳을) 꽉 틀어막다. 래(來) : 강조 어미.

유불주(猶不住) 오히려 알지 못하다.

목환자(木患子) 無患子 열매. 염주 만드는 데 쓴다.

모갱(茅坑) 재래식변소의 대변 구덩이.

동행서행(東行西行) 여기 제77칙에선 '횡설수설'을 말함.

난봉색정(攔縫塞定) 遮縫塞定. 뚫린 구멍이나 갈라진 틈을 틀어막다.

대(待) ~가 되면, 그때가 되면.

환골출래(換骨出來) 면목을 일신하다.

제78칙　十六開士入浴

십육개사(十六開士) 《능엄경》에 나오는 열여섯 명의 보살. 개사(開士) : 보살(菩薩, Boddhi-sattva). 보살 : 깨달음의 길〔Boddhi〕과 삶의 길〔sattva〕을 동시에 가는 수행자.

수인(水因) 물의 본질.

묘촉선명(妙觸宣明) 묘촉(妙觸) : 부사의한 촉각의 본성. 선명(宣明) : 분명하게 체험하다.

박락비타물(撲落非他物) 부딪쳐서 떨어지는 것[撲落]은 다름 아닌 바로 나 자신[非他物]이다.

성불자주(成佛子住) 깨달음의 경지[成佛子]에 머물다.

양두삼면(兩頭三面) 두 개의 머리에 세 개의 얼굴. 변화무쌍하여 그 정체를 알 수 없는 것.

칠천팔혈(七穿八穴) ① 발기발기 찢어지다[七花八裂]. ② 철두철미, 자유자재[七通八達]. 여기 제78칙에선 ②의 뜻.

일봉일조흔(一棒一條痕) 매를 한 번 맞을 때마다 하나의 상처 자국[一條痕]이 생기듯 철저하게 수행하다.

당착애착(撞著磕著) 築着磕着. 여기 부딪치고 저기 걸리다. '칠통팔달의 상태가 되면 우주 전체가 본래면목 그 자체'라는 뜻.

능엄회상(楞嚴會上) 《능엄경》을 설법할 당시의 모임.

범행(梵行) 금욕적인 수행.

이십오원통(二十五圓通) 관세음 보살이 갖춘 25종류의 원융무애한 능력.

천개만개(千箇萬箇) 천 사람 만 사람.

이조(二祖) 二祖慧可(487~593).

불소득(不消得) ~할 필요까지도 없다.

지소도개(只消道箇) ~라고 말하기만 하면.

요당(了當) 결말이 나다, 처리하다.

일점야착부득(一點也著不得) 전혀 집착심이 없다.

점피착골(粘皮著骨) 아직 집착에서 완전히 벗어나지 못한 상태.

현사과령(玄沙過嶺) 현사사비(玄沙師備, 835~908)가 행각길에 오르려고 비원령(飛猿嶺) 고개를 넘다가 다리를 다쳐 되돌아온 고사.

보왕찰(寶王刹) 장엄하기 이를 데 없는 사원.

관음입리지문(觀音入理之門) 소리를 관(觀)함으로써 깨달음을 얻는 관음의 수행 방법.

소일개(消一箇)　消得一箇. 단 한 사람이면 족하다.

도출금강권(跳出金剛圈)　모든 속박에서 벗어나 자유롭게 되는 것.

장연상(長連床)　좌선하는 상(床).

논겁불론선(論劫不論禪)　영원히 선을 논할 필요가 없다. 논겁(論劫) : 부사로서 '영원히'의 뜻.

오원통(悟圓通)　완벽함[圓通]을 깨닫다. 즉 '완벽한 깨달음을 얻다'.

향수세(香水洗)　향수로 목욕하다.

아(屙)　대변을 보다.

고인(古人)　협산선회(夾山善會, 805~881).

무사납승(無事衲僧)　了事衲僧. 깨달은 선승. 잔머리를 굴리지 않고 본성대로 살아가는 깨달은 수행자.

제79칙　投子一切聲

대용현전(大用現前)　진리 그 자체가 그대로 역동화되어 굽이치는 것.

투자(投子)　투자대동(投子大同, 819~914).

독불완명성(㞛沸碗鳴聲)　물이 부글부글 끓는 소리. 즉 '무의미한 말'.

함혈손인(含血噀人)　피를 머금어 다른 사람에게 뿜어 대다. 즉 '다른 사람을 욕할 때는 자신의 입이 먼저 더러워진다'는 뜻. 손(噀) : 분(噴, 내뿜다).

박실두(朴實頭)　소박하고 진실하다. 두(頭) : 어조사.

일군지변(逸群之辯)　拔群之辯. 아주 뛰어난 화술.

합하(合下)　直下. 즉시.

실두(實頭)　진실, 진심.

교저구저수각(咬豬狗底手脚)　돼지나 개를 무는 맹수와 같은 수완. 즉 '수준이 낮은 상대를 이끄는 수완'.

곡록목상(曲彔木床) 설법상(說法床).
참(攙) 奪. 약탈하다, 빼앗다.
행시(行市) 가게, 상점.
도료(到了) 到底. 결국.
일부주이불휴(一不做二不休) 모반(做)을 해서는 안 된다. 그러나 일단 모반을 했으면 끝을 보라[不休]. 즉 '철두철미하라' 는 뜻.
작연(灼然) 명백하다, 분명하다.
교괴(敎壞) 파괴하다, 잘못되게 하다.
인가남녀(人家男女) 일반적인 사람들. 가(家) : 접미사.
방일득이(放一得二) 일석이조.
가련(可憐) ① 훌륭하다, 멋지다. ② 가련하다, 불쌍하다. 여기 제79칙에선 ②의 뜻.
농조인(弄潮人) 파도타기에 도전하다가 목숨을 잃는 젊은이들. 여기 제79칙에선 '겁없이 투자에게 대든 질문 승[問僧]'을 말함.
요활활(鬧㶇㶇) 물이 세차게 흐르는 모양. 활(㶇) : 활(活)과 같은 글자임.
지대(抵對) 祇對, 應對. (물음에) 대답하다.
출(出) 구출해 내다. ㉑ 雪竇出這僧云.
산천급악(山川岌崿) 높은 산, 깊은 강물.
두암(陡暗) 갑자기 어두워지다.
차(且) 일단은, 우선은.
퇴고(退鼓) 산문(山門)을 나갈 때 퇴산(退山)을 알리는 북소리.

제80칙 趙州孩子六識

초생해자(初生孩子) 갓난아기.
육식(六識) 감각 기관을 통한 여섯 가지 인식 작용. ① 시각 작용[眼識], ②

청각 작용〔耳識〕, ③ 후각 작용〔鼻識〕, ④ 미각 작용〔舌識〕, ⑤ 촉각 작용〔身識〕, ⑥ 분별취사 작용〔意識〕.

급수상타구자(急水上打毬子) 급류(急流, 急水) 위에서 폴로게임의 공〔毬子〕을 치다. 폴로게임은 원래 서역에서 중국으로 전해진 구기(球技) 운동의 한 가지다. 말 위에서 나무 막대기로 공〔毬子, 가죽으로 만든 공〕을 쳐서 승부를 결정하는 스포츠(或步或騎馬 以杖擊而爭之爲戲也.《一切經音義》卷十三).

험과(驗過) 시험해 보다, 점검해 보다.

선봉, 전후(先鋒, 殿後) 군대의 행렬에서 전진(前陣)을 '선봉', 후진을 '전후'라 한다.

팔식(八識) 앞의 육식(六識)에 제7 자의식(自意識 : 末那識), 제8 무의식(無意識, 阿賴耶識)을 합한 것.

사지(四智) 부처의 지혜를 네 가지로 나눈 것. ① 대원경지(大圓鏡智) : 거울에 사물이 비치듯 모든 존재를 간파할 수 있는 지혜. ② 평등성지(平等性智) : 모든 존재는 본질적으로 평등하다는 걸 깨달은 지혜. ③ 묘관찰지(妙觀察智) : 뭇 존재는 평등한 가운데 제각각 자신만의 특성을 갖고 있음을 아는 지혜. ④ 성소작지(成所作智) : 모든 존새를 완성으로 이끌 수 있는 지혜력.

근진식(根塵識) 근(根) : 여섯 감각 기관〔六根〕. 진(塵) : 객관적인 여섯 대상들〔六塵〕. 식(識) : 여섯 감각 기관이 객관적인 여섯 대상들을 만났을 때 발생하는 여섯 가지 인식 작용〔六識〕.

전진(前塵) 망심(妄心) 앞에 나타나는 여섯 종류의 대상들〔六塵〕. 즉 '① 형태와 색깔〔色〕, ② 소리〔聲〕, ③ 냄새〔香〕, ④ 맛〔味〕, ⑤ 촉감〔觸〕, ⑥ 과거의 기억들〔法〕'.

승의근(勝義根) 여섯 감각 기관〔六根〕의 감각 능력. 즉 '눈〔眼〕으로 형체를 보고, 귀〔耳〕로 소리를 듣는 따위'. 이 '승의근'에 대하여 단순한 감각 기관만을 지칭할 때는 부진근(扶塵根)이란 말을 쓴다. 따라서 이 부진근은 눈, 귀, 코 등 외형적인 감각 기관 그 자체를 뜻한다.

영사(影事) 이 세상에서 전개되고 있는 가변적인 모든 현상들.

교의(敎意) 선의 불립문자 입장에 대치되는 이론적인 교학적 가르침.

임마시(恁麽時) 갓 태어났을 때[初生時].

명상(名相) 명칭과 형태.

공행(功行) 수행.

교중(敎中) 《화엄경》 십지품.

제팔부동지(第八不動地) 수행자로서는 최고의 경지인 제10지 가운데 그 여덟 번째. 제팔부동지보살 : 제8단계에 이른 대승불교의 수행자(보살).

임운(任運) 저절로, 그대로.

살바야해(薩婆若海) 바다처럼 드넓은 지혜. 또는 '지혜의 바다'.

간교(看敎) 경전을 읽다.

객진번뇌(客塵煩惱) 외부로부터 들어온 번뇌.

십육관행(十六觀行) 《열반경》에 나오는 열여섯 가지 수행법.

차차와와(哆哆啝啝) 갓난아기가 말 배울 때 내뱉는 천진난만한 소리.

황유(況喩) 비유.

십팔상(十八上) 18세.

해작활계(解作活計) 수행자로서 자립하다.

파가산택(破家散宅) 무일물(無一物)의 경지에 들어간 상태.

정(定) 선정(禪定).

담입합담(湛入合湛) 앞의 담(湛) : '굵은 번뇌의 흐름', 뒤의 담(湛) : '미세한 번뇌의 흐름'. 즉 '담(湛, 굵은 번뇌, 제6식)에 들어가 담(湛, 미세한 번뇌, 제8식)에 합하다'의 뜻. 감각적인 의식[제6식]과 근원적인 의식[제8식]이 하나가 된 바로 그곳이 궁극적인 의식의 세계[識邊際]다.

상생(相生) 감각 기관의 대상들이 존재하는 상태.

상생(想生) 망념이 일어나는 상태. 제6식을 통해서 일어나는 굵은 번뇌의 흐름.

유주생(流注生) 미세한 번뇌가 끊임없이 흐르고 있는 상태. 제8식 안에 흐르고 있는 미세한 번뇌.

내단(來端) 질문의 핵심.
좌탈입망(坐脫立亡) 앉아서 (이 육체를) 벗어 버리고 서서 죽다. 즉 '삶[生] 과 죽음[死]에서 자유로워지는 것'.
팔지(八地) 제팔 부동지.
전면송(前面頌) 앞의 제41칙의 '송'.

제81칙 藥山射麈中麈

참기탈고(攙旗奪鼓) 적군의 깃발과 북을 빼앗다. 적의 명령 지휘 체계를 부숴 버리다.
약산(藥山) 약산유엄(藥山惟儼, 751?~834?).
평전천초(平田淺草) 넓은 들판.
주(麈) 사슴의 우두머리, 사슴의 왕.
파계투위(把髻投衛) 상투를 움켜잡고 관가에 자수하러 오다. '패전한 자의 모습'.
뇌후발전(腦後拔箭) ① 머리 뒤에 박힌 화살을 뽑다(기사회생의 뜻). ② 머리 뒤로 화살을 쏘다(자유자재의 뜻.《種電鈔》). 발(拔) : ① ~을 뽑다, ② ~을 쏘다 등의 상반되는 두 가지 뜻이 있다. 여기 제81칙에선 ②의 뜻으로 봐야 한다.《碧巖錄》(岩波文庫新本, 下卷, pp.92~93)과《碧巖錄》(現代語譯, 末木文美士 編, 卷下, p.108)에선 ①의 뜻으로 해석하고 있는데 이는 문장의 뜻을 잘못 본 것이다.
하파부주 쾌편난봉(下坡不走 快便難逢) 비탈길(지름길)을 달려가지 않으면 빨리 가는 배를 타기 어렵다. 즉 '기회를 놓치면 끝장이다' 라는 뜻.
착(著) 적중하다.
농니단한(弄泥團漢) 번뇌망상[泥團] 속에 빠져 있는 사람을 욕하는 말. 망상 꾸러기.

유십마한(有什麽限) 어찌 깨달을 기약이 있겠는가.
무공철추(無孔鐵鎚) ① 본래면목. ② 무용지물. 여기 제81칙에선 ②의 뜻.
차사문(借事問) 어떤 사물을 빌려 선의 핵심을 묻는 물음.
변주문(辨主問) 수행자가 선사를 시험해 보려는 물음.
당기(當機) 지금 현재 처해 있는 바로 그 상황.
사성성(似惺惺) 지혜롭지 못하면서 지혜로운 것처럼 행세하다.
삼평(三平) 삼평의충(三平義忠, 781~872).
석공(石鞏) 석공혜장(石鞏慧藏). 마조도일의 법을 잇다.
반개성인(半箇聖人) 좀처럼 보기 드문 성인.
거사(擧似) 이야기를 꺼내다.
대전(大顚) 대전보통(大顚寶通, 732~824).
법등(法燈) 법등태흠(法燈泰欽, ?~974). 법안문익의 법을 잇다.
사타(射垜) 과녁을 세우기 위해 쌓은 흙더미. 여기 제81칙에선 '제2류에 떨어진 상태'를 뜻함.
작략(作略) 전술전략.
흡시(恰是) 마치, 흡사.
박장거(逼將去) 몰아붙이다. 거(去) : 동작의 진행을 나타내는 조사.
승문덕산(僧問德山) 제66칙 본칙 평창을 보라.
암두문승(巖頭問僧) 제66칙 본칙을 보라.
고착안간(高著眼看) 높이 보라.
호수(好手) 名人, 達人. 한 분야에 정통한 사람.
하사생(何似生) 何如. 어떤가. 생(生) : 어조사.
상좌(上座) 여기 제81칙에선 '질문을 던진 승'을 말함.
임시(任是) ① ~에게 (그 자신을) 맡기더라도. ② 비록 ~라 하더라도. 여기 제81칙에선 ①의 뜻.
일시기부득(一時起不得) 말문이 막혀 꼼짝 못하다.

제82칙 大龍堅固法身

간두사선(竿頭絲線)　고기를 낚기 위해 물에 던진 낚싯줄.
대룡(大龍)　대룡지홍(大龍智洪). 생몰 연대는 미상.
색신(色身)　육신.
법신(法身)　진리 그 자체, 영원불멸의 본질(法身堅固不可壞 充滿一切諸法界.《華嚴經》卷三 盧舍那佛品).
간수(澗水)　산골짜기에 흐르는 물.
무공적자(無孔笛子)　無孔笛. 구멍 없는 피리(소리가 나지 않는 피리). 여기 제82칙에선 '모든 소리가 흔적도 없이 사라진 상태'(《種電鈔》).
전박판(氈拍板)　모직물로 만든 딱딱이(소리가 나지 않는 딱딱이). 앞의 무공적(無孔笛)과 그 뜻이 같다.
혼륜(渾崙)　곤륜산. 옥(玉)의 산지로 유명하다.
인종진주래 각왕허주거(人從陳州來 卻往許州去)　사람이 동쪽 진주에서 오고 있는데 이쪽은 서쪽 허주로 가고 있다. '서로 길이 어긋나다'의 뜻.
골돌(鶻突)　糊塗. 애매모호하다.
일합상(一合相)　여기 제82칙에선 '질문과 대답이 딱 들어맞아서 조금의 틈도 없는 모양'.
고가타쇄(敲枷打鎖)　목에는 칼〔枷〕이 씌어져 있고 쇠사슬〔鎖〕로 발이 묶인 죄인을 고문하는 것. 그러나 여기 제82칙에선 '번뇌망상을 때려 부수다'는 뜻으로 쓰이고 있다.
혼금박옥(渾金璞玉)　혼금 : 노다지. 박옥 : 연마하지 않아도 빛나는 옥. 즉 '전혀 인공을 가하지 않은 천연적인 것'.
안뇌(眼腦)　여기 제82칙에선 '안목'을 뜻함.
화약란(花藥欄)　제39칙 공안.
수조엽락시여하(樹凋葉落時如何)　제27칙 공안을 보라.
삼촌심밀(三寸甚密)　삼촌(三寸) : 혀. 즉 '말이나 언어가 아주 미묘하기 이를 데 없는 것'.

일지칠요절료(一至七拗折了) (白玉鞭을) 한 마디에서 일곱 마디까지 조각조 각 잘라 버리다.

무간업(無間業) 무간지옥의 업. 무간지옥(無間地獄) : 하루에 만 번 죽었다가 만 번 되살아나면서 갖은 고통을 받는다는 지옥.

하뢰(瑕纇) 옥(玉)에 나 있는 흠집.

방별(傍瞥) 곁에서 힐끔 보다. 핵심을 파악하지 못하다. 그러나 여기 제82칙 에선 '엉뚱하다'는 뜻에 더 가깝다.

운문화(雲門話) 여기 제82칙에선 '제27칙 공안'을 말함.

사구(四句) '송'의 제1구에서 제4구까지를 말함(問曾不知 答還不會 月冷風 高 古巖寒檜).

부(俯) 위에서 아래를 내려다보는 것. 여기 제82칙에선 '선지식이 수행자의 물음에 응답하다'라는 뜻.

적적(的的) 분명하다, 확실하다.

약시(若是) 만일 (~이라면).

오형지속삼천(五刑之屬三千) 옛날 중국에 있었던 다섯 종류의 형벌[五刑]과 이걸 다시 삼천 가지로 세분한 것. 즉 '모든 종류의 형벌'이란 뜻.

제83칙 雲門露柱相交

노주(露柱) 법당 옆이나 앞에 세워진 나무 기둥이나 돌기둥. '무정물(無情物)의 대표적인 상징'.

상교(相交) 서로 교류하다. 서로 정을 통하다.

제기기(第幾幾) 어떤 차원인가, 어떤 경지인가.

칠화팔렬(七花八裂) 여기 제83칙에선 '자유자재'의 뜻.

일합상(一合相) 여기 제83칙에선 '본래면목'의 뜻.

천화후칠십여년(遷化後七十餘年)　입적하신 지 70년. 《운문록》에는 '遷化後 十七載(입적하신 지 17년)'로 되어 있다.

견지(見地)　見處. 안목.

수어(垂語)　垂示. 수행자에게 가르침을 내리는 말.

별어(別語)　타인의 문답에 다시 자신의 견해를 덧붙여 대답하는 것.

대어(代語)　스스로 묻고 스스로 대답하는 것.

향정해상작활계(向情解上作活計)　제멋대로〔向情解上〕분별심을 일으키다〔作活計〕.

삼계(三界)　중생들이 윤회하는 세 차원의 세계. ① 욕망의 세계〔欲界〕, ② 물질의 세계〔色界〕, ③ 분별 의식의 세계〔無色界〕.

사생(四生)　생명이 태어나는 네 가지 형태. ① 태(胎) : 모태를 통해서 태어나는 것, ② 란(卵) : 알로 태어나는 것, ③ 습(濕) : 습기(습한 곳)에서 태어나는 것, ④ 화(化) : 공중에서 갑자기 나타나듯 태어나는 것. 여기 제83칙에선 사생(四生)을 '모든 생명체'라는 뜻으로 쓰고 있다.

법진(法塵)　法縛. 진리〔法〕에 대한 애착심.

박박시령(拍拍是令)　치는 한 박자 한 박자가 그대로 상대의 노래에 척척 들어맞다.

선사(先師)　돌아가신 스승.

대소(大小)　상대방을 얕잡아 일컫는 말. '소위 ~라는 사람이'.

일조(一條)　한 가닥의 끈.

문(文)　돈을 세는 최소 단위. 일문(一文) : 한 푼.

매(買)　《운문록》에는 '買' 자가 없다.

입로(入路)　깨달음을 얻을 수 있는 그 실마리.

원(原)　~에 근거하다.

동행불견서행리(東行不見西行利)　동쪽 상가〔東行〕에선 서쪽 상가〔西行〕의 이익을 알 수 없다. 행(行) : 행시(行市, 동업상들이 모인 상점들). 여기 제83칙에선 '전연 알 수가 없다'는 뜻이다.

아날랄(阿剌剌)　감탄이나 놀랐을 때 내뱉는 외침.

선월(禪月) 선월관휴(禪月貫休, 832~912). 당대(唐代)의 시승(詩僧).
천근경부(淺近輕浮) 소인배들을 지칭하는 말.
지비(地卑) 땅이 척박하다.
장이진여(張耳陳餘) 장이와 진여는 진나라 말(末)의 사람으로서 서로 우정이 돈독하여 변치 않는 황금과도 같았다. 그러나 뒤에 가서 두 사람은 서로 정적(政敵)이 되어 싸웠다. 그래서 사람들은 이 두 사람 사이를 일러 '더럽기 이를 데 없는 똥〔糞土〕과 같다'고 말했다. 결국 장이는 진여를 죽이고 말았다.
토광인희(土曠人稀) 땅은 넓은데 사람이 드물다. 광활한 광야에 나 홀로 있다. '지음인이 없는 것', '자신의 마음을 알아줄 사람이 없는 것'.

제84칙 維摩不二法門

변득(辨得) 정체를 알아 버리다.
친견(親見) (윗사람을) 직접 만나 뵙다.
유마힐(維摩詰) 《유마경》의 주인공 '유마 거사'.
문수사리(文殊師利) 문수 보살.
태살합뇨(太煞合鬧) 몹시 떠들어대다. 태살(太煞) : 몹시.
하등시(何等是) 어떤 것이 ~인가.
여아의자(如我意者) 내 생각에는.
불이법문(不二法門) 상대 차별을 초월한 절대 평등의 가르침.
인자(仁者) 정중한 제2인칭. '선생께서', '귀하께서' 정도의 뜻.
일고(一䈽) 一問. 말로써 일격을 가하는 것.
금속여래(金粟如來) 유마 거사를 지칭하는 말. 유마는 '금속 여래의 화신'이라고 한다.
만전찬심(萬箭攢心) 무수한 화살이 심장을 꿰뚫다.

화출사문(禍出私門) 자신의 발밑으로부터 재앙을 일으키다.
금모사자(金毛獅子) 문수 보살이 타고 다닌다는 황금빛 사자. 여기 제84칙에
 선 '문수 보살'을 말함.
삼십이보살(三十二菩薩) 유마의 물음에 답한 문수 이하 32명의 보살들.
제(除) '여(餘, 남아 있다)'라고 해야 뜻이 통한다. 《종전초(種電鈔)》에는
 '餘'로 되어 있다.
권속(眷屬) 식구.
선화(宣化) 教化. 부처의 가르침을 널리 전하다.
환~야무(還~也無) ~할 수 있겠는가.
방내(方乃) 然乃, 然始. 비로소.
사득(捨得) 아까워하지 않다.
사부득(捨不得) 아까워하다.
고연(故然) 원래, 원래부터.
제(濟) 성취되다, (일이) 이루어지다.
비야리(毘耶離) 유마가 살았던 곳. 지금의 인도 비하르 주 바이샬리(Vaisali)
 마을.
구사편단(口似匾担) 입이 마치 편단(중국식 물지게)과도 같다. 즉 '말문이 막
 혀 입을 꽉 다문 모습'.
인수치득(因誰致得) 누구 때문에 병이 났는가.
칠불조사(七佛祖師) 문수 보살을 일컫는 말.
운거간(雲居簡) 운거도간(雲居道簡). 생몰 연대는 미상.
인아견(人我見) 주체로서의 자아가 존재한다고 믿는 견해.
수선사(壽禪師) 영명연수(永明延壽, 904~975).
직대(直待) 直候. ~이 되면. 一直等到. 곧바로 ~에 이르다.
증(證) 증득하다, 체득하다.
무루성신(無漏聖身) 번뇌망상이 없는 몸[佛身].
왕현책(王玄策) 당(唐)의 태종과 고종 때 북인도에 갔던 중국의 사신.
수판(手板) 홀(笏). 천자 이후 궁중의 관리들이 조복을 입었을 때 띠에 끼고

다니던 판(板). 어명을 받았을 때는 이 판에 기록해 둠. 재료는 옥(玉)·상아·대나무 등으로 만들었고 길이는 한 자〔一尺〕였다.

방장(方丈) 당의 사신 왕현책이 유마의 거실을 방문해서 방의 길이를 재 보니 10홀(十笏 : 10尺 : 1丈)이었다고 한다. 즉 '四方이 一丈'인 셈이다. 이 '四方一丈'이란 말에서 '方丈'이란 말이 유래됐다. 후에는 선원총림의 최고 고승이 머무는 방을 '方丈室'이라 불렀으며 최고 고승의 직함 자체를 '○○ 方丈 스님'이라고 불렀다.

음(陰)·**계**(界)·**입**(入) 五陰·十二處(入)·十八界.

① 오음(五陰) : 五蘊. 물질과 정신을 다섯 갈래로 나눈 것. ㉠ 色=물질과 형태, ㉡ 受=감지력, ㉢ 想=분별력, ㉣ 行=~을 하고자(갖고자) 하는 충동력, ㉤ 識=종합적인 판단력. ㉠은 물질 영역, ㉡㉢㉣㉤은 정신 영역.

② 십이처(十二處) : 十二入. 여섯 개의 감각 기관〔六根〕과 이에 대응하는 여섯 개의 객관 현상〔六境〕.

· 여섯 개의 감각 기관〔六根〕=눈〔眼根〕, 귀〔耳根〕, 코〔鼻根〕, 혀〔舌根〕, 몸〔피부, 身根〕, 분별 작용〔意根〕.

· 여섯 개의 객관 현상〔六境〕=색깔과 형태〔色境〕, 소리〔聲境〕, 냄새〔香境〕, 맛〔味境〕, 촉감〔觸境〕, 기억의 잔재〔法境〕.

③ 십팔계(十八界) : 六根이 六境을 만났을 때 일어나는 여섯 가지 식별 작용〔六識〕.

〈六境〉		〈六根〉		〈六識〉
色	→←	眼	=	眼識. ㉮ 이건 푸른색이다.
聲	→←	耳	=	耳識. ㉮ 이건 바람소리다.
香	→←	鼻	=	鼻識. ㉮ 이건 향수 냄새다.
味	→←	舌	=	舌識. ㉮ 이건 매운 맛이다.
觸	→←	身	=	身識. ㉮ 이건 부드러운 느낌이다.
法	→←	意	=	意識. ㉮ 이건 어릴 때의 기억이다.

탑(榻) 침상, 침대.

찰도(拶到)　(막다른 길로) 몰아붙이다.
직시(直是)　틀림없이.

제85칙　桐峰庵主大虫

파정(把定)　부정적인 입장을 취하는 것[把住].
점철성금 점금성철(點鐵成金 點金成鐵)　무쇠를 금으로 만들고, 금을 무쇠로 만들다. '수행자를 연마시키는 능숙한 수완'.
동봉암주(桐峰庵主)　임제의 법을 이음. 나머지는 알 수 없다. 암주(庵主) : 작은 암자나 토굴에서 수행에만 전념하는 승.
농영한(弄影漢)　폼만 재는 녀석, 허풍쟁이.
휴거(休去)　침묵해 버리다.
엄이투령(掩耳偸鈴)　귀를 막고 방울을 훔치는 것. '아주 어리석은 짓을 하는 것'.
대웅종파(大雄宗派)　대웅(大雄) : 백장산의 다른 이름. 대웅종파는 '백장회해의 문하'를 말함.
안친수변(眼親手辨)　상대를 보고 거기 알맞게 대응하는 능력.
주정(周正)　올바르다, 바르다.
유주엽현(遊州獵縣)　(쓸데없이) 여기저기 돌아다니다.
제익(提搊)　(언어를) 구사하다, (쓸데없는) 말을 지껄이다.
공재어(公才語)　뛰어난 재능이 있는 사람의 말.
취신타출어(就身打出語)　자신의 체험에서 나온 말.
체리어(體裏語)　마음에 대해서 설명하는 말.
옥리노야노랑(屋裏老爺老娘)　집안의 연로하신 부모님. 여기 제85칙에선 '나 자신의 본래면목[主人公]'을 말함.
여년(驢年)　나귀의 해. 십이지(十二支) 가운데 '나귀의 해'는 없다. 그러므로 이 말은 '영원히 돌아오지 않는 해'라는 뜻이다.

염롱(拈弄)   옛 공안을 거론하다.

견(見)   견해.

신통유희삼매(神通遊戱三昧)   무애자재의 경지.

혜거삼매(慧炬三昧)   지혜가 뛰어난 경지.

장엄왕삼매(莊嚴王三昧)   복덕과 지혜가 충만한 경지.

자시(自是)   원래부터.

각근부점지(脚跟不點地)   발이 땅에 닿지 않다. 즉 '분명하게 알지 못하다'의 뜻.

낙절(落節)   손해, 손해를 보다.

착착(著著)   여기 제85칙에선 '한 동작 한 동작'의 뜻임.

행령(行令)   원리원칙대로 법령을 행하다.

낙락(落落)   뇌락(磊落). 어디에도 구속되지 않고 드높은 모양. 여기 제85칙에선 '(목소리가) 우렁찬 모양'.

시즉시(是卽是)   과연, 과연 ~하긴 하지만.

험애지구(嶮崖之句)   험난한 절벽과 같아서 언어와 사고로 감히 접근할 수 없는 글귀.

요(要)   ① ~하려고 한다[欲]. ② ~하지 않으면 안 된다. 여기 제85칙에선 ②의 뜻. ㉠ 要句中有出身之路.

임이(任儞)   任他. 從他. 비록 ~라 하더라도.

제86칙   雲門有光明在

주고(廚庫)   庫裡. 부엌.

삼문(三門)   山門. 사찰의 정문.

소이도(所以道)   《원각경》보각보살장에 이르기를……

고시(故是)　~은 그렇다 치고.
반산(盤山)　반산보적(盤山寶積). 마조의 법을 잇다.
부시(復是)　도대체 ~인가.
영가(寧可)　차라리 ~할지언정. **예** 寧可起有見.
유견(有見)　'모든 사물은 지금 현재 존재하고 있다'는 긍정주의적 견해.
무견(無見)　'모든 사물은 지금 현재 존재하고 있지 않다'는 부정주의적 견해.
차견(此見)　無見, 斷見. 허무주의.
고명(孤明)　독자적으로 빛을 발하는 것. 즉 '본성적인 지혜〔本智〕'.
십일병조(十日並照)　찬란하게 빛나고 있는 모습.
불가총(不可總)　절대로 ~해서는 안 된다.
진상(眞常)　眞實常住. 영원한 진실.
차종(且從)　且置. ~은 그렇다 치고.
종각(從卻)　從任. 그대로 놔두다. '그것은 그렇다 치고'.
간도(看道)　잘 살펴보라. 도(道): 접미사.

제87칙　雲門藥病相治

홀약(忽若)　만약, 만일.
분노나타(忿怒那吒)　분노의 모습을 한 나타. 나타(那吒): 수행자를 보호하는 수호신의 한 가지. 즉 '사천왕(四天王) 가운데 북방 비사문천왕(毘沙門天王)의 다섯 아들 가운데 하나'.
수류인(隨類人)　각기 다른 수준의 사람에 따라 거기 알맞게 대응할 수 있는 사람.
화니합수(和泥合水)　落草爲人. 동고동락하는 것.
향상규(向上竅)　제3의 눈.
파향일변(擺向一邊)　한쪽으로 치워 놓다.

일합상(一合相) 여기 제87칙에선 '본래면목'의 뜻으로 쓰이고 있다. 제83칙 본칙 착어에 이미 나왔음.

관취(管取) 틀림없이, 확실히.

두출두몰(頭出頭沒) 落草爲人. 동고동락.

선재(善財) 선재 동자. 《화엄경》입법계품(入法界品)의 주인공.

금아장로(金鵝長老) 운문의 3세. 나머지는 미상.

임제하존숙(臨濟下尊宿) 금아 장로는 임제 문하의 존숙(고승)이라는 뜻. 그러나 실제 금아 장로는 임제 문하의 존숙(고승)이 아니라 운문 문하의 존숙이다.

천광(天光) 天曉, 天明. 날이 샐 무렵, 날이 새다.

학해(學海) 이치로 따지는 분별력과 분석적인 이해.

변적(辨的) 핵심, 핵심을 간파하다.

가고처착(架高處著) 架高處看. 높은 곳에 올라가 잘 살펴보다.

일필구하(一筆句下) 一筆로 선을 그어 말소해 버리다. 구하(句下) : 말소해 버리다.

통도(通途) 大道. 큰길.

공부(工夫) ① 열심히 노력하다. ② (한가한) 시간, 틈. 여기 제87칙에선 ②의 뜻.

착착(錯錯) 빗나갔다, 빗나갔다. 여기 제87칙에선 '錯'을 일종의 간투사적으로 쓰고 있다.

쌍검(雙劍) 여기 제87칙에선 '錯, 錯'을 두 자루의 검으로 보고 있다.

일전(一箭) 여기 제87칙에선 '錯錯'을 한 개의 화살[一箭]로 보고 있다.

비공요천(鼻孔遼天) 요원한 허공처럼 넓고 먼 콧구멍. 즉 '아주 높은 콧대, 기고만장한 모습'.

대매(大梅) 대매법상(大梅法常, 752~839).

절단각근(截斷脚跟) 발목을 잘라 버리다. 즉 '급소를 찌르다'는 뜻임.

탐정태속(貪程太速) 임종[程]을 탐한 것이 너무 빨랐다. '너무 성급히 임종에 들었다'.

칠종팔횡(七縱八橫)　종횡무진.

제88칙　玄沙接物利生

문정시설(門庭施設)　방편을 베풀다.
파이작삼(破二作三)　둘을 부수고 셋을 만들다. 즉 '정해진 형식을 때려 부수다'는 뜻임.
입리심담(入理深談)　근원적인 담론.
당기고점(當機敲點)　상대방의 핵심을 지적하다.
금쇄현관(金鎖玄關)　미혹과 깨달음〔迷悟〕의 틀.
현사(玄沙)　현사사비(玄沙師備, 835~908). 설봉의 법을 잇다.
노숙(老宿)　長老, 尊宿. 연로하고 덕망이 높은 고승.
추(槌)　중국 선원에서 대중들에게 시간을 알리기 위해서 치는 두 조각 나무토막으로 만든 타구(打具)의 일종.
착(著)　여기 제88칙에선 '명령을 나타내는 어조사'. '~하라'. ㉠ 汝禮拜著.
질(挃)　때리다.
구파파지(口吧吧地)　시끄럽게 떠들다. 지(地) : 어조사.
토십마완(討什麽碗)　(밥때가 지났는데) 무슨 밥그릇을 찾고 있는가. '이미 늦었다'는 뜻.
진중(珍重)　헤어질 때의 인사말. '안녕히 계십시오'.
지장(地藏)　지장계침(地藏桂琛, 867~928). 현사사비의 법을 잇다.
고구(苦口)　입이 쓸 때까지 많은 말을 하다.
기조(幾遭)　幾廻. 여러 번.
부쟁다(不爭多)　不較多. 거의 틀림없다.
절기의(絶機宜)　기의(機宜) : 상대의 기질에 따라〔應機〕 거기 알맞게 가르치는 것〔隨宜〕. 즉 '교화의 대상'을 말함. '절기의'란 '더 이상 교화의 대상이 아니다'라는 뜻임. 즉 '무심도인으로서의 봉사〔眞盲〕, 귀머거리〔眞聾〕, 벙어리〔眞啞〕는 불조(佛祖)조차도 교화할 수 없다'는 뜻.

정리자유(正理自由) 이치의 세계에서 자유자재하다.
이루(離婁) 離朱. 시력이 비범했다는 전설상의 인물.
정색(正色) 사물의 본래 모습.
사광(師曠) 청력이 뛰어났던 고대의 궁정 음악가.
현사(玄絲) 本音. 본래의 소리.
쟁여(爭如) 어찌 ~함만 같겠는가.
허창(虛窓) 소리도 형체도 없는 본연의 세계.
무공철추(無孔鐵鎚) 구멍 없는 무쇠 방망이. 그러나 여기 제88칙에선 이 말이 하나의 활구 공안으로 쓰이고 있다.
황제(黃帝) 고대의 전설적인 제왕.
주(珠) 《장자(莊子)》에는 '玄珠'로 되어 있다. 도(道)를 비유한 말.
계후(契詬) 말이 많음을 의인화한 것.
상망(象罔) 무형(無形)을 의인화한 것.
사(師) 여기 제88칙에선 '평창을 강의한 원오 자신'을 일컫는 말이다.

제89칙 雲巖問道吾手眼

발전(撥轉) 여기 제89칙에선 '(길을) 내다'의 뜻.
운암(雲巖) 운암담성(雲巖曇晟, 782~841).
도오(道吾) 도오원지(道吾圓智, 769~835).
대비보살(大悲菩薩) 관음 보살.
침자(枕子) 베개.
팔성(八成) 충분치 않다, 아직 좀 부족하다.
노견비은근(奴見婢慇懃) 사내종이 계집종을 다정한 눈으로 보고 있다. '동병상련'의 뜻.

사형(師兄) 선승들이 서로를 존칭해서 부르는 말. 또는 선배승을 부르는 말.

협불착석(脅不著席) 長坐不臥. 밤에 눕지 않다.

선자(船子) 선자덕성(船子德誠). 생몰 연대는 미상.

협산(夾山) 협산선회(夾山善會, 805~881).

팔만사천(八萬四千) 무수히 많은 숫자를 말할 때 쓰는 단어.

모타라비(母陀羅臂) 모타라(母陀羅) : mudra. '인상(印相)을 표한 손' 또는 '움직이는 손'.

자참결택(咨參決擇) 도를 묻고 거기에 의해서 열심히 수행정진하는 것.

난니(爛泥) 진흙창, 수렁창.

격칙(格則) 격식.

파참(罷參) 수행을 완성하여 더 이상 스승의 지도를 받을 필요가 없는 것.

화회(話會) 말에 끌려다니는 이해.

견득(見得) 간파하다, 알아차리다.

사지팔절(四肢八節) 몸 전체.

유교십만리(猶較十萬里) 천지현격의 차이가 있다.

육합(六合) 동·서·남·북·천(天)·지(地). 즉 '우주 전체'.

점(點) 點破. 간파.

고탕(鼓蕩) 소용돌이치다.

사명수(四溟水) 모든 바닷물.

과(過) 蹉過. 빗나가다, 어긋나다.

애애(埃壒) 먼지, 티끌.

혜(兮) 문맥의 이완이나 감탄을 나타내는 말. ~여, ~인가.

망주(網珠) 帝網明珠. 제석천 궁전에 있다는 보배 구슬로 짜여진 그물.

수범(垂範) 보배 구슬이 일사불란하게 그물로 짜여진 것.

미재(未在) 불충분하다, 부족하다.

유자(諭子) 비유.

사법계(四法界) 《화엄경》에서 말하고 있는 네 종류의 존재 영역. ① 이법계

(理法界) : 정신세계, ② 사법계(事法界) : 물질세계, ③ 이사무애법계(理事無碍法界) : 정신과 물질이 상통하는 세계, ④ 사사무애법계(事事無碍法界) : 물질과 물질이 상통하는 세계.

현수(賢首) 화엄종 제3조 법장(法藏, 643~712). 화엄교학의 대성자.

도리제천(忉利諸天) 3계 28천 가운데 욕계(欲界) 제2천인 도리천. 이 도리천은 또한 33영역으로 세분되어 있으므로 도리제천(忉利諸天)이라는 복수 명칭을 쓰고 있다.

칠처구회(七處九會) 부처가 《화엄경》을 설한 일곱 장소[七處]와 아홉 번의 법회 모임[九會]을 말함.

· 첫 번째 장소 붓다가야 보리수 밑[菩提場].
· 두 번째 장소 보광명당(普光明堂).
· 세 번째 장소 도리천 궁전(忉利天宮).
· 네 번째 장소 야마천 궁전(夜摩天宮).
· 다섯 번째 장소 도솔천 궁전(兜率天宮).
· 여섯 번째 장소 타화자재천(他化自在天).
· 일곱 번째 장소 다시 보광명당[重會 普光明堂].
· 여덟 번째 장소 세 번째 보광명당[三會 普光明堂].
· 아홉 번째 장소 서다원 숲[逝多園林].

육상(六相) 《화엄경》에서 존재와 사물의 역동 현상을 관찰하는 여섯 가지 입장. 즉 '전체[總相]와 부분[別相], 조화[同相]와 개성[異相], 성장[成相]과 소멸[壞相]'을 말함.

① 전체[總相] : 존재와 사물을 전체적으로 보는 입장. **(비유)** 몸 전체.
② 부분[別相] : 존재와 사물을 구성하고 있는 각 부품들을 보는 입장. **(비유)** 몸을 구성하고 있는 눈·귀·코 등······.
③ 조화[同相] : 각 부품들의 전체를 향한 조화를 보는 입장. **(비유)** 눈·귀·코 등은 몸의 유지라는 동일 목표를 향해 서로 협력하고 있다.
④ 개성[異相] : 각 부품들의 개성적인 측면을 보는 입장. **(비유)** 눈·귀·코 등은 동시에 제각각 자신의 고유 기능을 잃지 않고 있다.

⑤ 성장〔成相〕: 각 부품들의 활동은 전체를 성장시키기 위한 것이라고 보는 입장. **(비유)** 눈·귀·코 등은 결과적으로 몸의 성장을 위해 활동하고 있다.

⑥ 소멸〔壞相〕: 성장 활동은 동시에 소멸이라는 필연적인 결과를 불러온다고 보는 입장. **(비유)** 눈·귀·코 등의 몸의 성장을 위한 활동은 동시에 몸의 노화 현상〔소멸〕을 수반하고 있다.

```
↑  ① 전체〔總相〕 ↔ ② 부분〔別相〕 ↑
│  ③ 조화〔同相〕 ↔ ④ 개성〔異相〕 │
↓  ⑤ 성장〔成相〕 ↔ ⑥ 소멸〔壞相〕 ↓
```

↔ : 상호 보완 관계를 표시함.

즉동즉리 즉성즉괴(卽同卽異 卽成卽壞) 육상(六相)이 서로 관통〔相卽〕하면서 조화를 이루는 것.

일용이부지(日用而不知) 매일매일 이 육상의 역동적인 현상 속에서 살아가고 있으면서도 그걸 전혀 자각하지 못하고 있다.

황(況) 비유하다.

참(參) 실참실구(實參實究)를 재촉하는 외마디 기합소리.

제90칙 智門般若體

면전일사(面前一絲) 面前一思. 지금 현재의 한 생각.
봉송(鬙鬆) 머리카락이 함부로 흩어진 모양.
지문(智門) 지문광조(智門光祚). 설두의 스승.
반야(般若) 산스크리트어 쁘라즈냐(prajna)의 음사(音寫). 지혜, 직관지.
차요(且要) 일단은 ~하려고 한다.
농광영(弄光影) 허세부리다, 아는 체하다.
한강(漢江) 漢水. 장강(長江, 양자강) 최대의 지류. 섬서성에서 호북성으로 흘러가 한양(漢陽)에서 장강과 합친다.
합포(合浦)　진주의 산지. 지금의 광서(廣西) 장족(壯族) 자치구에 있다.
부지지(不只止)　다만 ~할 뿐만 아니라.
타첩(打疊)　처리하다, ~하게 하다.
일편허응(一片虛凝)　본성, 본래면목.
위정(謂情)　識情. 사고와 감정.
인천(人天)　인간과 신들(gods).
공생(空生)　수보리(須菩提, sibhuti) 존자. 부처의 십대 제자 가운데 한 사람으로 공(空)의 이치에 제일 밝았다[解空第一].
현토(玄兎)　달(月).
증여(曾與)　일찍이. 여(與) : 부사 어미.
전쟁(戰爭)　法戰. 선문답을 하나의 전투로 본 것.
간과(干戈)　여기 제90칙에선 '전쟁', '싸움'을 뜻함.
위정(謂情)　절위정(絶謂情, 사고와 감정이 끊어졌다)이라 고쳐야 앞뒤의 문맥이 통한다.
여하득유제(如何得諭齊)　어떻게 비유로 설명할 수 있겠는가.
시처(是處)　모든 곳.
일도신광(一道神光)　마음의 영묘한 한 줄기 빛.
야득(惹得)　引得. ~라는 결과를 초래하다. 제6칙 송의 평창에 이미 나왔다.
자착안(自著眼)　스스로 깨닫는 바가 있다.

제91칙　鹽官犀牛扇子

초정리견(超情離見)　분별심을 버리다.
거박해점(去縛解粘)　번뇌의 얽힘을 끊고 망상의 끈끈이를 떼어내다.
정법안장(正法眼藏)　불법을 보는 올바른 안목.

시방제응(十方齊應)　모든 곳에 자유자재로 대응하다.

팔면영롱(八面玲瓏)　심신이 모두 밝게 빛나다.

염관(鹽官)　염관제안(鹽官齊安, ?~842). 마조의 법을 잇다.

서우선자(犀牛扇子)　무소[犀牛]의 뿔로 만든 부채.

하사(何似)　何如, 何似生. ~는 ~에 비해서 어떤가.

서우아(犀牛兒)　무소. 아(兒)：접미어.

유주유자가 최고시신라(幽州猶自可 最苦是新羅)　유주(幽州, 지금의 北京)는 북방이라 추워서 견디기 어렵지만 그러나 더욱 견디기 어려운 것은 신라(新羅)다. 왜냐하면 (唐나라 사람들에게 있어서) 신라란 문명으로부터 격리된 벽지라는 관념이 있었기 때문이다. 이 말은 또한 전전유경 후전심(前箭猶輕 後箭深)과 동의어다. '앞의 물음은 그런대로 짐작이라도 할 수 있지만 뒤의 물음은 도무지 알 수가 없다'는 뜻이다.

무공철추(無孔鐵鎚)　여기 제91칙에선 '아무짝에도 쓸모없는 쇳덩이[無用之物]'라는 뜻이다.

투자(投子)　투자대동(投子大同, 819~914).

두각(頭角)　여기 제91칙에선 '무소의 뿔'.

당착비공(撞著鼻孔)　堅著鼻空. 본래면목에 부딪치다.

초고(草藁)　草稿. 문장을 만들기 위한 기초 문안.

금유불변(金鍮不辨)　참과 거짓을 구분하지 못하다.

연존(年尊)　연로(年老)하시다.

벽지리매관인(僻地裏罵官人)　시골 벽지로 가서 관리[官人]를 욕하다. '종로에서 뺨 맞고 한강에 가서 욕하다'. 즉 '힘이 부치면 아무리 분통해해 봤자 소용없다'는 뜻.

사신도고(辭辛道苦)　고달프다[辛苦]고 하소연하다.

겸신재내(兼身在內)　(그렇게 말하고 있는) 너도 한패거리다.

납월삼십일(臘月三十日)　임종할 때.

종연(摐然)　일제히 웅기하다.

내(洒)　급(及)과 같은 자. '바로, 즉'.

당착애착(撞著磕著) 여기 제91칙에선 '언제나 본분사(本分事)에 연결되어 있다'는 뜻.

투기(投機) 상대방의 경지와 하나가 되다.

경치접인(境致接人) 구체적인 어떤 사물[境致]을 제시함으로써 사람을 지도하다.

전삼칙(前三則) 投子·石霜·資福의 말.

원의(遠意) 깊고 먼 뜻.

온당(穩當) 平穩, 安穩, 定當, 屏當, 便當, 斷當. 확실하다, 분명하다.

하어(下語) 촌평.

교작(咬嚼) 자세히 참구하다.

적수적동(滴水滴凍) 물방울이 떨어지는 대로 얼어 버리듯 조금의 틈도 없이 치밀한 것.

불과(佛果) 원오극근.

징(徵) (말의 뜻을) 분명히 하다.

총부지(總不知) 전혀 모르다.

거착(去著) 落處. 문제의 핵심.

무착(無著) 무착문희(無著文喜). 생몰 연대는 미상. 제35칙 본칙 평창을 보라.

파리잔자(玻璃盞子) 유리로 만든 찻잔. 자(子): 어미.

조운모우(朝雲暮雨) 변화무쌍하여 그 종적을 찾을 수 없는 것.

지도득팔성(只道得八成) 다만 80%만을 말했을 뿐이다.

염철(拈掇) 문제로 삼다.

제92칙 世尊一日陞座

동현별곡(動絃別曲) 현줄을 퉁기는 순간 그게 무슨 곡인지를 안다. '지음인

(知音人)' 또는 '지음인을 만나다'의 뜻. 이 말은 원래 백아(伯牙)와 종자기(鍾子期)의 고사(《列子》湯問篇)에서 유래했다.

견토방응(見兎放鷹)　토끼가 달아나는 걸 보고 매를 날려 보내다. 즉 '기회를 포착하여 거기 적절하게 대응하는 것'.

증거(證據)　확인하다.

승좌(陞座)　설법하기 위해서 법상에 오르다.

백추(白槌)　설법을 시작하기 전에 대중들의 주의를 환기시키기 위해서 치는 나무 망치.

타고롱비파 상봉양회가(打鼓弄琵琶 相逢兩會家)　북이 울리고 비파가 연주되는 가운데 두 거장이 서로 만난다. 지음인이 서로 만나는 모습. 회가(會家) : 전문가, 현인(玄人). 제22칙 본칙 평창에 이미 나옴.

녹야원(鹿野苑)　인도 비하르 주 베나레스 부근의 사르나드. 부처가 맨 처음 제자를 가르친 곳.

발제하(拔提河)　쿠시나가르(부처가 입멸한 곳) 부근에 흐르는 강 이름.

기증(幾曾)　몇 번이나 ~한 일이 있는가.

작득거(綽得去)　모든 단계를 뛰어넘어 부처의 경지로 곧바로 들어가는 것[一超直入].

석가엄실(釋迦掩室)　부처가 붓다가야 보리수나무 밑에서 도를 깨친 후 일주일 동안 침묵 속에 앉아 있었던 고사(故事).

정명두구(淨名杜口)　절대 진리[不二法門]를 묻는 문수의 물음에 유마(維摩 → 淨名)가 잠자코 있었던 고사. 제84칙 참조.

숙종문 충국사(肅宗問 忠國師)　숙종이 충 국사에게 묻다. 제18칙 참조.

외도문불(外道問佛)　외도가 부처에게 묻다. 제65칙 참조.

향상인행리(向上人行履)　깨달음마저 초월한 사람[向上人]의 모습.

삼생육십겁(三生六十劫)　미래영겁.

파수공행(把手共行)　손잡고 같이 가다. 즉 '같은 경지에 들어가다'라는 뜻임.

열성총(列聖叢)　부처의 설법을 듣기 위하여 영산회상에 모였던 제자들.

선타객(仙陀客)　척! 보기만 해도 다 알아 버리는 사람. 평창을 보라.

취중(就中)　그 중에서도 특히.

하방(何妨)　~해 보지 않겠는가.

영산(靈山)　영취산(靈鷲山). 부처는 이 산에서 많은 설법을 했다. 지금의 인도 비하르 주 라즈기르(Rajgir, 王舍城)에 있다.

지유(知有)　궁극적인 진리〔有〕를 알다. 제11칙 송의 착어, 제41칙 송의 평창에 이미 나왔다.

선타파(仙陀婆, saindhava)　'인더스[sindhu] 강 유역에서 생산되는 것'이란 뜻으로서 구체적으로는 거기서 생산되는 '소금·물·그릇·말〔馬〕의 네 가지'를 뜻한다.《열반경》에 이 '선타파의 비유'가 있다.

향엄(香嚴)　향엄지한(香嚴智閑, ?~898). 위산의 법을 잇다.

둔치살인(鈍置殺人)　사람을 바보 취급하다. 살(殺) : 강조 어미.

투거(透去)　분명하게 간파하다.

불착변(不著便)　원래는 '운이 안 좋다'는 뜻. 여기 제92칙에선 '이미 늦었다, 어긋났다, 틀렸다'의 뜻으로 쓰이고 있다.

나감(那堪)　那敢, 何敢(堪). 아울러, 겸하여.

일상(一上)　一回, 一場, 一下. 한번, 한바탕.

제93칙　大光師作舞

대광(大光)　대광거회(大光居誨, 837~903).

장경(長慶)　장경혜릉(長慶慧稜, 854~932). 제74칙 참조.

인제경찬(因齋慶讚)　밥 먹기 전에 하는 인사말. '잘 먹겠습니다'. 제74칙에 나옴.

중광(重光)　거듭 빛나다. 제74칙 공안을 여기서 다시 한 번 거론했기 때문에 '거듭 빛나다'라는 말을 쓴 것이다.

변과(辨過)　음미하다.

의양화묘아(依樣畫猫兒)　견본대로 고양이를 그렸다. 즉 '남의 흉내를 내다'.

농광영한(弄光影漢)　그림자(표면)만을 보고 본질은 깨닫지 못하는 어리석은 자.

삼십이조(三十二祖)　'제15칙 송'에는 삼십삼인(三十三人)이라고 되어 있는데 이것이 정확하다. 인도의 전법자(傳法者) 28명과 중국의 전법자 5명(달마 대사는 인도의 28번째 전법자면서 동시에 중국의 첫 번째 전법자이므로 중복된다).

적당(的當)　端的. 문제의 핵심.

금우(金牛)　금우 화상. 생몰 연대는 미상. 제74칙 참조.

장두백 해두흑(藏頭白 海頭黑)　장(藏, 서당지장)의 머리는 희고 해(海, 백장회해)의 머리는 검다. 제73칙 참조.

자칠통(這漆桶)　이 먹칠통아. 설봉의 말.

호사승(好師僧)　허우대만 멀쩡한 승. 남전의 말.

거(渠)　주인공(主人公, 本來面目)을 가리키는 말.

조계파랑(曹溪波浪)　조계의 물결. 즉 '육조혜능으로부터 비롯된 남종선의 흐름'.

평인(平人)　보통 사람. 성실한 수행자늘.

육침(陸沈)　원래는 '이 세상 속에 숨어 사는 것'을 말한다. 그러나 여기 제93칙에선 '아주 멸망해 버리다'의 뜻으로 쓰이고 있다.

조아(爪牙)　선 수행자를 제접하는 엄격한 수단.

파비(巴鼻)　把鼻. 원래는 '소의 고삐를 붙잡다'란 뜻인데 선에선 주로 '파악하다, 단서, 실마리' 등으로 쓰고 있다.

당홀(儻忽)　忽若. 만일.

대가(大家)　① 명사로서는 '보통 사람들', ② 부사로서는 '모두들, 모두 함께'. 여기 제93칙에선 ②의 부사 용법으로 쓰이고 있다.

제94칙 楞嚴經若見不見

노지백우(露地白牛) 때 묻지 않은 우리의 본성. 《법화경》 비유품에 나오는 말이다.

고인(古人) 아난(阿難) 존자.

묘정원명(妙精元明) 우리의 본래 청정심을 가리킴.

향대(香臺) 향로를 올려놓는 대.

도자리(到這裏) 여기 불견지처(不見之處)에 이르러서는.

종파(縱破) 긍정적인 입장〔放行〕. 파(破) : 뜻을 강조하는 어조사.

탈파(奪破) 부정적인 입장〔把住〕.

교안(敎眼) 불경을 보는 학문적인 안목.

전상전우예불수(全象全牛瞖不殊) 코끼리〔象〕와 소〔牛〕 전체를 본다 해도 눈병 탓에 있지도 않은 것을 봄에 지나지 않는다.

명모(名模) 이름을 붙여 형상화하다.

유자소재(猶自少在) 오히려 적다(몇 명 안 된다). 유자(猶自) : 유(猶). 재(在) : 의미를 강조하는 접미어.

황두노(黃頭老) 부처를 가리키는 말.

노호(老胡) 부처, 또는 '달마 대사'. 여기선 '부처'를 말함. 호(胡) : 여기 제94칙에선 인도 사람을 지칭하는 말.

찰찰진진(刹刹塵塵) 먼지 티끌처럼 많은 세계.

위부 ab(爲復 ab) a인가 b인가.

견각(見覺) 견문각지(見聞覺知)의 준말. 보고〔見〕 듣고〔聞〕 깨달아 알다〔覺知〕.

장자(莊子) 《장자(莊子)》양생주편(養生主篇).

포정(庖丁) 《장자》에 나오는 소잡이의 명인.

형(硎) 숫돌.

직시(直是) 비록 ~라 하더라도.

제95칙　長慶有三毒

사외무기 기외무사(事外無機 機外無事)　사(事) : 천차만별의 객관 세계〔境〕.
　　기(機) : 마음의 작용. 즉 '주관과 객관이 하나이며 이치와 현상이 둘이 아
　　닌〔心境一如 理事不二〕' 경지를 말함.
장경(長慶)　장경혜릉(長慶慧稜, 854~932). 설봉의 법을 잇다.
아라한(阿羅漢)　최고의 경지에 도달한 근본불교〔小乘〕의 수행자.
삼독(三毒)　가장 근본적인 세 개의 번뇌. 탐욕〔貪〕· 분노〔瞋〕· 무지〔癡〕.
이종어(二種語)　두 가지 말. 진실하지 않은 말. 이 이종어(二種語)를 '방편과
　　진실'이라고 주석을 붙인 책(《碧巖錄》岩波文庫新本과《碧巖錄》末木文
　　美士 編)이 있는데 이는 문맥상 맞지 않는 것 같다. 근거는 본칙 평창문의
　　'如來有二種語 大意要顯如來無不實語'다.
유자만한(猶自顢頇)　아주 멍청하다.
주유자야(周由者也)　之呼者也. 무의미한 말, 또는 '빙 돌려서 하는 말'.
칠화팔렬(七花八裂)　여기 제95칙에선 '갈갈이 찢어지다', '산산조각이 나다'
　　의 뜻.
영(領)　알았다〔領解〕, 좋았어!
거각(擧覺)　절차탁마. 계발하고 문답하다.
제루(諸漏)　모든 번뇌.
범행(梵行)　청정한 수행, 금욕 수행.
무학아라한위(無學阿羅漢位)　더 배울 게 없는 단계에 이른 성자의 경지.
법화경(法華經)　《법화경》방편품.
삼백여회(三百餘會)　부처가 일생 동안 설법한 횟수. 제16칙 '송의 평창'에는
　　삼백육십회(三百六十會)로 되어 있다.
관기두교(觀機逗敎)　상대의 수준에 따라 거기에 알맞은 가르침을 주다.
요차(要且)　결국, 결국은.
평지상설교(平地上說敎)　평상설교. 상식적인 가르침을 말하다.

지~기시(知~幾時) 어느 때에야 비로소 ~하고 있다는 걸 알겠는가.

지타(知他) 도대체 ~할 것인가. 제68칙 '송'에 이미 나왔다.

과중기언(果中其言) 과연 그 말이 적중하다.

도미륵불하생(到彌勒佛下生) 모든 중생이 구제받는다는 미륵불 세상에 이르다. 여기선 '미래영겁'의 뜻.

편신시 통신시(遍身是 通身是) 몸의 겉[遍身]인가 몸 전체[通身]인가. '제89칙 송' 참조.

안변수친(眼辨手親) 눈으로 척 보면 알고 또 손으론 그 일을 처리하는 데 능숙하다.

두혜제일제이(頭兮第一第二) '第一頭兮(첫 번째여) 第二頭兮(두 번째여)'를 강조하기 위해서 이런 식으로 도치법을 쓰고 있다.

아왕고중무여시사(我王庫中無如是事) '이런 일은 원래부터 없었다'는 뜻. 《열반경》에 이에 대한 고사가 있지만 그 줄거리가 복잡하여 생략한다.

고금방양(古今榜樣) 예로부터 변치 않는 하나의 표본.

수사축악(隨邪逐惡) 지나친 농담이나 장난을 치다.

와룡(臥龍) 살아 있는 용[活龍].

혁살인(嚇殺人) 사람을 놀라게 하다. 살(殺) : 뜻을 강조하는 어조사.

능선객(稜禪客) 장경혜릉.

삼월우문(三月禹門) '제7칙 송', '제60칙 송' 참조. 우문(禹門) : 龍門.

전두(前頭) 앞의 제18칙 송.

맥두(驀頭) 갑자기, 별안간.

제96칙 趙州三轉語

전어(轉語) 심기일전시키는 말, 깨달음의 계기가 될 수 있는 말.

옥리좌(屋裏坐) 자신의 내면 속에 앉아 있다.

정령전제(正令全提) 정해진 법령을 그대로 집행하다. 즉 '원리원칙대로 하다'.

계교갈등(計較葛藤) 언어로 온갖 기교를 부리다.

니불(泥佛) 진흙 부처, 진흙으로 빚은 불상.

신광(神光) ① 마음의 영묘한 빛. ② 제2조 혜가(慧可, 487~593)의 다른 이름. 여기 제96칙에선 ①의 뜻과 ②의 뜻을 교묘하게 섞어 쓰고 있다.

입설여미휴(立雪如未休) 入雪斷臂의 각고를 통해서 만일[如] 깨닫지 않았더라면[未休]. 휴(休) : 완벽한 휴식에 들다[休歇]. 즉 '깨달음'을 말함.

조위(雕僞) 깨달음이 없이 형식만을 본뜨는 사이비 수행.

소한(霄漢) 하늘.

이락(伊洛) 낙양 부근. 공자의 제자들이 모이던 곳.

참구(參扣) 스승을 찾아가서 도를 묻다.

회려(誨勵) 가르치고 격려해 주다.

지명(遲明) 天明. 새벽, 동틀 무렵.

군품(群品) 각기 다른 수준에 있는 중생들.

진승(眞乘) 진실한 가르침.

무유시처(無有是處) 옳은 곳[是處]이 없다. 즉 '그런 일은 있을 수 없다'는 뜻.

치(致) 置. ~ 앞에 놓다.

법기(法器) 법(法, 불법)을 전해 주기에 부족함이 없는 사람, 법을 담기에 충분한 역량이 있는 사람.

삼조찬대사(三祖璨大師) 삼조승찬 대사(三祖僧璨大師, ?~606).

서주완공산(舒州皖公山) 안휘성 서북쪽에 있는 산.

후주무제(後周武帝) 北周武帝(543~578).

파멸불법(破滅佛法) 중국에서 있었던 삼무일종(三武一宗)의 법난(法難, 불교탄압사건) 가운데 하나.

사태승(沙汰僧) 승(僧)들을 환속시키다.

태호현(太湖縣) 안휘성 태호현.

선율사(宣律師)　중국 율종의 창시자인 도선 율사(道宣律師, 596~667).
주공(足恭)　아부하다, 아첨하다(巧言令色足恭.《論語》公冶長).
동산초(洞山初)　동산수초(洞山守初, 910~990).
퇴자(䭔子)　빵의 한 가지.
호손(胡孫)　원숭이.
파전(簸錢)　도박(놀음)을 하다. 또는 '도박'.
두순(杜順)　중국 화엄종의 창시자인 두순(557~640).
부대사(傅大士)　雙休傅大士(497~569).
우운(又云)　낙포원안(洛浦元安, 834~898)의 말.
파가(巴歌)　俗歌. 유행가.
설곡(雪曲)　陽春雪曲. 격조 높은 가곡.
금불(金佛)　무쇠 부처, 쇠붙이로 만든 불상.
자호(紫胡)　자호리종(紫胡利蹤, 800~880). 남전의 법을 잇다.
신도(新到)　처음 온 선승.
후가(後架)　화장실.
목불(木佛)　나무부처, 나무로 깎아 만든 불상.
유아능지(唯我能知)　자신의 체험은 자신만이 안다.
파조타(破竈墮)　파조타 화상. 오조홍인의 법을 잇다.
파측(叵測)　헤아릴 수 없다. 파(叵) : ~할 수 없다.
산오간(山塢間)　산간의 부락.
전토(塼土)　기와[瓦]와 흙[土].
무생법(無生法)　無生法忍. 불생불멸의 진리.
경지(徑旨)　徑截直示. 단도직입적이고 분명한 가르침.
안국사(安國師)　숭산(嵩山)의 혜안 국사(慧安國師, 582~709). 오조홍인의 제자.
물아일여(物我一如)　만물과 내가 하나가 된 경지.

제97칙　金剛經輕賤

염일방일(拈一放一)　염(拈) : 부정적인 입장[把住], 방(放) : 긍정적인 입장 [放行]. 즉 '자유자재한 모습'을 말함.

두변(陡變)　갑자기 변하다.

사방절창(四方絶唱)　사방의 어느 누구도 (자신의 노래에) 박자를 맞출 수 없다. 즉 '지음인이 없다'는 뜻.

경추도악 옹사분경(傾湫倒嶽 甕瀉盆傾)　경천동지(驚天動地)의 말재주.

야미제득일반재(也未提得一半在)　비록 그렇다 하더라도 문제의 절반 정도밖에 거론하지 못하다.

우차(又且)　또한.

여타마재(驢駝馬載)　(당나귀·낙타·말에 실을 정도로) 많고 무거운 짐. 여기 제97칙에선 '무겁고 많은 업보(業報)'를 말함.

수본급말(酬本及末)　원인[本]에 따라 결과[末]가 나타나다.

교가(敎家)　여기 제97칙에선 《금강경》을 연구하는 학자.

소명태자(昭明太子)　양 무제의 장자인 소통(蕭統, 501~531).

과(科)　문장의 단락을 나누는 것.

분(分)　(문장의) ~장(章). 《금강경》은 32장으로 나누어져 있으며 여기 능정업장분(能淨業障分)은 제16장에 해당된다.

전(轉)　轉讀. 즉 '독경(讀經)'.

이십여장경(二十餘張經)　《금강경》을 가리킴. 장(張) : 종이의 매수를 세는 단위.

지경(持經)　경전의 수지독송(受持讀誦). 경전의 문구를 외워 잊지 않는 것.

아뇩다라삼먁삼보리(阿耨多羅三藐三菩提)　완벽한 깨달음.

막시~마(莫是~麽)　추측의 일반적인 표현. '~인가', '~이 아니겠는가'.

황권적축(黃卷赤軸)　황색 두루마리[黃卷]와 적색의 축[赤軸]. 불교 경전을 지칭하는 말. 중국에서 불경을 처음 만들 때 황색의 두루마리 종이에 붉은

축을 붙였다. 그래서 후대에는 이 말〔黃卷赤軸〕이 불경을 지칭하는 말로 쓰였다.

차막(且莫) 정말이지 ~하지 마라.

의(擬) ~하려고 하다〔欲〕. 여기 제97칙에선 '들이대다'의 뜻. 의산즉(擬山則) : 산(山)에 들이대면.

능전문자(能詮文字) 언어문자를 통해서 설명하다.

적성공능(敵聖功能) 성인〔佛〕과 맞먹을 수 있는 공덕과 능력.

부지여하(不知如何) 물어봐도 되겠습니까.

아상(我相) '나 자신'이란 생각.

인상(人相) '남'이란 생각.

소친(疏親) (주로 인간관계에서 느끼는) 멀고 가까움.

휴역좌(休歷座) 불경 강의를 중단하다.

아문병신수(我聞幷信受) 《금강경》의 서두인 '如是我聞'부터 끝부분인 '信受奉行~'까지. 즉 《금강경》의 전문을 말함.

규봉(圭峰) 규봉종밀(圭峰宗密, 780~841).

회당(晦堂) 회당조심(晦堂祖心, 1025~1100).

본지풍광(本地風光) 본래자기의 모습.

본래면목(本來面目) 본래의 자기, 자신의 본질.

조령당행(祖令當行) 부처와 조사의 법령을 가차없이 행하다.

참위삼단(斬爲三段) 발기발기 찢어지다, 풍비박산이 나다.

공능(功能) 영험, 공덕.

불능관득(不能管得) 대적할 수가 없다.

순행수묵(巡行數墨) 자구(字句)의 해석에 막혀 그 내용을 이해하지 못하다.

자개(這箇) 이것. 즉 '본래면목'을 말함.

대주(大珠) 대주혜해(大珠慧海). 마조의 법을 잇다.

홀미견득(忽未見得) 그러나 만일 간파하지 못했다면.

대개(大槪) 大綱. 요점(要點).

파순(波旬) 수행자를 괴롭힌다는 악마의 우두머리.

구담(瞿曇)　'석가모니 부처'를 가리킴. 고타마(Gotama, 석가모니의 별칭)의 한자 표기.
약홀(若忽)　忽若. 만일, 만약.
동산(洞山)　동산양개(洞山良价, 807~869).
미면(米麵)　쌀과 보릿가루.
물색(物色)　물건.
상주물색(常住物色)　절에서 사용하는 물건.
임시(任是)　비록 ~라 하더라도.
자점흉운(自點胸云)　자신 있게 말하다.
정당(定當)　的當. 분명하다, 요점(급소)을 파악하다. '제49칙 송의 평창'에 이미 나왔다.

제98칙　天平和尚兩錯

일하(一夏)　一夏安居. 음력 4월 15일부터 7월 15일까지 90일간의 수행정진 기간.
노로(嘮嘮)　말이 많은 모양.
기호(幾乎)　洎乎. 하마터면 ~할 뻔하다.
반도(絆倒)　잡아 거꾸러트리다.
오호(五湖)　중국에 있는 다섯 개의 큰 호수. 여기 제98칙에선 '중국 전토를 시적으로 표현한 말'.
당두(當頭)　목전에서, 즉석에서. '제4칙 송의 평창'에 이미 나왔다.
백불능(百不能)　아주 무능하다, 전혀 쓸모가 없다. 백불(百不) : 강한 부정을 나타내는 말. 例 百不解 : 전혀 모른다. 百不憂 : 전혀 걱정하지 않다.
폄상미모(貶上眉毛)　첩상미모(眨上眉毛). 두 눈을 부릅뜨다. 즉 '정신 바짝 차리다'.

천평(天平) 천평종의(天平從漪). 설봉의 5세.

서원(西院) ① 서원사명(西院思明). 임제의 3세. ② 서원사명이 머물던 선원 이름.

거화인(擧話人) 선(禪)에 대해서 서로 이야기할 사람.

요구탑삭료(鐃鉤搭索了) 꼼짝 못하게 묶어 버리다. 요구(鐃鉤) : 쇠갈퀴. 탑삭(搭索) : 올가미.

양중공안(兩重公案) 여기 제98칙에선 '이중으로 과오를 범하다'의 뜻.

삼요(三要) 선의 핵심(임제의 말임).

주빈분(主賓分) 선사[主]와 수행자[賓]의 구분이 뚜렷하다.

반전락후(半前落後) 半前半後, 半河南半河北. 이쪽도 저쪽도 아니다, 애매모호하다, 태도가 분명치 않다.

벽복완심(劈腹剜心) 가슴을 찢어 심장을 도려내다. 즉 '가진 것을 모두 보여 주다'.

착인마안교 환작야하함(錯認馬鞍橋 喚作爺下頷) 전사한 아버지의 유골을 찾으려 전장에 간 아들이 말의 등뼈 조각[馬鞍橋骨]을 아버지 턱뼈[爺下頷]로 잘못 알고 항아리에 담아 왔다는 고사. 여기 제98칙에선 '어리석다'는 뜻으로 쓰이고 있다.

헌지(軒知) 懸知. 잘 알다, 알다. '제53칙 본칙 평창'에 이미 나왔다.

대(待) 여기 제98칙에선 '~해 보자'의 뜻.

점과(點過) 점검, 검증.

지도(知道) 알다. ㉠ 早知道錯了也 : 이미 잘못되어 버렸다는 걸 알았다.

낭당(郎當) 어설프다, 형편없다. 사랑당(死郎當) : 아주 형편없다.

대각(大覺) 위부대각(魏府大覺). 나머지는 미상이다. 임제의 법을 잇다.

전보수(前寶壽) 보수연소(寶壽延沼). 임제의 법을 잇다.

화성(化城) 마술사가 만든 환상의 성. 자세한 것은 《법화경(法華經)》 화성유품에 나온다. 여기 제98칙에선 '중생을 깨우쳐 주기 위한 우회적인 수단[方便]'을 말함.

내(來) 여기 제98칙에선 '동작의 현재 완료'를 뜻함. ~해 버리다. ㉠ 踏破~

來時 : 짓밟아 버렸을 때.

착심사급(著甚死急) 著什麼死急. 왜 그렇게 조급한가.

지(抵) 겨루다, 맞서다.

유당(唯當) 爲當. 양자택일을 묻는 의문사. '이것인가 아니면 저것인가'.

체도(剃刀) 삭발용의 칼(삭도).

아날랄(阿剌剌) 감탄이나 놀랐을 때 외치는 소리. '와! 굉장하군'.

진산주(進山主) 청계홍진(淸溪洪進). 생몰 연대는 미상.

나복두선(蘿蔔頭禪) 무〔蘿蔔頭〕처럼 물렁물렁한 선, 즉 '사이비 선'.

두피리(肚皮裏) 뱃속.

방경박(放輕薄) 제멋대로〔放〕 경박한 짓을 하다.

차여(且如) 예컨대, 가령, 이를테면.

찰간(刹竿) 사찰 입구에 세워 둔 깃발 걸이용의 쇠기둥〔幢竿〕. 큰 행사 때마다 깃발을 달아 이를 표시한다(그러나 지금은 거의 사용하지 않고 있다).

동과인자(冬瓜印子) 겨울 오이로 만든 도장. 즉 '엉터리로 인가해 주는 것'. 인가(印可) : 깨달았음을 입증해 주는 것.

주창황포(周愴惶怖) 몹시 당황하다.

당양(當陽) 정면, 명백함.

흑만만지(黑漫漫地) 깜깜하다, 전혀 모르다. 지(地) : 어조사.

간불상(趕不上) 跳不出. 역부족.

살도(殺道) 제법 말을 잘하다.

요도몰교섭(料掉沒交涉) 문제의 핵심과는 전혀 관계가 없다.

열만(熱瞞) 바보 취급당하다.

대가(大家) 여기 제98칙에선 부사로서 '모두 함께'의 뜻. '제93칙 송의 평창'에 나오는 '只管大家如此作舞'도 같은 용법이다.

경박(輕薄) 경솔한 언행.

둔민(鈍悶) 사람의 마음을 우울하게 하다.

돈소삭(頓銷鑠) 문득 사라져 버리다, 흔적이 없다.

하사생(何似生) 어떤가. 여기 제98칙에선 '어떤 식으로 사라져 버렸는가'의 뜻이다.

하사(何似)　비교를 나타내는 말. 보통 'A 何似 B'로 쓴다. 'A에 비해서 B는 어떤가'의 뜻인데 이 경우 B쪽이 A보다 못하다는 뜻을 내포하고 있다.

도자고(搗糍糕)　떡의 한 가지.

두수(抖擻)　뿌리치다. 두수정신(抖擻精神) : 발분하다.

피각루자선(皮殼漏子禪)　야성적이며 강인한 선. 활구선(活句禪). 피각루자(皮殼漏子) : 가죽 자루, 또는 '사람의 육체'.

체각미봉(滯殼迷封)　껍질에서 나오지 못하다. 껍질을 벗지 못하다.

촉도광견(觸途狂見)　어디서나 마구 독단을 휘두르다.

차참삼십년(且參三十年)　일단 30년은 더 수행하라. '아직 멀었다'는 뜻.

제99칙　肅宗十身調御

출세종유(出世宗猷)　설법의 깊은 뜻.

금옥상진(金玉相振)　훌륭한 조화(集大成也者 金聲而玉振之也.《孟子》萬章下).

통방작략(通方作略)　방편에 통달한 전술전략.

숙종제(肅宗帝)　당(唐)의 제7대 황제.

십신조어(十身調御)　십신(十身) :《화엄경》에서 말하고 있는 '열 종류의 불신(佛身)'. 조어(調御) : 부처의 열 가지 별칭 가운데 하나인 조어장부(調御丈夫)의 준말. 조어장부 : 이 세상을 정복한 자. 그러나 여기 제99칙에서의 '십신조어'란 그저 '부처의 별칭' 정도로 사용되고 있을 뿐 별다른 뜻은 없다.

권륜관(捲輪冠)　황제가 쓰는 보배의 관.

무우리(無憂履)　아주 질긴 신발, 황제가 신는 신발.

단월(檀越)　檀那. 불교를 믿는 신자.

비로(毘盧) 法身. 비로자나불.

수미나반파수공행(須彌那畔把手共行) 수미산 저쪽으로 손잡고 가다. 즉 '다른 차원에서 같이 노닐다'.

과인(寡人) 황제가 자신을 낮춰 말하는 것.

호채(好彩) ① 행운. ② 부사로서 '다행히도'. 여기 제99칙에선 ②의 뜻.

자기청정법신(自己淸淨法身) 자기 자신의 본래면목.

취후랑당수살인(醉後郞當愁殺人) 취한 후에 자신을 가누지 못하여 (그걸 보고 있는 사람을) 울적하게 만든다. 즉 '자신의 위치를 돌보지 않고 상대방의 입장에까지 내려가다.' 의 뜻. 郞當落草라고도 한다.

동궁(東宮) 황태자가 머무는 궁전.

난니(爛泥) 진흙.

염섬(廉纖) 자세하다, 섬세하다.

정령(頂顙) 머리.

팔면수적(八面受敵) 팔방의 적을 상대로 싸우다. 즉 '대단한 역량을 발휘하다'.

회호(回互) 상대에 따라 자신의 입장을 자유자재로 전환하다.

당하(當下) 대번에, 즉시.

배상국(裵相國) 황벽 문하의 거사였던 배휴(裵休, 791~864).

타수용신(他受用身) 중생에게 깨달음의 희열을 주기 위하여 나타난 부처의 몸.

법보화삼신(法報化三身) 부처(의 몸)를 세 가지 방면에서 본 것. 첫째, 법신(法身) : 진리 그 자체. 둘째, 보신(報身) : 수행의 결과로서 얻어진 초능력적인 몸. 셋째, 화신(化身) : 중생을 제도하기 위하여 인간의 모습으로 태어난 몸.

적조(寂照) 적(寂) : 진리 그 자체[體]. 조(照) : 진리 그 자체에서 방사되는 지혜의 빛[用].

유방승(游方僧) 행각승(行脚僧).

전좌(典座) 선원에서 식사를 담당하는 직책.

삼인불성(三因佛性) 성불을 위한 세 가지 요인. 첫째, 정인불성(正因佛性) : 본성으로 이미 갖춰져 있는 불성. 둘째, 요인불성(了因佛性) : 지혜로써 나타난 불성. 셋째, 연인불성(緣因佛性) : 지혜로써 나타날 수 있는 그 계기가 되는 모든 선행(善行).

삼덕법신(三德法身) 삼인불성(三因佛性)에 대응하는 세 가지 덕상(德相). 즉 '법신의 덕', '지혜의 덕', '해탈의 덕'.

팔극(八極) 천지, 온 우주.

이의(二儀) 음과 양[陰陽]. 즉 '우주 만유'.

법신량변사(法身量邊事) 법신의 외형적인 면.

순일(旬日) 10일.

정려(靜慮) 생각을 주시하다. 즉 '좌선을 하다'.

초야(初夜) 저녁 8시경.

오경(五更) 새벽 3시~5시 사이.

고각(鼓角) 군대의 호령에 사용되는 큰북[太鼓]과 뿔피리[角笛].

자래(自來) 지금까지.

뉴날(扭捏) 만지작거리다.

소소영령(昭昭靈靈) 본성에서 방사되는 영묘한 빛.

여전마후(驢前馬後) 나귀의 앞과 말의 뒤. 주인의 뒤만 따라다니는 하인. 즉 '주체성 없이 남의 뒤만 따라다니는 것'.

수시(須是) 雖是. 비록 ~라 하더라도.

상적멸(常寂滅) 번뇌가 완전히 없어져 버린 상태.

가사(假使) 설령 ~라 하더라도.

식신(識神) 지각 작용, 분별 작용.

동산(洞山) 동산양개(807~869).

현로(玄路) 현묘한 길, 천지창조 이전의 경지.

조도(鳥道) 새가 날아가듯 전혀 흔적이 없는 경지.

전수(展手) 자비의 손을 내밀어 상대방을 이끌어 주는 것.

사미동행(沙彌童行) '수행이 미숙한 초보승'의 뜻. 동행(童行) : 행동(行童,

견습생).
진로(塵勞)　번뇌망상.
하필(何必)　굳이 ~할 필요가 없다.
공화(空花)　눈병 났을 때 허공에 보이는 꽃 모양의 무늬. 허공꽃.
남양(南陽)　남양혜충 국사.
가련생(可憐生)　여기 제99칙에선 '아주 사랑스럽다'의 뜻이다. 생(生) : 강조 어미.
야침침(夜沈沈)　夜澄澄. '밤은 고요하다'.
나(那)　문장의 끝에 붙어 '가벼운 힐책'을 나타내는 글자.
대입~나(待入~那)　~에 들어가려고 하는가.
창룡굴(蒼龍窟)　중생교화의 굴. '제3칙 송'에 이미 나왔다.
일봉야소부득(一棒也少不得)　일봉(一棒)도 줄이거나 빼놓을 수 없다.
진찬(眞贊)　자화상〔眞影〕에 붙이는 시구.
향수해(香水海)　수미산을 에워싸고 있다는 바다.
무변찰(無邊刹)　무한한 국토.
정당(正當)　참으로, 정말로.
독해(毒海)　오직 깨달음만을 고수하고 있는 상태. 역동적인 삶이 없는 상태.

제100칙　巴陵吹毛劍

위부(爲復)　爲復 a 爲復 b, 爲當 a 爲當 b, 爲 a 爲 b, 爲ab. 'a인가 b인가' 선택 의문구.
장처(長處)　장점, 좋은 점.
파릉(巴陵)　파릉호감(巴陵顥鑑). 운문의 법을 잇다.
취모검(吹毛劍)　칼날에 털을 갖다 대고 불면 그대로 두 동강이 난다는 전설적인 명검.

탱착(撐著)　(쓰러지려는 담 등을) 떠받치다. 착(著) : 어조사. 그러나 여기 제100칙에선 '(산호의 가지가) 달빛을 받아 빛나고 있다'는 뜻으로 쓰이고 있다.

설두락지(舌頭落地)　혀(舌頭)가 땅에 떨어지다. 즉 '말을 할 수가 없다'.

구운료(俱云了)　운문 문하의 삼존숙(三尊宿 : 洞山守初, 羅漢匡果, 파릉호감) 가운데 취모검을 묻는데 요(了)라고 대답한 것은 오직 나한광과뿐이다. 그런데 본문에서 '모두들 요(了)라고 말했다〔俱云了〕'로 기록한 것은 잘못이다. 아마도 편집 과정에서 잘못 기록한 것 같다(《種電鈔》).

전래도(前來道)　제27칙의 송구(頌句)에 이르기를.

철위산(鐵圍山)　수미산을 에워싸고 있다는 무쇠의 큰 산맥.

쌍성선체힐(雙成仙體纈)　동쌍성(董雙成)이라는 선녀의 몸에 걸친 얇은 비단옷.

촉기(蜀機)　비단의 산지인 촉 지방의 방직 기계.

봉추(鳳雛)　봉황의 새끼. 지략이 뛰어난 젊은이를 비유적으로 이르는 말.

궐별(蹶鱉)　사뿐사뿐 걸어가다.

왕개(王凱)　왕개는 서진 무제의 숙부로서 산호를 애장했다고 한다《晋書》 33, 石崇傳).

안회(顏回)　공자의 제자인 안연(顏淵). 매우 궁핍했으나 지조를 꺾지 않고 꿋꿋하게 살았던 현자.

고회(古檜)　옛 소나무〔古松〕. 오래된 소나무.

설의석녀(雪衣石女)　앵무새.

반도(蟠桃)　신선이 사는 산에서 3,000년 만에 한 번 열린다는 복숭아.

결(缺)　玦. 패옥(허리에 차는 둥근 玉).

수렴(繡簾)　비단 발.

은점(銀簟)　은 돗자리.《선월집(禪月集)》에는 '銀殿'으로 되어 있다.

참차(參差)　높낮이. 여기 제100칙에선 '높낮이로 깔리다'의 뜻으로 쓰이고 있다.

즉부지(卽不知)　《종전초(種電鈔)》에서는 《복본(福本)》에 의해서 이 세 글자를 삭제했다. 그리고 《불이초(不二鈔)》에서는 아예 기재하지 않았다.

비부(蚍蜉)　개미의 일종. 아주 미세한 몸으로 단단한 흙이나 나무를 뚫는다.

대교약졸(大巧若拙)　절정에 달한 예(藝)는 보통 사람의 눈엔 엉성한 것처럼 보인다(《노자 도덕경》 45장).

부동성색(不動聲色)　감정의 표현이 전혀 없다. 반응이 전혀 없다.

의천조설(倚天照雪)　하늘에 닿을 정도로 장대한 검의 칼날이 차고 희게 빛나다.

대야(大冶)　무쇠를 다루는 명장(《장자》 大宗師篇).

마롱(磨礱)　칼을 갈다.

단련(煅煉)　(검을) 정련(精鍊)하다.

간장(干將)　명검의 장인. '평창'을 보라.

양공(良工)　간장(干將)을 지칭함.

직요(直饒)　비록 ~라 하더라도.

직득(直得)　直饒.

별(別)　특별하다, 격별하다. '제14칙 송'에 이미 나왔다.

미장보검 수괘금추(眉藏寶劍 袖掛金鎚)　눈썹에 보검을 숨기고 소매에는 철퇴를 매달았다. 눈썹의 예리함을 검에 비유하고 소매의 움직임을 철퇴에 비유한 것. 즉 '평소의 표정과 동작이 그대로 절대의 위력을 나타내 보인다'는 뜻.

부(復)　강한 의문을 나타낼 때 쓰는 말. 부시하물(復是何物): 도대체 무슨 물건인가.

삼급랑고(三級浪高)　삼단의 물결은 높다. '제7칙 송'의 구절.

조정사원(祖庭事苑)　1108년에 편찬된 일종의 《선어사전(禪語辭典)》.

승량(乘凉)　納凉. 더위를 식히다.

증산인(甑山人)　증산 사람. 나머지는 자세치 않다.

도독(荼毒)　고통을 당하다. 도(荼): 고통, 고통스럽다.

혜념(惠念)　잘 생각하다.

당득(當得)　마땅히 ~을 얻어야겠다.

태(詒) 속이다.

문(刎) 목을 베다.

설(囓) 깨물다.

천본(川本) 《蜀本》.

환(寰) 황제 직할의 영지.

만곡(萬斛) 곡(斛) : 용량의 단위. 일곡(一斛)은 약 48리터. 만곡 : '대량의 곡물'. 여기 제100칙에선 '벽암록 100칙 공안'을 말함.

인일립옹탄사(因一粒甕吞蛇) 만곡의 쌀 가운데 한 톨의 쌀을 먹으려고 쌀독에 들어간 뱀이 쌀독에서 나오지 못하다. 여기 제100칙에선 '언어문자에 얽매여 있는 것'을 말함.

살각시인기안사(撒却時人幾眼沙) 사람들의 얼마나 많은 눈에 모래를 뿌렸는가(얼마나 많은 사람들의 눈에 모래를 뿌렸는가).

後序(關友無黨)

전요(詮要)　요점을 잘 설명하다.
격양부석(擊揚剖析)　해석하고 분석하다.
협산도림(夾山道林)　협산(夾山): 夾山靈泉禪院. 도림(道林): 道林寺.
삼제종강(三提宗綱)　《벽암록》을 세 번 강의하다.
어수부동(語雖不同)　《蜀本》·《福本》·《一夜本》이 어투에서 약간씩 차이가 나다.
준박(踳駁)　뒤죽박죽이 되다.
심역(尋繹)　연구하다.
선화을사(宣和乙巳)　선화 7년(1125년).
상휴(上休)　상순(上旬)의 휴일. 옛날 중국에서는 관리들에게 한 달에 3일씩 휴가를 줬다. 즉 상순(上旬, 1~10일)에 하루〔上休〕, 중순(中旬, 11일~20일)에 하루〔中休〕, 하순(下旬, 21일~30일)에 하루〔下休〕.
모인(𢆷人)　① 모(𢆷): '牟'의 오자. 牟縣(태산 부근) 사람. ② 모(𢆷): '解'의 약자로서 '解縣 사람'. ①과 ② 가운데 어느 것이 맞는지 알 수 없다(《不二鈔》).

重刊圜悟禪師碧巖集疏

소(疏)　그 취지를 드러내어 알리는 글.
경(經)　여기선 '본래의 정도(正道)'.

재(梓) 板本. 경을 새긴 목판.

권(權) 임시방편, 편법.

양경겸추(兩經鉗鎚) 두 번의 가르침을 거치다. 두 번의 가르침〔兩經〕: ① 원오의《벽암록》강의. ② 대혜의《벽암록》불지름.

대혜장서(大慧長書) 《大慧書狀》. 이 책은 대혜가 그의 문하생인 사대부들에게 보낸 서간집으로서 참선 수행의 지침서로 널리 읽히고 있다.

원오심요(圜悟心要) 《원오선사심요》(전2권). 원오가 그의 문하생들에게 보낸 서간집.《대혜서장》의 저본이 된 책이다.

고일(杲日) 빛나는 태양.

지남침(指南鍼) 지침.

행심(幸甚) 원문(願文)을 맺는 말.

우복이(右伏以) 이상〔右〕을 삼가 살피건대.

십칠세(十七歲) 대혜가 17세 되던 해.

이백년(二百年) 대혜가《벽암록》을 불태운 숭령 4년(崇寧四年, 1105년)부터 장명원에 의해서《벽암록》이 다시 복간될 때까지(大德四年, 1300년)의 기간.

거수하일교(渠手下一交) 거(渠) : 大慧. 수하일교(手下一交) :《벽암록》판본을 불태운 사건.

궁야구기(弓冶裘箕) 가업을 대대로 전승해 가는 것. '《벽암록》의 전승'을 뜻함.

종초(種草) 선의 종지(宗旨)를 이어갈 수 있는 인물.

조룡구(釣龍鉤) 용을 낚을 수 있는 낚싯바늘. '제3칙 평창'을 볼 것.

벌유(筏喩) 뗏목의 비유. 부처의 가르침은 사람들로 하여금 미망에서 벗어나 해탈의 피안에 이르도록 하는 뗏목〔筏〕과 같다. 그러나 이미 피안에 이른 사람에겐 뗏목이 더 이상 필요치 않다. 이 '뗏목의 비유'는《금강경》에 나온다(知我說法 如筏喩者 法尙應捨 何況非法.《金剛經》).

대수(大數) 수(數) : 정해진 흥망의 운세.

동토서(東土書) 《벽암록》을 말함.

수무남거안 간취북래어(雖無南去雁 看取北來魚) 두보의 시 '酬韋韶州見寄'의 한 구절. 여기선 '벽암록의 판본은 이미 없어졌지만 그러나 다시 복각판을 얻게 됐다'는 뜻으로 쓰이고 있다.

동문인(同文印) 옛 중국에서는 영수증이나 계약서 한가운데 도장을 찍고 반씩 잘라서 두 사람이 각각 한쪽씩 보관했다. 그러다가 문제가 발생할 때 두 쪽을 맞춰 보는 사례가 있었다. 이때 두 쪽의 반쪽 서류가 하나의 완벽한 서류로 합쳐진 것을 동문인(同文印)이라고 한다. 그러나 여기선 이 말이 '흩어진 마음을 한곳에 모은다'는 뜻으로 쓰이고 있다.

무진등(無盡燈) 여기선 불립문자의 소식, '활구(活句)의 소식'을 말함.

跋(比丘淨日)

소보(小補) 조금 도움이 됨.
노묘희(老妙喜) 대혜종고.
장거사(張居士) 張明遠. '方回萬里의 序'를 보라.
과하위재(果何謂哉) 과연 뭐라고 말해야 하겠는가.
대덕임인(大德壬寅) 대덕 6년(1302년).
정일(淨日) 무준사범(無準師範)의 법을 이은 선승. 나머지는 미상.

後序(比丘希陵)

부결(部決) 옳고 그름을 갈라 결정함. 여기선 '판단하다'의 뜻.
결척(抉剔) 살을 긁고 뼈를 발라냄. '분명히 드러내다'의 뜻.
창욱(晶旭) 해, 태양.
현경(玄扃) 현묘한 도(道)의 입구.

원섬(圓蟾)　달.
국(鞫)　죄를 문책하다.
납관(納款)　(죄 따위를) 자백하다.
상(尙)　숭상하다, 받들다.
구첩(口捷)　捷口. 말을 잘하다.
설당간본(雪堂刊本)　미상. 혹시 《복본(福本)》이 아닌지?
와천(訛舛)　틀리고 어긋남.
운호재(云乎哉)　~라고 말할 수 있겠는가.
연우정사(延祐丁巳)　연우 4년(1317년).
희릉(希陵)　허곡희릉(虛谷希陵, 1247~1322). 원오의 8세.

跋(馮子振)

자공(子貢)　공자의 제자 가운데 한 사람.
동가성인(東家聖人)　공자.
자령(藉令)　가령, 설사 (~라 하더라도).
당약(瞠若)　눈을 크게 뜨다, 눈을 부릅뜨다.
안자(顔子)　顔回. 공자의 수제자.
하언지천(何言之天)　'하늘은 아무 말이 없다'는 뜻(天何言哉 四時行焉.《論語》陽貨編).
일유(一唯)　공자가 오도일이관지(吾道一以貫之, 나의 도는 오직 하나다)라고 말하자 즉시 이 뜻을 알아차린 증자(曾子)가 '유(唯, 예 그렇습니다)'라고 대답한 것(《論語》). 즉 이심전심(以心傳心)이란 말과 상통하는 바가 있다고 풍자진은 주장하지만 그러나 염화시중(拈花示衆)의 활구 소식과는 전혀 다르다.
현오(懸悟)　獨悟. 홀로 깨닫다.

증참(曾參)　曾子. 공자의 제자.

거(袪)　뒤덮다, 덮이다.

이시(異時)　그후에, 그 뒤에.

홀(笏)　원래는 관리가 지녔던 필기용 직사각형의 판이다(笏, 忽也. 君有敎命及所啓白, 則書其上. 備忽忘也. 繹名, 繹書契). 그런데 여기선 '수행자를 지도하기 위하여 선사가 홀(笏)을 쥐고 있다'는 뜻으로 쓰이고 있다. 즉 '제자들을 가르치다'라는 뜻이다.

납새퇴(拉擡堆)　먼지더미.

양파여수(陽坡如繡)　남쪽 언덕에 꽃잎이 떨어져 수를 놓은 것 같다. '벽암록 100칙 공안의 전개'를 비유한 것이다.

사회복연(死灰復然)　方回序의 '燃死灰復板行'을 말함. 즉 '벽암록이 소각된 후 이제 다시 판각됐다'는 뜻.

전체패로(全體敗露)　송두리째 드러나다.

반야무설(般若無說)　'제6칙 송의 평창'을 참고하라.

심심희유(甚深希有)　아주 진귀하다.

근두경(勤寶經)　《벽암록》을 말함. '원오극근(圜悟克勤)이 평창을 하고 설두중현(雪竇重顯)이 송을 읊은 경전'이란 뜻.

일월광경지고(日月光景之故)　일월광경(日月光景) : 시간, 세월. 즉 '세월이 지나 인연이 무르익었기 때문에', '시절인연이 됐기 때문에'라는 뜻임.

독료(毒燎)　독설(毒舌)의 불꽃.

선(綫)　선(線)과 같은 글자.

도각찰간 불방일선(倒卻刹竿 不放一綫)　사설(邪說)을 논파해서 전혀 힌트를 주지 않다.

사귀(社鬼)　社公. 토지(土地)의 수호신. 태어난 고향을 수호하는 신.

정좌차(正坐此)　바로 이 때문이다.

노근파(老勤巴)　원오극근을 말함. 파(巴) : '父'란 뜻으로서 '老'자와 더불어 원오극근에 대한 존칭인 듯.

의자(意者)　意此. 이를 생각건대.

주림신(主林神) 《화엄경》 세주묘엄품(世主妙嚴品)에 나오는 신의 이름.

가호(訶護) (경판을) 훼손하는 자를 꾸짖고 이를 잘 보호하는 것.

청량지(淸涼池) 절대의 경지.

침개상봉(針芥相逢) 바늘과 겨자씨가 서로 만나다. '겨자씨 위에 바늘이 꽂히다'. 즉 '아주 희귀한 만남'을 뜻함.

객작한(客作漢) 줏대가 없는 사람, 무지한 사람.

화갱(火坑) 지옥의 불구덩이.

음(瘖) 벙어리.

조문(造門) 過門. 문 앞을 지나가다.

사수(斯須) 조금 있다가, 얼마 후.

풍(風) 瘋. 미친 병[狂病].

득무~호 득불~호(得無~乎 得不~乎) ~한 것은 아닐까.

임이(任儞) 비록 ~라 하더라도. 임이즉심즉불 아단비심비불(任儞卽心卽佛 我但非心非佛): 大梅法常(752~893)의 말임.

사백사병(四百四病) 사람의 몸에 있는 모든 병. '제3칙 본칙 착어'에 이미 나옴.

노비(爐鞴) '수행자를 단련시키는 수단'을 말함.

장육금신(丈六金身) 키가 한 자 여섯 치[一丈六尺]가 되는 금빛의 몸[金色身, 佛身].

양미수불(揚眉豎拂) 눈썹을 휘날리며 불자(拂子)를 들다. '선사가 수행자를 가르치는 모습'.

향도(向道) ~라고 말하다.

중원일(中元日) 백중일. 음력 7월 15일.

풍자진(馮子振, 1257~?) 중봉명본(中峰明本, 1263~1327)과 친교가 있었던 사람. 《원사(元史)》 권 190에 그의 전(傳)이 있다.

[찾아보기]

[ㄱ]

가(假) 146
가갱설간(可更說看) 47
가고처착(架高處著) 186
가련(可憐) 94, 172
가련생(可憐生) 211
가사(假使) 210
가살(可煞) 20
가살신선(可煞新鮮) 137
가살실두(可煞實頭) 136
가석허(可惜許) 20
가요(假饒) 37
가주대상(嘉州大象) 111
가중(可中) 37, 57
가파인망(家破人亡) 89
가하(架下) 117, 159
가호(訶護) 220
각(却) 36
각교사자(卻較些子) 20
각근부점지(脚跟不點地) 184
각근하(脚跟下) 135
각근하대사(脚跟下大事) 124
각근하유대오색선재(脚跟下猶帶五色線
　　在) 132

각망수란(脚忙手亂) 103
각시(却是) 21
각주인(刻舟人) 137
각태(角馱) 66
간(趕) 21
간과(干戈) 192
간과총리 점정납승명맥(干戈叢裏 點定衲
　　僧命脈) 142
간교(看教) 174
간도(看道) 185
간두사선(竿頭絲線) 177
간루타루(看樓打樓) 115
간방편(看方便) 82
간불상(趕不上) 207
간수(澗水) 177
간시궐(乾屎橛) 83, 99
간장(干將) 213
간출(趕出) 153
간취(看取) 19
간택(揀擇) 140
갈등(葛藤) 19
갈등과(葛藤窠) 163
갈세추기(竭世樞機) 37
감(勘) 54
감(鑒) 44, 61, 72

감과(勘過) 75	개일선로(開一綫路) 133
감대(堪對) 77	개전(蓋纏) 160
감득(感得) 22	개정(揩定) 27
감등(龕燈) 94	개중(箇中) 35
감변(勘辨) 15, 100	개한(箇漢) 165
감비(堪悲) 45	객작한(客作漢) 220
감소(堪笑) 89	객진번뇌(客塵煩惱) 174
감술(堪述) 34	갱(更) 30
감인근량(減人斤兩) 83	갱몰일성사(更沒一星事) 98
감인다소성가(減人多少聲價) 128	갱설심불의(更說甚佛意) 127
감임(堪任) 25	갱시(更是) 52
감작십마(堪作什麼) 28	거(擧) 19
감작하용(堪作何用) 83	거(去) 23, 74, 77
감재기선(鑒在機先) 164	거(祛) 219
감파(勘破) 36	거(渠) 160, 197
강(强) 141	거각(擧覺) 106, 199
강(江) 47	거관결안(據款結案) 27
강국(江國) 48	거농(渠儂) 102, 153
강서(江西) 163	거도(巨盜) 71
강서징산성(江西澄散聖) 95	거령(巨靈) 99
강성성(强惺惺) 20	거령자선범(擧令者先犯) 144
강외(江外) 126	거박해점(去縛解粘) 192
강종(綱宗) 156	거사(擧似) 139, 176
강호(江湖) 97	거상(居常) 83
개구견담(開口見膽) 34	거수하일교(渠手下一交) 216
개구처(開口處) 45	거염해박(去粘解縛) 18
개급퇴두(塩圾堆頭) 112	거일우불이삼우반 사삼우반일(擧一隅不以三隅反 似三隅反一) 31
개당설법(開堂說法) 43	
개대공(蓋代功) 46	거재(去在) 34
개리(箇裏) 28, 86	거좌(據坐) 149

거즉인주(去卽印住) 108
거착(去著) 194
거취(去就) 27, 90
거침(巨浸) 109
거해칭추(鋸解稱鎚) 68
거화인(擧話人) 206
건법당(建法幢) 77
건봉(乾峰) 84
건염무신 모춘회일(建炎戊申暮春晦日) 12
건화문(建化門) 66
검수도산(劍樹刀山) 45
겁석(劫石) 165
겁화(劫火) 93
격양부석(擊揚剖析) 215
격칙(格則) 189
견(見) 184
견각(見覺) 198
견기이작(見機而作) 25, 84
견도(見到) 39, 53
견득(見得) 22, 189
견득철(見得徹) 32, 87
견득투(見得透) 89
견설(見說) 100
견성성불(見性成佛) 22
견수즉해(見水卽海) 17
견지(見知) 12, 179
견토방응(見兔放鷹) 96, 195
결(訣) 64
결(缺) 212

결리(結裏) 31
결유예(決猶豫) 103
결척(抉剔) 217
결택(決擇) 92
겸신재내(兼身在內) 101, 193
겸중도(兼中到) 118
겸추(鉗鎚) 11, 41
겸협구쇄(鉗鋏鉤鏁) 91
경(經) 215
경경(輕輕) 165
경두(競頭) 138
경두대각(擎頭戴角) 131
경두대각자(擎頭帶角者) 156
경박(輕薄) 207
경박박지(硬剝剝地) 142
경산(徑山) 97
경살인(驚殺人) 88
경수도산(鏡水圖山) 109
경여신회(境與神會) 143
경예(鯨鯢) 109
경장주(慶藏主) 49, 96
경절(徑截) 121
경준(景遵) 94
경지(徑旨) 202
경청(鏡清) 66, 123
경추도악 옹사분경(傾湫倒嶽 甕瀉盆傾) 203
경치(境致) 191
경치접인(境致接人) 194
계교(計較) 132

계교갈등(計較葛藤) 201
계교정진(計較情塵) 22
계려궐(繫驢橛) 20
계려궐자(繫驢橛子) 96
계려사중(繫驢事重) 15
계불미기(洎不迷己) 123
계호방과(洎乎放過) 131
계호분소불하(洎乎分疏不下) 131
계후(契詬) 188
고(顧) 43
고가타쇄(敲枷打鎖) 177
고각(鼓角) 210
고관격절처(敲關擊節處) 59
고구(苦口) 187
고금방양(古今榜樣) 200
고대(古臺) 105
고덕(古德) 142
고로착생철(錮鏴著生鐵) 149
고명(孤明) 185
고목암전(枯木巖前) 33
고목용음(枯木龍吟) 31
고시(故是) 55, 162, 185
고안탄두(高安灘頭) 57
고연(故然) 181
고위(孤危) 133
고위기괴(孤危奇怪) 83
고유마경(古維摩經) 114
고인(古人) 64, 78, 107, 114, 116, 158, 171, 198
고인도(古人道) 24

고일(杲日) 216
고절(孤絶) 62
고조(誥詔) 22
고착안간(高著眼看) 176
고창(敲唱) 116
고책(古策) 97
고탕(鼓蕩) 189
고풍(孤風) 57
고회(古檜) 212
곡록목상(曲彔木床) 65, 96, 172
곤오석(琨吾石) 158
골골돌돌(鶻鶻突突) 87
골돌(鶻突) 177
골모탁수(骨毛卓竪) 90
골추포삼(鶻臭布衫) 59
공관(供款) 134
공능(功能) 204
공동(空洞) 114
공부(工夫) 102, 186
공생(空生) 45, 192
공소삭(空蕭索) 98
공재어(公才語) 183
공행(功行) 174
공화(空花) 211
과(過) 75, 189
과(科) 203
과〜여(過〜與) 166
과각(過却) 97
과구(窠臼) 123, 160
과굴(窠窟) 141

과량저인(過量底人) 128
과시(果是) 73
과연(果然) 20, 21
과인(寡人) 209
과자(鍋子) 158
과주객(瓜州客) 74
과중기언(果中其言) 200
과하위재(果何謂哉) 217
곽시자(廓侍者) 109
관(款) 25
관(管) 55
관가(官家) 72
관계(灌溪) 133
관광(寬曠) 60
관기두교(觀機逗教) 199
관대(管帶) 47
관득기변(慣得其便) 123
관려자(關捩子) 140
관세(卝歲) 134
관음입리지문(觀音入理之門) 170
관취(管取) 84, 87, 186
관한사저승(管閑事底僧) 90
광요토(光耀土) 92
광원(狂猿) 105
광장설(廣長舌) 107
광전절후(光前絶後) 63, 152
광주류왕(廣主劉王) 43
광통율사(光統律師) 25
광호(誆誷) 78
괴소(怪笑) 66

교가(教家) 23, 203
교가처(交加處) 32
교괴(教壞) 172
교라(交羅) 150
교분자(膠盆子) 111
교수(懸首) 110
교수증인휴검거(懸首甑人携劍去) 110
교안(教眼) 198
교의(教意) 94, 174
교작(咬嚼) 194
교저구저수각(咬豬狗底手脚) 171
교정교염(鉸釘膠粘) 29
교죽비(攪粥篦) 104
교중(教中) 125, 174
교중도(教中道) 124
교중설(教中說) 23, 83
교중운(教中云) 94
교활(教活) 140
구(口) 93
구구(區區) 94
구구상투(句句相投) 155
구급퇴(坵圾堆) 120
구남남지(口喃喃地) 51
구담(瞿曇) 205
구대(九帶) 95
구두(鉤頭) 30
구두쾌리(口頭快利) 152
구득(構得) 67
구로(劬勞) 154
구마지(漚麻池) 134

찾아보기 | 225

구방책작안저(具方冊作案底) 16
구봉(九峰) 95
구봉건(九峰虔) 107
구사편단(口似匾担) 181
구사편담(口似匾檐) 70
구십육개(九十六箇) 62
구운료(俱云了) 212
구유(九有) 149
구유(九維) 130
구유도자론(九維徒自論) 130
구적파가(勾賊破家) 116, 155
구중(縠中) 117
구지화상(俱胝和尙) 73
구차(苟且) 41
구참상사(久參上士) 29
구첩(口捷) 218
구쾌사자(口快些子) 164
구파파지(口吧吧地) 187
구함사서(狗銜赦書) 84
구향(久響) 133
구혹(苟或) 69, 125
구화(漚和) 111
국(鞠) 218
국사수완(國師水碗) 120
국위(國位) 58
국초(國初) 86
국태심(國泰深) 74
군자(裙子) 106
군품(群品) 201
군향소상아향진(君向瀟湘我向秦) 85, 132
굴(屈) 34
굴굴순순(漚漚湦湦) 92
굴봉(屈棒) 137, 164
굴절당흉(屈節當胸) 35
궁(窮) 46
궁야구기(弓冶裘箕) 216
권(權) 216
권련(圈欒) 101
권류관(捲輪冠) 208
권서(卷舒) 40
권속(眷屬) 181
권실조용(權實照用) 36
권염(卷簾) 14
권의(卷衣) 125
권회(圈繢) 41, 131
궐별(蹶鷩) 212
궐후(厥後) 163
귀가온좌(歸家穩坐) 23
귀공(歸空) 14
귀안정(鬼眼睛) 131
귀요(貴要) 67
귀종(歸宗) 121, 156
귀천주원(歸川住院) 69
규구(規矩) 41
규봉(圭峰) 204
균제동자(均提童子) 104
극(極) 26
근두경(勤寶經) 219
근리심처(近離甚處) 54

226

근진(根塵)　146
근진식(根塵識)　173
금강(金剛)　104
금강유정(金剛喩定)　37
금강주철권(金剛鑄鐵券)　140
금계(金雞)　162
금과옥조(金科玉條)　16
금득(擒得)　111
금룡(金龍)　85
금릉(金陵)　154
금모사자(金毛獅子)　181
금불(金佛)　202
금성옥진(金聲玉振)　162
금속여래(金粟如來)　180
금쇄현관(金鎖玄關)　187
금시조(金翅鳥)　35, 134
금아(金牙)　159
금아장로(金鵝長老)　186
금옥상진(金玉相振)　208
금우(金牛)　163, 197
금유불변(金鍮不辨)　193
금일(今日)　56
금일사(今日事)　135
금종(擒縱)　79, 129
금중(禁中)　154
금추(金鎚)　165
금풍(金風)　89
급수상타구자(急水上打毬子)　173
급착안간(急著眼看)　50
기(機)　47

기~호(재)〔豈~乎(哉)〕　17
기관전환처(機關轉換處)　74
기괴(奇怪)　114
기단(起單)　47
기륜(機輪)　89, 150
기모화양(起模畫樣)　70
기변(機變)　54
기봉(機鋒)　54
기불견(豈不見)　45
기신(忌辰)　61
기의(機宜)　49, 144
기조(幾遭)　187
기중인(其中人)　113
기증(幾曾)　39, 86, 149, 195
기특(奇特)　20
기특사(奇特事)　88
기하반(幾何般)　165
기합(泊合)　165
기호(幾乎)　39, 205
기호롱도요(幾乎弄倒了)　71
기호잠실인(泊乎賺殺人)　54
긴신(緊迅)　159
끽다거(喫茶去)　81
끽득임마대(喫得恁麼大)　120
끽반선화(喫飯禪和)　152

[ㄴ]

나(那)　27, 211
나감(那堪)　196

찾아보기 | 227

나개(那箇) 148, 168
나능(那能) 81
나롱부주(羅籠不住) 74
나롱불긍주(羅籠不肯住) 146
나리(那裏) 46, 79, 168
나변(那邊) 107
나복두선(蘿蔔頭禪) 207
나산(羅山) 158
나십(羅什) 114, 146
나아견반(癩兒牽伴) 59
나운휙무자(拏雲攫霧者) 36
나찬화상(懶瓚和尙) 102
낙락(落落) 184
낙절(落節) 36, 136, 184
낙절처(落節處) 117
낙처(落處) 24, 31
낙초(落草) 67
낙초지담(落草之談) 102
낙칠락팔(落七落八) 72
난니(爛泥) 189, 209
난니리유자(爛泥裏有刺) 51
난문(攔問) 79
난봉색정(攔縫塞定) 169
날괴(捏怪) 56
남남(喃喃) 48
남능(南能) 94
남방마자(南方魔子) 37
남방일봉(南方一棒) 110
남산(南山) 79
남선사(南禪師) 53

남양(南陽) 211
남원(南院) 67
남전(南泉) 91, 114, 147, 156
남종(南宗) 12
남지죽혜 북지목(南地竹兮 北地木) 59
납관(納款) 218
납새퇴(拉攛堆) 219
납승가(衲僧家) 19, 88
납월삼십일(臘月三十日) 52, 193
납월화소산(臘月火燒山) 69
납패결(納敗缺) 36, 151
낭당(郎當) 41, 206
낭당불소(郎當不少) 130
낭상좌(朗上座) 126
낭야각(瑯琊覺) 104
내(酒) 193
내(來) 75, 206
내단(來端) 175
내인(內人) 43
내풍심변(來風深辨) 162
냉지리유인저파(冷地裏有人覰破) 98
노(老) 74, 102
노(露) 130
노견비은근(奴見婢慇懃) 80, 188
노고추(老古錐) 122
노공(盧公) 77
노근파(老勤巴) 219
노노대대(老老大大) 70, 153
노도(老倒) 85
노로(嘮嘮) 50, 103, 205

노로(盧老)　87
노묘희(老妙喜)　217
노배(爐鞴)　112
노비(爐鞴)　220
노서교생강(老鼠咬生薑)　62
노숙(老宿)　127, 187
노신개(老新開)　61
노자(老子)　67, 132
노자우(老牸牛)　84
노작가(老作家)　148
노주(露柱)　178
노지백우(露地白牛)　198
노차(路次)　94
노파(老婆)　12
노파장로(盧陂長老)　108
노행자(盧行者)　31, 87, 145
노호(老胡)　198
녹문지(鹿門智)　55
녹야원(鹿野苑)　195
논겁불론선(論劫不論禪)　171
논경(論境)　30
논기(論機)　30
논량(論量)　108
논중도(論中道)　114
농광영(弄光影)　191
농광영한(弄光影漢)　197
농니단한(弄泥團漢)　92, 175
농두(籠頭)　66
농롱동동(儱儱侗侗)　121
농사수(弄蛇手)　82

농영한(弄影漢)　183
농적적지(膿滴滴地)　113
농정혼(弄精魂)　23, 144
농조인(弄潮人)　172
뇌(誄)　65
뇌관(牢關)　52
뇌득(賴得)　147
뇌문상번홍기 이배후륜쌍검(腦門上播紅旗 耳背後輪雙劍)　106
뇌시유(賴是有)　154
뇌유자일착(賴有這一著)　29
뇌치불회(賴値不會)　91
뇌후견시(腦後見)　86
뇌후발전(腦後拔箭)　45, 175
누두(漏逗)　24, 32
누약(婁約)　154
누약법사(婁約法師)　22
누의(螻蟻)　140
누자(鏤梓)　17
눌당(訥堂)　38
뉴(扭)　134
뉴날(扭捏)　210
뉴주(扭住)　135
능도자(稜道者)　41
능사비사(稜師備師)　82
능선객(稜禪客)　200
능엄회상(楞嚴會上)　170
능전문자(能詮文字)　204
능형(稜兄)　80
니불(泥佛)　201

찾아보기 | 229

[ㄷ]

다구(多口) 57, 61
다구옥사(多口阿師) 127
다로(茶爐) 126
다반(多半) 68
다소(多少) 20
다여차(多如此) 54
다호(搽糊) 25
다호도(搽胡道) 143
다호인호(搽胡人好) 71
단(端) 31
단련(煅煉) 213
단련어(煅煉語) 123
단사옹(端師翁) 49
단아(端倪) 67, 116, 129
단월(檀越) 84, 208
단적별(端的別) 62
단적위인(端的爲人) 130
단적저(端的底) 25
단정삭(斷井索) 127
단제(斷際) 99
단제독롱(單提獨弄) 116
단하(丹霞) 166
단화(斷和) 117
단화상(端和尙) 24
달마(達磨) 12, 163
담가과장(檐枷過狀) 46
담수하두매(擔水河頭賣) 140
담입합담(湛入合湛) 174

담탁(啗啄) 134
담판한(擔板漢) 36
담하(擔荷) 88
답번(踏翻) 101
답살(踏殺) 162
당(當) 167
당금휘(當今諱) 118
당기(當機) 176
당기고점(當機敲點) 187
당기염롱처(當機拈弄處) 88
당기적면(當機覿面) 151
당기직절(當機直截) 130
당두(當頭) 42, 119, 141, 147, 205
당두일로(當頭一路) 156
당두차과(當頭蹉過) 103
당득(當得) 29, 149, 213
당래(當來) 154
당면거(瞳眠去) 80
당면제지(當面提持) 74
당면차과(當面蹉過) 31
당면화(當面話) 136
당문(當門) 162
당미노안(瞠眉努眼) 146
당안정(瞠眼睛) 23
당약(瞠若) 218
당양(當陽) 11, 48, 207
당오(堂奧) 146
당인(當人) 32
당장거변료(撞將去便了) 86
당장애벽(撞墻磕壁) 75

당주조한(噇酒糟漢)　56
당지(當抵)　166
당착(撞著)　100
당착비공(撞著鼻孔)　193
당착애착(撞著磕著)　170, 194
당하(當下)　49, 150, 209
당혹(儻或)　53
당홀(儻忽)　197
대(待)　26, 67, 169, 206
대~시(待~時)　97
대가(大家)　113, 124, 138, 197, 207
대가(大舸)　109
대각(大覺)　206
대강(大綱)　27, 167
대개(大概)　204
대광(大光)　196
대교약졸(大巧若拙)　213
대기대용(大機大用)　155
대기변(大機辯)　68
대담(對譚)　22
대덕 4년(大德四年)　13
대덕갑진(大德甲辰)　18
대덕임인(大德壬寅)　217
대도투장안(大道透長安)　133
대라복두(大蘿葍頭)　94
대룡(大龍)　177
대룡공안(大龍公案)　91
대만(大滿)　93
대매(大梅)　77, 186
대박맹인(大拍盲人)　106

대방(大方)　103
대범(大凡)　39
대비보살(大悲菩薩)　188
대사(大似)　150
대사저인(大死底人)　115
대산(臺山)　84
대소(大小)　26, 179
대소대(大小大)　71, 72
대수(大數)　216
대수(大隋)　61, 93
대승근기(大乘根器)　21
대안(大安)　93
대안행(帶眼行)　69
대야(大冶)　213
대양(大陽)　158
대양(對揚)　67, 74
대어(代語)　179
대요(待要)　136
대용현전(大用現前)　171
대용현전 부존궤칙(大用現前 不存軌則)　33
대우(大愚)　57
대웅봉(大雄峰)　88
대웅산(大雄山)　81, 161
대웅종파(大雄宗派)　183
대위진여(大潙眞如)　163
대위철(大潙喆)　40
대유공부(大有工夫)　39
대유인(大有人)　41, 80
대유인의착(大有人疑著)　68

찾아보기 | 231

대유인의착재(大有人疑著在) 140
대의(大意) 144
대입~나(待入~那) 211
대자(大姊) 137
대장경오천권(大藏經五千卷) 14
대장구(大張口) 82
대적(大寂) 135
대전(大顚) 176
대종(代宗) 70
대주(大珠) 204
대중천자(大中天子) 57
대진(大秦) 158
대천(大千) 93
대충(大蟲) 81
대혜(大慧) 13
대혜장서(大慧長書) 216
덕산(德山) 36, 76
덕산견위산공안(德山見潙山公案) 98
덕산밀(德山密) 44
덕운비구(德雲比丘) 83
도(到) 115
도각찰간 불방일선(倒卻刹竿 不放一線) 219
도개불자(道箇佛字) 29
도도(叨叨) 14
도독(荼毒) 213
도두(到頭) 103
도득(道得) 60
도로(都盧) 60, 102
도료(到了) 172

도리제천(忉利諸天) 190
도미륵불하생(到彌勒佛下生) 200
도불출(跳不出) 23, 121
도불허행 공불랑시(道不虛行 功不浪施) 168
도설(徒說) 144
도승(度僧) 22
도아할득마(道我瞎得麼) 166
도오(道吾) 61, 136, 188
도월계급(度越階級) 129
도자고(搗糨糕) 208
도자리(到這裏) 198
도장래(道將來) 68
도장일구래(道將一句來) 42
도중수용(途中受用) 49
도착(道著) 168
도출금강권(跳出金剛圈) 171
독거환중사(獨據寰中事) 144
독로처(獨露處) 143
독료(毒獠) 219
독보단소(獨步丹霄) 33
독불완명성(尿沸碗鳴聲) 171
독수(毒手) 109
독탈처(獨脫處) 131
독해(毒海) 211
독해처(毒害處) 132
독허조주(獨許趙州) 95
돈소삭(頓銷鑠) 207
돈점권실(頓漸權實) 62
돌(咄) 20

동(仝)　90
동가성인(東家聖人)　218
동갱무리토(同坑無異土)　153
동과인자(冬瓜印子)　207
동궁(東宮)　209
동도(同道)　131
동도부동철(同途不同轍)　30
동도자방지(同道者方知)　148
동득동용(同得同用)　148
동문인(同文印)　217
동변(東邊)　36
동봉암주(桐峰庵主)　183
동사(同事)　135
동산(洞山)　41, 58, 117, 119, 205, 210
동산초(洞山初)　44, 202
동성(桐城)　141
동승신주(東勝身洲)　133
동안(同安)　139
동어서화(東語西話)　72
동참(同參)　31
동천염정현(東川鹽亭縣)　93
동토서(東土書)　216
동파(東坡)　13
동하(洞下)　66, 129
동행(同行)　71
동행불견서행리(東行不見西行利)　179
동행서행(東行西行)　169
동현별곡(動絃別曲)　113, 194
동화(同火)　82
두각(頭角)　54, 193

두뇌(頭腦)　161
두변(頭邊)　63
두변(陡變)　203
두병수(斗柄垂)　92
두상안두(頭上安頭)　32, 59
두선화(杜禪和)　147
두수(抖擻)　208
두수정신(抖擻精神)　77
두순(杜順)　202
두암(陡暗)　172
두출두몰(頭出頭沒)　186
두피(肚皮)　132
두피리(肚皮裏)　207
두혜제일제이(頭兮第一第二)　200
둔근옥사(鈍根阿師)　73
둔민(鈍悶)　207
둔치살인(鈍置殺人)　109, 196
둔치일상(鈍置一上)　110
득(得)　46, 92, 147
득거(得去)　51
득기편(得其便)　127
득득(得得)　21, 79
득마(~得麽)　27, 68, 166
득무~호 득불~호(得無~乎 得不~乎)　220
득임마(得恁麽)　73, 148
득입(得入)　149
득저인(得底人)　94
득편의(得便宜)　132
득편의시락편의(得便宜是落便宜)　153

득한(得閑) 105
등(等) 27
등~도(等~道) 25
등타도(等他道) 104
등한(等閑) 88

[ㅁ]

마갈제국(摩竭提國) 45
마곡(麻谷) 95, 156
마구(馬駒) 162
마대사(馬大師) 33, 134, 161
마라(懡㦬) 125
마롱(磨礱) 213
마매(魔魅) 80
마삼근(麻三斤) 58, 159
마외(魔外) 60, 84
마전상박(馬前相撲) 88, 159
막도(莫道) 21
막동착(莫動著) 45
막둔치호(莫鈍置好) 129
막득(邈得) 107
막만인호(莫瞞人好) 106
막변시~부(莫便是~否) 69
막시~마(莫是~麼) 37, 55, 143, 163, 203
막야(鏌鋣) 51
막야검(鏌鋣劍) 76, 152
막~호(莫~好) 34
만각(瞞却) 109

만곡(萬斛) 214
만구함상(滿口含霜) 31, 140
만도(謾道) 125
만리망향관(萬里望鄕關) 131
만리애주(萬里崖州) 67
만법(萬法) 122
만복(滿福) 99
만복(万福) 53
만용궁영해장(滿龍宮盈海藏) 92
만전찬심(萬箭攢心) 180
만천망지(漫天網地) 131
만한(顢頇) 78, 112
말후(末後) 28
말후구(末後句) 131
말후일구(末後一句) 52
망공계고(望空啓告) 26
망로(莽鹵) 73
망망요요(忙忙擾擾) 46
망망탕탕(莽莽蕩蕩) 79
망양지지(亡羊之岐) 15
망자(妄自) 164
망전실후(忘前失後) 30
망정(忘情) 123
망주(網珠) 189
망주정(望州亭) 41
매(買) 179
매롱(賣弄) 129
매모상두(買帽相頭) 136
매몰료(埋沒了) 169
매향객(賣香客) 43

234

맥구(驀口) 92
맥두(驀頭) 22, 200
맹가(盲枷) 136
맹구(盲龜) 59
맹팔랑(孟八郞) 91
맹팔랑한(孟八郞漢) 153
멱멱(冪冪) 45
면문(面門) 99
면장(面長) 76
면전일사(面前一絲) 191
면피후삼촌(面皮厚三寸) 157
면황면청(面黃面靑) 99
멸멸설설(滅滅挈挈) 39
멸몽(蠛蠓) 53
멸불종족(滅佛種族) 12
멸호종족저한(滅胡種族底漢) 47
명막(名邈) 67
명모(名模) 198
명상(名相) 174
명암(明暗) 132
명일(明日) 44
명창(明窓) 155
명소(明招) 126
명소독안룡(明招獨眼龍) 74
명합암합(明合暗合) 151
모갑죄과(某甲罪過) 101
모갱(茅坑) 169
모광한(茅廣漢) 151
모우상사(毛羽相似) 82
모인(罕人) 215

모채사자(毛彩些子) 133
모타라비(母陀羅臂) 189
목과(木瓜) 158
목기수냥(目機銖兩) 19
목불(木佛) 202
목우(牧牛) 43
목주(牧主) 109
목주(睦州) 42, 53
목징구거(目瞪口呿) 140
목평(木平) 121
목환자(木患子) 169
몰량대인(沒量大人) 93
몰판치로한(沒板齒老漢) 154
몰헐두(沒歇頭) 148
몽대(懞袋) 130
몽동한(懵憧漢) 167
몽륜(蒙輪) 109
묘변(妙辨) 111
묘봉정(妙峰頂) 83
묘정원명(妙精元明) 198
묘촉선명(妙觸宣明) 170
무간업(無間業) 178
무견(無見) 185
무곤장자(無裩長者) 130
무공적자(無孔笛子) 177
무공철추(無孔鐵鎚) 62, 166, 176,
  188, 193
무내~하(無奈~何) 30
무다자(無多子) 57, 99
무단작십마(無端作什麼) 166

무돈치처(無頓置處) 108
무루성신(無漏聖身) 181
무변찰(無邊刹) 211
무병약(無病藥) 98
무봉탑(無縫塔) 70
무사납승(無事衲僧) 171
무사선(無事禪) 52
무사지(無師智) 145
무사회(無事會) 122
무생법(無生法) 202
무생인(無生忍) 110
무업(無業) 74
무연자(無緣慈) 145
무우리(無憂履) 208
무유시처(無有是處) 201
무지식(無知識) 71
무진등(無盡燈) 217
무착(無著) 103, 194
무처착혼신(無處著渾身) 59
무타(無他) 65
무탄(撫歎) 58
무풍기랑(無風起浪) 36
무학아라한위(無學阿羅漢位) 199
무향당화(無向當話) 50
문(刎) 214
문(聞) 124
문(文) 179
문간도각(門竿倒却) 15
문과(問過) 116, 131
문단(問端) 94

문도(聞道) 81
문두(問頭) 52
문맹(蚊蝱) 140
문수(門首) 36, 105
문수사리(文殊師利) 180
문자교철우(蚊子咬鐵牛) 141
문정시설(門庭施設) 187
문채이창(文彩已彰) 108
문판(開板) 14
물가작료(勿可作了) 168
물색(物色) 205
물아일여(物我一如) 202
미도(迷途) 22
미득일반재(未得一半在) 50
미득초절(未得劖絶) 106
미려마라(迷黎麻羅) 132
미면(米麵) 205
미분팔자(眉分八字) 94
미심(未審) 32, 56, 128
미위분외(未爲分外) 139
미장보검 수괘금추(眉藏寶劍 袖掛金鎚) 213
미재(未在) 55, 189
미칠사(米七師) 127
미후(獼猴) 155
민중(閩中) 81

[ㅂ]

박락비타물(撲落非他物) 170

박맹(拍盲) 52
박맹지(拍盲地) 162
박박상응(拍拍相應) 83
박박시령(拍拍是令) 179
박실두(朴實頭) 171
박장거(逼將去) 176
박하래(撲下來) 55
반(般) 121
반개성인(半箇聖人) 176
반결(盤結) 36
반굴(盤屈) 104
반도(蟠桃) 212
반도(絆倒) 205
반두(飯頭) 41
반리명주(盤裏明珠) 149
반박(盤礡) 27, 39
반박도도지(盤礡滔滔地) 159
반반박박(斑斑駁駁) 112
반백(班白) 103
반산(盤山) 106, 185
반석(斑石) 78
반야(般若) 191
반야다라(般若多羅) 162
반야무설(般若無說) 219
반전락후(半前落後) 160, 206
반제(半提) 106
반척(返擲) 161
반청반황(半靑半黃) 160
반피(返披) 61
반혼향(反魂香) 158

반환(盤桓) 117
발구(鵓鳩) 123
발랑발뢰(潑郞潑頼) 127
발본(拔本) 36
발전(撥轉) 188
발전(撥前) 142
발전관려자(撥轉關捩子) 28
발제하(跋提河) 92
발제하(拔提河) 195
발초첨풍(撥草瞻風) 68, 152
발타라(跋陀羅) 146
방(放) 69
방(方) 37
방감작마(放憨作麼) 112
방개(放開) 76
방거사(龐居士) 116
방견(方見) 50
방경박(放輕薄) 207
방과(放過) 66, 89
방과일착(放過一著) 40
방관유분(傍觀有分) 62
방광반야경(放光般若經) 22
방내(方乃) 89, 181
방령(放令) 78, 152
방별(傍瞥) 178
방별어(傍瞥語) 95
방양(榜樣) 67
방인문호 임환작랑(傍人門戶 任喚作郞) 17
방일득이(放一得二) 172

찾아보기 | 237

방일선도(放一線道) 83, 136	범시(凡是) 32, 111
방장(方丈) 182	범유소문(凡有所問) 73
방촌(方寸) 157	범행(梵行) 170, 199
방출~간(放出~看) 138	법(法) 52
방패(雱霈) 124	법견(法見) 88
방행(放行) 36	법기(法器) 201
방회만리(方回萬里) 13	법등(法燈) 87, 176
배상국(裵相國) 56, 209	법보화삼신(法報化三身) 209
배석(拜蓆) 135	법불상요(法不相饒) 42
배휴(裵休, 791~864) 100	법사서(法嗣書) 61
백년(百年) 70	법신(法身) 177
백랑도천시(白浪滔天時) 68	법신량변사(法身量邊事) 125, 210
백불능(百不能) 205	법안(法眼) 46, 103, 125
백비(百非) 161	법진(法塵) 179
백염적(白拈賊) 94	법화경(法華經) 199
백잡쇄(百雜碎) 62	벽구편색(劈口便塞) 140
백잡천중(百匝千重) 128	벽두(劈頭) 24
백장(百丈) 32, 88, 134	벽두벽면(劈頭劈面) 117
백장상(百丈常) 149	벽락(壁落) 106, 143
백장열반(百丈涅槃) 91	벽면래(劈面來) 53, 89
백천만중(百千萬重) 165	벽복완심(劈腹剜心) 206
백초두상 파각간과(百草頭上 罷卻干戈) 68	벽안호승(碧眼胡僧) 116
	벽암(碧巖) 11
백추(白槌) 195	벽옥전(碧玉殿) 43
번관(番款) 27	벽전(劈箭) 134
번래복거(翻來覆去) 116	벽지리매관인(僻地裏罵官人) 193
번안법(飜案法) 13	변개(辨箇) 127
번장(番將) 39	변견(便見) 55
벌유(筏喩) 216	변견~불(便見~不) 32
범가우심(犯稼憂深) 15	변과(辨過) 196

변내(便乃) 50
변도봉불(辨道奉佛) 22
변득(辨得) 32, 180
변의(便宜) 76
변임마거시(便恁麽去時) 112
변적(辨的) 36, 186
변주문(辨主問) 90, 176
변통저인(邊通底人) 92, 158
별(別) 88, 213
별비사(鱉鼻蛇) 41, 80
별어(別語) 179
별운(別云) 61
별인(別人) 126
별지거(瞥地去) 152
병(丙) 13
병정동자(丙丁童子) 47
보기(寶器) 167
보리류시(菩提流支, ?~527) 25
보복(保福) 41, 83
보살자(菩薩子) 163
보수(寶壽) 127
보역보 추역추(步亦步 趣亦趣) 17
보왕찰(寶王刹) 170
보자(報慈) 68
보조(普照) 12
보주인송적(普州人送賊) 80, 113
보청(普請) 40, 121
보화(普化) 106, 122
보화왕좌(寶華王座) 163
복당(福唐) 140

복두각(幞頭脚) 167
복색건곤(㠠塞乾坤) 166
복응(服膺) 110
복자(複子) 36
본래면목(本來面目) 204
본말(本末) 12
본분사(本分事) 30, 34
본분수각(本分手脚) 28
본분인(本分人) 33
본분종사(本分宗師) 54
본분초료(本分草料) 70, 145
본인(本仁) 66
본지풍광(本地風光) 204
본칙(本則) 19
봉경우연(逢境遇緣) 135
봉로신(捧爐神) 126
봉문(蓬門) 130
봉송(鬅鬆) 191
봉추(鳳雛) 212
봉하파리(縫罅披離) 169
봉황루(鳳凰樓) 160
봉후선생(封后先生) 162
봉훼(鳳喙) 158
부(~否) 141
부(復) 213
부(俯) 178
부거(芙蕖) 105
부결(部決) 217
부대사(傅大士, 497~569) 23, 153, 202

부동(不同) 115
부동성색(不動聲色) 213
부득(不得) 40
부득력(不得力) 86
부분(浮盆) 56
부산원록공(浮山遠錄公) 119
부수(扶竪) 39
부시(復是) 185
부시하인(復是何人) 46
부여(付與) 164
부재승부(不在勝負) 128
부쟁다(不爭多) 187
부즉유한(不啷嚼漢) 20
부지(不知) 57
부지여하(不知如何) 204
부지지(不只止) 192
부촉(付囑) 16
부타(負墮) 61
북종(北宗) 13
분(分)　22, 28, 39, 97, 203
분개호(分開好) 31
분노나타(忿怒那吒) 185
분소불하(分疏不下) 30, 56
분양십팔문(汾陽十八問) 52
분일절(分一節) 50
불~면견(不~免見) 102
불가총(不可總) 185
불감(不堪) 24
불감(不敢) 70
불감(不甘) 118

불견(佛見) 88
불견(不見) 32, 51
불견도(不見道) 41
불과(佛果) 194
불과노인(佛果老人) 11
불관(不管) 38
불능관득(不能管得) 204
불로중거(不勞重擧) 106
불롱귀안정(不弄鬼眼睛) 40
불매(不昧) 77
불면(不免) 21, 90
불방(不放) 39
불방(不妨) 23
불방실두(不妨實頭) 123
불별지(不瞥地) 162
불부(不負) 111
불분(不憤) 47
불상불하(不上不下) 53
불석미모(不惜眉毛) 89
불소(不消) 91, 138, 143
불소득(不消得) 170
불소일날(不消一捏) 73
불시호심(不是好心) 139
불신도(不信道) 50, 101
불심인(佛心印) 21
불안(不安) 33
불오(不悟) 120
불용도도(不用切切) 161
불이법문(不二法門) 180
불임마(不恁麽) 33

불조대기(佛祖大機)　55
불집무정유(不執無定有)　52
불착(不著)　20, 77
불착변(不著便)　100, 196
불착불구(不著佛求)　58
불착소재(不著所在)　139
불청승우(不請勝友)　145
불출세(不出世)　119
불치반문전(不直半文錢)　20
불탑인(不搭印)　109
불통(不通)　167
불하(不下)　40
불획이(不獲已)　162
붕구산(堋口山)　93
붕두(棚頭)　112
비(俾)　16
비공(鼻孔)　93, 134
비공요천(鼻孔遼天)　186
비구(比丘)　12
비력(費力)　134
비로(毘盧)　209
비로인(毘盧印)　163
비마(秘魔)　74
비부(蚍蜉)　213
비비상천(非非想天)　101
비야리(毘耶離)　181
비인(非人)　127
빈도(貧道)　154
빈신(嚬呻)　141
빙릉(氷凌)　79

[ㅅ]

사(師)　188
사가(乍可)　91
사갈(娑竭)　35
사계(謝戒)　97
사관(仕官)　126
사광(師曠)　188
사교하마(蛇咬蝦蟆)　123
사구(四句)　161, 178
사귀(社鬼)　219
사기순물(舍己徇物)　13
사도(渣渡)　59
사득(捨得)　65, 181
사랑당(死郞當)　127
사랑당지(死郞當地)　152
사래다소시(死來多少時)　76
사래선거(絲來線去)　84, 165
사론(四論)　114
사료간(四料簡)　48
사륙문장(四六文章)　74
사륜(絲綸)　65
사리(闍黎)　118
사리상차착야(闍黎相次著也)　136
사명두(詐明頭)　54
사명수(四溟水)　189
사미동행(沙彌童行)　210
사방절창(四方絶唱)　203
사백군주(四百軍州)　155
사백사병(四百四病)　33, 220

찾아보기 | 241

사백주(四百州) 88, 136
사법계(四法界) 189
사부득(捨不得) 181
사불(事佛) 154
사삼랑(謝三郎) 80
사생(四生) 179
사생야(事生也) 123
사성성(似惺惺) 176
사수(斯須) 220
사숙(師叔) 105
사승가(師僧家) 101
사신도고(辭辛道苦) 193
사십이장경(四十二章經) 12
사외무기 기외무사(事外無機 機外無事) 199
사월망(四月望) 18
사유(四維) 44
사유타전론(四維陀典論) 150
사이부조(死而不弔) 155
사임마(似恁麼) 48
사자(師資) 60
사자(些子) 39, 149
사자반척지구(獅子返擲之句) 62
사자후(獅子吼) 36
사장(寺莊) 155
사조(寫照) 18
사조연(四祖演) 84
사주팔현(四州八縣) 63
사중(四衆) 65
사지(四智) 173

사지팔절(四肢八節) 189
사칠이삼(四七二三) 167
사타(射垜) 176
사태(沙汰) 61, 86, 132
사태승(沙汰僧) 201
사하마(死蝦蟆) 57
사한(死漢) 58
사해랑평 백천조락(四海浪平 百川潮落) 97
사형(師兄) 189
사회복연(死灰復然) 219
삭가라안(爍迦羅眼) 53
산(山) 97
산고석렬(山高石裂) 140
산등(山藤) 153
산래(箑來) 32
산산(珊珊) 101
산소(山魈) 142
산오간(山塢間) 202
산천급악(山川岌嶭) 172
산하부재경중관(山河不在鏡中觀) 114
산형주장자(山形拄杖子) 71
살(煞) 133
살각시인기안사(撒却時人幾眼沙) 214
살도(殺道) 207
살바야해(薩婆若海) 174
살사(撒沙) 151
살인도(殺人刀) 58
살토살사작십마(撒土撒沙作什麼) 129
삼가촌리한(三家村裏漢) 52

삼경오론(三經五論) 101
삼계(三界) 168, 179
삼교노인(三敎老人) 18
삼구(三句) 44
삼군(三軍) 14, 40
삼급랑고(三級浪高) 213
삼덕법신(三德法身) 210
삼독(三毒) 199
삼돈봉(三頓棒) 59
삼루(滲漏) 65
삼매(三昧) 157
삼문(三門) 43, 146, 184
삼문외양개한(三門外兩箇漢) 120
삼백담(三百檐) 87
삼백여회(三百餘會) 199
삼백육십회(三百六十會) 45
삼산(三山) 101
삼생육십겁(三生六十劫) 49, 125, 195
삼선천(三禪天) 94
삼성(三聖) 128, 155
삼승(三乘) 51
삼십삼인(三十三人) 64
삼십육책(三十六策) 38
삼십이보살(三十二菩薩) 181
삼십이조(三十二祖) 197
삼요(三要) 108, 206
삼월우문(三月禹門) 200
삼인불성(三因佛性) 210
삼재(三災) 94
삼전토(三轉土) 121

삼제종강(三提宗綱) 215
삼조(三朝) 71
삼조(三祖) 107
삼조연하 칠척단전(三條椽下 七尺單前) 87, 129
삼조연하간취(三條椽下看取) 122
삼조찬대사(三祖璨大師) 201
삼중사중(三重四重) 67
삼척장자교황하(三尺杖子攪黃河) 101
삼천, 팔백(三千, 八百) 144
삼촌심밀(三寸甚密) 113, 177
삼평(三平) 176
삼학(三學) 134
삼현(三玄) 65
삼현과갑(三玄戈甲) 111
삼현삼요(三玄三要) 111
상(尙) 218
상(上) 51
상거다소(相去多少) 99
상격(常格) 74
상견(相見) 72
상골로사(象骨老師) 121
상골산(象骨山) 81
상교(相交) 178
상담망혼(喪膽亡魂) 144
상당거(相當去) 146
상두인(上頭人) 140
상래(上來) 163
상량(商量) 47
상료(相料) 157

상망(象罔) 188
상매요이접취 상타요이발수(相罵饒你
    接觜 相唾饒你潑水) 30
상봉범수(傷鋒犯手) 27
상부(相副) 84
상사(狀似) 108
상생(想生) 174
상생(相生) 174
상석타령(相席打令) 113, 163
상수래(相隨來) 105, 116
상아아손(喪我兒孫) 90
상암(相諳) 50
상여(相如) 150
상요(相饒) 24
상자(傷慈) 49, 137
상재(上載) 122
상재어(上才語) 51
상적멸(常寂滅) 210
상정(常情) 114
상좌(上座) 37, 176
상주물색(常住物色) 205
상지남 담지북(湘之南 潭之北) 71
상차(相次) 126, 144
상차간(相次間) 104
상추과(相推過) 162
상휴(上休) 215
새외장군령(塞外將軍令) 121
색단인구(塞斷人口) 69
색신(色身) 177
생(生)·융(融)·예(叡) 114

생기(生機) 164
생기처(生機處) 158
생원가(生冤家) 97
생철주취(生鐵鑄就) 73
생철주취저한(生鐵鑄就底漢) 87, 96
서강미흡(西江未吸) 15
서경(西京) 151
서구야니주(西瞿耶尼洲) 133
서기(書記) 58
서당(西堂) 92
서당장(西堂藏) 97
서래의(西來意) 161
서서(栖栖) 154
서선(西禪) 135
서암(瑞巖) 109
서왕모(西王母) 98
서우선자(犀牛扇子) 193
서우아(犀牛兒) 193
서원(西院) 206
서원(西園) 73
서주완공산(舒州皖公山) 201
서천(西天) 162
서촉(西蜀) 37, 94
서호(西湖) 122
석가노자(釋迦老子) 14, 45
석가엄실(釋迦掩室) 195
석공(石鞏) 61, 176
석도자(錫刀子) 153
석두(石頭) 57, 77
석문총(石門聰) 76

석상(石霜) 32, 137
석실선도(石室善道) 86
석자(釋子) 13
석취미모(惜取眉毛) 97
선(綫) 219
선관(選官) 167
선기(璇璣) 107
선기전전(旋機電轉) 42
선도화상(善道和尙) 103
선봉, 전후(先鋒, 殿後) 173
선사(先師) 179
선약(僊藥) 158
선월(禪月) 35, 87, 180
선율사(宣律師) 202
선자(船子) 189
선장(仙杖) 160
선재(善財) 186
선주산(先曹山) 73
선타객(仙陀客) 195
선타파(仙陀婆, saindhava) 196
선판(禪板) 75
선화(宣化) 181
선화을사(宣和乙巳) 215
선화자(禪和子) 30
설(囓) 214
설(楔) 62
설곡(雪曲) 202
설당간본(雪堂刊本) 218
설도(說道) 30
설두(舌頭) 37

설두락지(舌頭落地) 50, 212
설봉(雪峰) 40, 79
설봉곤구(雪峰輥毬) 120
설여(說與) 35
설의석녀(雪衣石女) 212
설자(說這) 20
설주상악(舌拄上齶) 29, 168
섬부철우(陝府鐵牛) 111
섬어(譫語) 110
섭자(楪子) 104
성(聖) 20
성공(性空) 72
성군작대(成群作隊) 82
성력(省力) 74
성불자주(成佛子住) 170
성색(聲色) 123
성색불법(聲色佛法) 168
성성착(惺惺著) 109
성승(聖僧) 167
성와(盛臥) 39
성외구(聲外句) 107
성요처(省要處) 74, 137
성전일구(聲前一句) 46
성제제일의(聖諦第一義) 20
성조한(性懆漢) 46
성주괴공(成住壞空) 94
성지명백(性地明白) 135
성풍(成風) 127
성훼(成毀) 14
세제(世諦) 49

세제정견(世諦情見) 84
소(疏) 215
소가(小可) 121
소강(小江) 109
소관심중(所關甚重) 17
소국사(韶國師) 48
소내한(蘇內翰) 107
소단(鎖斷) 96
소득(消得) 95
소득임마(消得恁麼) 165
소림(少林) 24
소림구좌미귀객(少林久坐未歸客) 90
소매롱(小賣弄) 29
소명태자(昭明太子, 501~531) 23, 203
소보(小補) 217
소부득면부득(少不得免不得) 92
소삭(銷鑠) 87
소산(疏山) 48
소소영령(昭昭靈靈) 210
소실봉(少室峰) 24
소양(韶陽) 82
소양노인(韶陽老人) 63
소양신정기(韶陽新定機) 46, 146
소연지(翛然地) 157
소용(疎慵) 85
소우몽몽(疏雨濛濛) 90
소이고인도(所以古人道) 31
소이도(所以道) 184
소일개(消一箇) 171
소지이진(掃地而盡) 71

소지인(掃地人) 93
소친(疏親) 204
소하매각가은성(蕭何賣卻假銀城) 117
소한(霄漢) 201
속(屬) 56
속미립(粟米粒) 40
속제(俗諦) 23
속함통전(續咸通傳) 58
손공(孫公) 83
송고(頌古) 13, 27
송살료(頌殺了) 117
송운(宋雲) 25
수(廋) 116
수(竪) 125
수(須) 73
수(數) 17
수~시득(須~始得) 32
수각(輸却) 43
수결(受訣) 128
수기(受記) 38
수두타령 액하완금(袖頭打領 腋下剜襟) 118
수득(收得) 151
수득 a 연후 b(須得 a 然後 b) 61
수렴(繡簾) 212
수류인(隨類人) 185
수망각란(手忙脚亂) 136
수무남거안 간취북래어(雖無南去雁 看取北來魚) 217
수미나반파수공행(須彌那畔把手共行)

246

수   209
수미남반(須彌南畔)   64
수미좌하오구자(須彌座下烏龜子) 35
수범(垂範)   189
수본급말(酬本及末)   203
수부지(殊不知)   28
수분염롱(隨分拈弄)   129
수사(隨邪)   81
수사축악(隨邪逐惡) 71, 200
수산주(修山主)   92
수살(愁殺)   34
수선사(壽禪師)   91, 181
수수래사과이(垂手來似過你) 30
수승(殊勝)   154
수시(垂示)   19
수시(須是)   34, 210
수시~시득(須是~始得)   35
수어(垂語)   42, 144, 179
수요(須要)   44
수요여차(須要如此)   164
수인(水因)   170
수장선고 이다불대(水長船高 泥多佛大)
                  168
수재(收在)   69
수절(殊絶)   132
수정궁(水晶宮)   69
수제선(受齊禪)   153
수조엽락시여하(樹凋葉落時如何) 177
수좌(首座)   43
수즉대가수(收則大家收) 155

수지(竪指)   14
수창(酬唱)   129
수처입작(隨處入作)   69
수판(手板)   181
수후루수(隨後婁藪)   137
숙종(肅宗)   70
숙종문 충국사(肅宗問 忠國師) 195
숙종제(肅宗帝)   208
순세(順世)   99
순야다(舜若多)   45
순일(旬日)   210
순행수묵(巡行數墨)   204
습기(習氣)   160
습득구끽반(拾得口喫飯)   149
습학(習學)   119
승당(承當)   48
승당득(承當得)   21
승량(乘凉)   213
승문(承聞)   94
승문덕산(僧問德山)   176
승의근(勝義根)   173
승좌(陞座)   195
승찬(僧璨)   29
시(是)   23
시~간(試~看)   33
시~시~(是~是~)   77
시다림(屍陁林)   137
시득(始得)   21
시방제응(十方齊應)   193
시비교결처(是非交結處)   115

시십마심행(是什麼心行) 112, 156
시여(是汝) 96
시인(時人) 97
시정당간(始定當看) 155
시즉시(是卽是) 184
시처(是處) 192
시추기(屎臭氣) 146
식신(識神) 143, 210
신계(新戒) 99
신광(神光) 125, 201
신구난도(信口亂道) 91
신구천리(神駒千里) 109
신도(新到) 81, 121, 202
신득급(信得及) 87
신수대사(神秀大師) 92
신수염래초(信手拈來草) 148
신종(神宗) 35
신채답거(信彩答去) 113
신통유희삼매(神通遊戱三昧) 184
신풍화상(新豊和尙) 97
실각비공(失卻鼻孔) 98
실두(實頭) 171
실두인난득(實頭人難得) 103
실수지호(悉受指呼) 55
실연불회(實然不會) 73
실전조죄(失錢遭罪) 50
실지(實地) 69
실처(實處) 86
실효(失曉) 118
심(心) 52

심담(心膽) 88
심변래풍(深辯來風) 38
심사(尋思) 48
심사포단(心死蒲團) 16
심상(尋常) 91
심심희유(甚深希有) 219
심어(甚語) 147
심역(尋繹) 215
심종(心宗) 123
심지(心地) 51
심행(心行) 123, 156
심행문(心行問) 115
십마인(什麼人) 19
십신조어(十身調御) 71, 208
십육개사(十六開士) 169
십육관행(十六觀行) 174
십이문(十二門) 98
십이분교(十二分敎) 52, 64
십일병조(十日並照) 185
십주(十州) 158
십주기(十洲記) 158
십칠세(十七歲) 216
십팔문(十八問) 90, 122
십팔반(十八般) 119
십팔반실리(十八般失利) 120
십팔상(十八上) 174
십허(十虛) 149
쌍검(雙劍) 186
쌍림(雙林) 154
쌍방쌍수(雙放雙收) 151

쌍성선체힐(雙成仙體纈) 212
쌍제료(雙提了) 145

[ㅇ]

아(啞) 63
아(屙) 171
아나개시(阿那箇是) 25
아난(阿難) 149
아날랄(阿剌剌) 179, 207
아내(衙內) 108
아뇩다라삼먁삼보리(阿耨多羅三藐三菩提) 203
아라한(阿羅漢) 199
아랑당(訝郎當) 98, 152
아로(阿勞) 38
아록록지(阿轆轆地) 151
아문병신수(我聞幷信受) 204
아상(我相) 204
아수(阿誰) 34
아야불필재(我也不必在) 49
아야사아다(阿爺似阿爹) 162
아야아다(阿爺阿爹) 60
아왕고중무여시사(我王庫中無如是事) 200
아자끽고과(啞子喫苦瓜) 34
아호(鵝湖) 41, 68
악(噩) 159
악각수(惡脚手) 57
악수(惡水) 22

안가(晏駕) 58
안국사(安國師) 202
안뇌(眼腦) 148, 177
안립명자(安立名字) 78
안배(安排) 53, 119
안변수친(眼辨手親) 106, 200
안온(安穩) 52
안우두끽초(按牛頭喫草) 167
안자(顔子) 218
안친수변(眼親手辨) 183
안피탄저(眼皮綻底) 107
안회(顔回) 212
암두(巖頭) 41, 79
암두문승(巖頭問僧) 176
암함래(諳含來) 166
암효득(諳曉得) 109
앙산(仰山) 72, 102, 155
앙앙장장(昻昻藏藏) 155
애(愛) 90
애견(駭見) 110
애문방호(挨門傍戶) 48
애색살인(礙塞殺人) 73
애애(埃壒) 189
애착(挨著) 76
애찰(挨拶) 83
앵무주(鸚鵡洲) 67
야(也) 93
야득(惹得) 46, 192
야미제득일반재(也未提得一半在) 203
야반승(野盤僧) 104

찾아보기 | 249

야즉(也則)　77
야채(野榾)　126
야침침(夜沈沈)　211
야호정(野狐精)　21
야호지취(野狐之趣)　15
약개(躍開)　160
약기(藥忌)　116
약로(略露)　42
약부동상수 언지피저천(若不同床睡　焉知
　　被底穿)　114
약불~(略不~)　56
약불약조(若佛若祖)　101
약산(藥山)　116, 175
약시(若是)　27, 178
약야(若也)　38
약위종(若爲宗)　155
약작(略勺)　133
약허두한(掠虛頭漢)　54
약홀(若忽)　132, 205
양경겸추(兩經鉗鎚)　216
양공(良工)　213
양공(良公)　139
양구(良久)　70, 149
양구동무일설(兩口同無一舌)　112
양두(兩頭)　89, 96
양두삼면(兩頭三面)　29, 170
양무제(梁武帝)　20
양미수불(揚眉揷拂)　220
양변(兩邊)　105
양선객(良禪客)　138

양수부공(兩手摚空)　54
양자(養子)　33
양주록문(襄州鹿門)　109
양중공안(兩重公案)　26, 206
양채일새(兩采一賽)　112
양파여수(陽坡如繡)　219
양표삽삽(涼飇颯颯)　90
양화상(讓和尙)　163
어가(御街)　85
어로참차(魚魯參差)　60
어수부동(語雖不同)　215
어시(於是)　61
어요(語要)　19
어행주사(魚行酒肆)　153
억(抑)　17
언우(鰌䱊)　14
언유재이(言猶在耳)　38
언중성악(言重性惡)　72
언중유향(言中有響)　111, 116
엄양존자(嚴陽尊者)　87
엄이난해(掩耳難諧)　106
엄이투령(掩耳偸鈴)　183
여(與)　70
여(如)　88
여격대천(如隔大千)　46
여금인(如今人)　23
여년(驢年)　34, 183
여룡(驪龍)　63, 146
여룡무족 사사유각(如龍無足　似蛇有角)
　　131

여마도(與麽道) 40
여시개인(汝是箇人) 56
여아의자(如我意者) 180
여여(如如) 156
여여불(如如佛) 146
여우무각 사호유각(如牛無角 似虎有角) 132
여이타병료야(與爾打倂了也) 115
여인배(女人拜) 156
여전마후(驢前馬後) 135, 210
여지약하(如之若何) 152
여치사올(如癡似兀) 103
여타마재(驢駝馬載) 203
여타약(驢駝藥) 107
여하득유제(如何得諭齊) 192
여허다(如許多) 38
여허대(如許大) 122
역려(逆旅) 167
연등불(然燈佛) 143
연망(連忙) 99, 119
연성벽(連城璧) 150
연수(延壽) 95
연수당(延壽堂) 155
연수여시(然雖如是) 32
연수여차(然雖如此) 71
연우정사(延祐丁巳) 218
연존(年尊) 193
연지(延止) 71
연화봉암주(蓮花峰庵主) 85
열만(熱瞞) 154, 207

열성총(列聖叢) 195
열전(裂轉) 95
열조(列祖) 11
열찰(列刹) 117
열한(列漢) 109
염(拈) 17
염각(拈卻) 97
염고(拈古) 27
염관(鹽官) 58, 77, 193
염득구실각비공(拈得口失却鼻孔) 93
염라노자(閻羅老子) 152
염로자(閻老子) 116
염롱(拈弄) 97, 184
염부단금(閻浮壇金) 63
염부수(閻浮樹) 63
염부제 염부주(閻浮提 閻浮洲) 63
염사지색역비(染絲之色易悲) 16
염섬(廉纖) 160, 209
염일방일(拈一放一) 203
염제(拈提) 120
염철(拈掇) 27, 194
염평승(鹽平僧) 152
염화미소(拈花微笑) 15
엽(靨) 129
영(領) 54, 199
영가(寧可) 185
영가(永嘉) 96
영광화상(永光和尙) 115
영남(嶺南) 15
영단단(影團團) 72

영득(贏得) 50, 122, 169
영득일주(贏得一籌) 137
영령한(英靈漢) 37
영불허행(令不虛行) 88
영사(影事) 174
영산(靈山) 196
영수(靈樹) 43
영양괘각(羚羊掛角) 17
영영향향(影影響響) 69
영운(靈雲) 78
영인의착(令人疑著) 80
영주(郢州) 108
영주(英胄) 58
영탈(穎脫) 59, 95, 160, 167
예(瞖) 145
예각(拽却) 122
예배기래(禮拜起來) 81
예주협산영천선원(澧州夾山靈泉禪院) 19
오경(五更) 210
오경(五經) 153
오구(烏臼) 164
오노봉(五老峰) 102
오대(五代) 110
오대(五臺) 104
오백년일간생(五百年一間生) 89
오백인선지식(五百人善知識) 47
오봉(五峰) 157
오비구(五比丘) 45
오산(鰲山) 41

오산점(鰲山店) 80
오석령(烏石嶺) 41
오예(五洩) 77
오와(聲訛) 38
오원통(悟圓通) 171
오위(五位) 118
오위군신(五位君臣) 48
오일일풍 십일일우(五日一風 十日一雨) 98
오제삼황(五帝三皇) 34
오조계(五祖戒) 76
오조선사(五祖先師) 23
오천(五天) 150
오천사십팔권(五千四十八卷) 143
오형지속삼천(五刑之屬三千) 178
오호(五湖) 109, 205
오호사해(五湖四海) 82
옥(阿) 62
옥리노야노랑(屋裏老爺老娘) 183
옥리좌(屋裏坐) 200
옥영(玉英) 158
옥잠휴휴거사(玉岑休休居士) 14
온당(穩當) 162, 194
온밀전지(穩密田地) 66
온색(慍色) 71
온자(蘊藉) 100, 116
와룡(臥龍) 72, 200
와천(訛舛) 218
와해빙소(瓦解氷消) 100
완만(頑慢) 129

완완지(緩緩地) 38
완자(碗子) 104
완전반박(宛轉盤礴) 158
왕개(王凱) 212
왕노사(王老師) 88, 147
왕로(王老) 79
왕부상시(王府常侍) 65
왕왕(往往) 28
왕태부(王太傅) 126
왕현책(王玄策) 181
외국잡전(外國雜傳) 158
외도(外道) 149
외도문불(外道問佛) 195
외우(煨芋) 102
요(了) 78
요(要) 34, 51, 134, 184
요(銚) 126
요구(橈鉤) 123
요구탑삭료(橈鉤搭索了) 206
요기(了期) 31
요당(了當) 170
요도(潦倒) 50
요도몰교섭(料掉沒交涉) 207
요상귀자(尿床鬼子) 99
요성(聊城) 14
요요총총(擾擾忽忽) 64
요자과신라(鷂子過新羅) 28
요지산상로 수시거래인(要知山上路 須是
   去來人) 102
요진(要津) 75

요차(要且) 75, 139, 199
요활활(鬧湉湉) 172
욕주(浴主) 120
용~부진(用~不盡) 73
용~작마(用~作麼) 26
용담(龍潭) 37
용동(儱侗) 78
용사(龍蛇) 57
용사진(龍蛇陣) 159
용상(龍象) 56
용수(龍樹) 60
용아(龍牙) 75
용용(茸茸) 44
용처(用處) 41
우도(又道) 113
우두(牛頭) 78
우두몰 마두회(牛頭沒 馬頭回) 41, 128
우두융(牛頭融) 57
우문(禹門) 49, 144
우복이(右伏以) 216
우운(又云) 202
우이성문(偶爾成文) 128
우적성(雨滴聲) 123
우주공래(宇宙空來) 74
우중(嵎中) 13
우직안자 역지개연(禹稷顔子 易地皆然)
   17
우차(又且) 203
우해(偶諧) 117
운거간(雲居簡) 181

운거라한(雲居羅漢)　56, 145
운거석(雲居錫)　73
운거홍각(雲居弘覺)　111
운문(雲門)　27, 40, 42, 143, 168
운문화(雲門話)　178
운봉(雲峰)　40
운암(雲巖)　157, 160, 188
운염염(雲冉冉)　146
운출자기가진(運出自己家珍)　73
운호재(云乎哉)　218
옹기(雄基)　145
웅이산 정림사(熊耳山 定林寺)　25
웅이일총총(熊耳一叢叢)　90
원(原)　179
원(源)　160
원두(園頭)　110
원래(圓來)　148
원래(元來)　110
원록공(遠錄公)　35, 52, 95
원명(圓明)　73
원섬(圓蟾)　218
원오심요(圓悟心要)　216
원의(遠意)　194
원자각(元字脚)　92
원정계조 만물함신(元正啓祚 萬物咸新)　120
원타타지(圓陀陀地)　119
위 효명제(魏 孝明帝)　24
위당(爲當)　164
위령(威獰)　150

위부(爲復)　211
위부 a 위부 b(爲復 a 爲復 b)　90, 115
위부 ab(爲復 ab)　198
위산(潙山)　36, 84, 157
위산진여(潙山眞如)　150
위산철(潙山喆)　76
위십마(爲什麽)　25
위정(謂情)　192
위차(位次)　78
위초(危峭)　159
유(諭)　28
유(攸)　90
유(有)　39
유견(有見)　185
유괘진치재(猶掛唇齒在)　103
유교반월정(猶較半月程)　133
유교사자(猶較些子)　25
유교십만리(猶較十萬里)　189
유교일착재(猶較一著在)　96
유금유종(有擒有縱)　138
유기(由基)　156
유나(維那)　121
유당(唯當)　207
유래(由來)　155
유마힐(維摩詰)　180
유방승(游方僧)　209
유봉(乳峰)　82, 125
유분(有分)　62
유불주(猶不住)　169
유순(由旬)　63

유심료일(有甚了日) 103
유십마사급(有什麼死急) 64
유십마한(有什麼限) 176
유아능지(唯我能知) 64, 202
유언(遺言) 109
유인(有人) 108
유자(油糍) 37
유자(猶自) 69
유자(諭子) 189
유자만한(猶自顢頇) 199
유자소재(猶自少在) 198
유쟁반월정(猶爭半月程) 86
유조반조 무조반례(有條攀條 無條攀例) 53
유주생(流注生) 174
유주엽현(遊州獵縣) 183
유주유자가 최고시강남(幽州猶自可 最苦是江南) 77
유주유자가 최고시신라(幽州猶自可 最苦是新羅) 193
유철마(劉鐵磨) 69, 84
유침선(有針線) 104
유하락(有下落) 111
유화(遊化) 154
육국(六國) 84
육극(六極) 130
육긍대부(陸亘大夫, 764~834) 114
육상(六相) 190
육수의(六銖衣) 166
육식(六識) 172

육신보살(肉身菩薩) 73
육이부동모(六耳不同謀) 89
육침(陸沈) 76, 168, 197
육침선(陸沈船) 156
육합(六合) 145, 189
윤추(輪鎚) 53
은은유회구일혐(隱隱猶懷舊日嫌) 118
은점(銀簪) 212
음(瘖) 220
음(陰)·계(界)·입(入) 182
음계(陰界) 100, 143
음기탄성(飮氣吞聲) 30
음음이소(吟吟而笑) 81
의(擬) 204
의구(依舊) 30
의대번관나(擬待翻款那) 138
의모탈출(依模脫出) 46
의세기인(倚勢欺人) 166
의양화묘아(依樣畫猫兒) 197
의욕(擬欲) 57
의의(依依) 87
의자(意者) 219
의천조설(倚天照雪) 213
의취(擬取) 36
의희월국 방불양주(依俙越國 髣髴揚州) 76
이(咦) 26, 44
이(貽) 81
이(以) 110
이고(李翶, 772~841) 100

이금(而今) 135
이기방인(以己方人) 80, 141
이능복표(理能伏豹) 38
이독어(吏牘語) 15
이락(伊洛) 201
이란(離亂) 111
이로(二老) 17
이루(離婁) 188
이륙시중(二六時中) 164
이리세토괴(泥裏洗土塊) 63
이백년(二百年) 216
이사구절백비(離四句絶百非) 142
이삼(二三) 126
이성(理性) 114
이성불법(理性佛法) 129
이시(異時) 219
이신묘술(頤神妙術) 11
이십여장경(二十餘張經) 203
이십오원통(二十五圓通) 170
이여지명(理與智冥) 143
이연(怡然) 43
이용(利用) 154
이응(李膺) 133
이의(二儀) 210
이의견의(以意遣意) 88
이인(二人) 38
이일보(移一步) 102
이장군(李將軍) 139, 159
이장자(李長者) 83
이조(二祖) 22, 170

이종어(二種語) 199
이탄자(泥彈子) 131
이허(裏許) 72
인(鄰) 119
인(人) 137
인가남녀(人家男女) 80, 172
인공, 인니, 인수(印空, 印泥, 印水) 86
인상(人相) 204
인수치득(因誰致得) 181
인순(因循) 150
인아견(人我見) 24, 181
인연(寅緣) 156
인일립옹탄사(因一粒甕呑蛇) 214
인자(仁者) 167, 180
인재경찬(因齋慶讚) 163, 196
인종진주래 각왕허주거(人從陳州來 卻往許州去) 177
인준(忍俊) 119
인준불금 난봉기편(忍俊不禁 難逢其便) 127
인지시(因地時) 69
인지작월(認指作月) 17
인천(人天) 192
인천명맥(人天命脈) 55
인천안목(人天眼目) 43
인통성(忍痛聲) 134
인허(鄭虛) 79
일(一) 122
일개간시편(一箇乾柴片) 144
일개반개(一箇半箇) 45

일개철궐자(一箇鐵橛子) 119
일격편행처(一擊便行處) 122
일경(一境) 55
일고(一靠) 180
일구(一口) 153
일구검(一口劍) 162
일군지변(逸群之辯) 171
일궐(一橛) 63
일규(一揆) 157
일긍청공(一亘晴空) 107
일기(一機) 33, 55
일대노한(一隊老漢) 12
일대칠통(一隊漆桶) 147
일도신광(一道神光) 192
일도양단임편파(一刀兩段任偏頗) 147
일두지(日頭地) 159
일두피선(一肚皮禪) 76
일등(一等) 23
일등~취중(一等~就中) 23
일락삭(一落索) 120
일령포삼(一領布衫) 122
일망타취(一網打就) 133
일모탈출(一摸脫出) 43
일문대광전(一文大光錢) 49
일반(一般) 59
일반(一半) 117
일보(一寶) 145
일봉야소부득(一棒也少不得) 211
일봉일조흔(一棒一條痕) 170
일부주이불휴(一不做二不休) 172

일붕(一棚) 86
일사 ~ 상사(一似~相似) 27, 35
일사도환유~마(一似道還有~麼) 145
일사암두소(一似巖頭笑) 155
일사호(一絲毫) 90
일상(一上) 38, 154, 196
일색변사(一色邊事) 61, 117
일성사(一星事) 82
일숙각(一宿覺) 97
일시기부득(一時起不得) 176
일여~도(一如~道) 154
일여설화(一如說話) 84
일예석 이반토(一拽石 二般土) 120
일용이부지(日用而不知) 191
일월광경지고(日月光景之故) 219
일유(一唯) 218
일유지설(日喩之說) 13
일이삼사오륙(一二三四五六) 125
일인전허 만인전실(一人傳虛 萬人傳實) 125
일임(一任) 164
일자친득(一子親得) 80
일장령과(一狀領過) 59, 131
일장마라(一場懡㦬) 21, 92
일장패궐(一場敗缺) 107
일전(一箭) 186
일전어(一轉語) 86
일점야착부득(一點也著不得) 170
일조(一條) 79
일조(一條) 179

일조주장양인부(一條拄杖兩人扶)　85,
　165
일족파삼관(一鏃破三關)　138
일지칠요절료(一至七拗折了)　178
일찬천각(一串穿却)　32
일찰(一拶)　24
일척안(一隻眼)　49, 76
일천오백인선지식(一千五百人善知識)
　128
일첨다(一貼茶)　61
일첩자(一帖子)　43
일추변성(一槌便成)　123
일출일입(一出一入)　128
일편허응(一片虛凝)　192
일필구하(一筆句下)　120, 186
일하(一夏)　205
일합상(一合相)　177, 178, 186
일합자(一合子)　43
일향(一向)　30, 77
일화(一火)　105, 138
일회일체회(一會一切會)　143
임마(恁麼)　33
임마나잠아(恁麼那賺我)　91
임마불임마(恁麼不恁麼)　100
임마시(恁麼時)　174
임마지(恁麼地)　101
임시(任是)　98, 116, 166, 176, 205
임시(臨時)　51, 86
임애간호시(臨崖看虎兕)　118
임어(臨御)　71

임운(任運)　103, 174
임이(任儞)　184, 220
임제(臨濟)　98
임제하존숙(臨濟下尊宿)　186
입니입수 동사동생(入泥入水 同死同生)
　65
입두(入頭)　47
입득(入得)　137
입로(入路)　141, 146, 179
입류(入流)　124
입리심담(入理深談)　187
입설여미휴(立雪如未休)　201
입작(入作)　126, 151
입작분(入作分)　151
입장(入藏)　35
입지(立地)　39, 166
입처(入處)　33
입초(入草)　102

[ㅈ]

자(褚)　14
자(子)　72
자개(這箇)　22, 151, 204
자개사자(這箇些子)　27
자고자금(自古自今)　95, 141
자공(子貢)　218
자기청정법신(自己清淨法身)　209
자난처사자시(者難處些子是)　67
자노적(這老賊)　29

자라장리살진주(紫羅帳裏撒眞珠) 55
자래(自來) 210
자령(藉令) 218
자령출거(自領出去) 40, 107
자료한(自了漢) 56
자리(這裏) 123
자린공봉(紫璘供奉) 127
자명(慈明) 111
자복(資福) 100
자사자(這些子) 162
자시(自是) 79, 138, 165, 184
자양산(紫陽山) 13
자연탈체(自然脫體) 135
자장래료(自將來了) 140
자점흉운(自點胸云) 205
자착안(自著眼) 192
자참결택(咨參決擇) 189
지칠통(這漆桶) 197
자파이안정(刺破爾眼睛) 125
자호(紫胡) 69, 202
작가(作家) 30, 48
작득거(綽得去) 195
작략(作略) 176
작례(作禮) 135
작마(作麼) 137
작마생(作麼生) 25
작복청허성(杓卜聽虛聲) 109
작십마(作什麼) 55
작액(斫額) 158, 159
작연(灼然) 172

작자(作者) 124
작작패세(作斫牌勢) 121
작적불수본(作賊不須本) 154
작적인심허(作賊人心虛) 50
잔조(殘照) 103
잠대충(岑大蟲) 69
잠살일선인(賺殺一船人) 96
잡잡지(咂咂地) 50
잡잡지(匝匝地) 147
잡지(匝地) 26
장(長) 150
장(杖) 152
장거(將去) 55
장거사(張居士) 217
장경(長慶) 40, 196, 199
장경(章敬) 96
장공자(張公子) 18
장괴(張乖) 117
장근보졸(將勤補拙) 99
장두백 해두흑(藏頭白 海頭黑) 197
장득래(將得來) 78
장로(莊老) 114
장봉문(藏鋒問) 63
장부(臧否) 43
장빈(漳濱) 56
장사(長沙) 105
장신로영(藏身露影) 132
장엄왕삼매(莊嚴王三昧) 157, 184
장연상(長連床) 171
장위(張煒) 13

장위(將謂)　20
장위득(將謂得)　76
장육금신(丈六金身)　37, 220
장이진여(張耳陳餘)　180
장자(莊子)　128, 198
장졸수재(張拙秀才)　96
장주지장(漳州地藏)　104
장착취착(將錯就錯)　66
장처(長處)　211
재(才)　111
재(在)　28, 32, 77, 116
재(梓)　216
재~변~(裳~便~)　27
재견(才見)　167
재과(攙過)　154
재나변거(在那邊去)　113
재변득(裁辨得)　86
재시(齋時)　163
재십마처(在什麼處)　26
재운전래(再運前來)　96, 142
재조(才調)　85
재처(在處)　150
재허윤용(再許允容)　110
쟁(爭)　64, 88
쟁내(爭奈)　44
쟁사(爭似)　104
쟁여(爭如)　188
저(底)　39
저리(底裏)　15
저리(底理)　11

저양촉번(羝羊觸藩)　49
저저처평지유여 고고처관지부족(低低處
　　平之有餘 高高處觀之不足)　157
적각(赤脚)　141
적당(的當)　197
적불타빈아가(賊不打貧兒家)　100
적성공능(敵聖功能)　204
적수적동(滴水滴凍)　125, 194
적심편편(赤心片片)　140
적육단(赤肉團)　99, 163
적자(的子)　79, 148
적적(的的)　83, 178
적적분명(的的分明)　139
적조(寂照)　209
전(傳)　25
전(顛)　37, 155, 163
전(轉)　124, 203
전과신라(箭過新羅)　20
전구색학(塡溝塞壑)　67
전기(全機)　137, 150
전기대용(全機大用)　148
전기영탈(全機穎脫)　95
전당(錢唐)　14
전동(轉動)　64
전두(前頭)　78, 200
전두송(前頭頌)　124
전두후두(前頭後頭)　105
전득타력(全得他力)　98
전래(前來)　25
전래도(前來道)　212

전록록지(轉轆轆地) 113, 134
전면송(前面頌) 130, 175
전물(轉物) 124
전박판(甎拍板) 131, 177
전변처(轉變處) 145
전보수(前寶壽) 206
전봉상주(箭鋒相拄) 117
전불구촌 후불질점(前不搆村 後不迭店) 148
전사노(田厙奴) 140
전사투기(展事投機) 59
전삼칙(前三則) 194
전상전우예불수(全象全牛翳不殊) 198
전수(展手) 210
전신일로(轉身一路) 87
전신처(轉身處) 107
전어(轉語) 72, 200
전연(展演) 123
전요(詮要) 215
전의(傳衣) 12
전쟁(戰爭) 192
전제(全提) 106
전제불기(全提不起) 29
전조단설재(前朝斷舌才) 118
전좌(典座) 84, 209
전주(詮注) 29
전지(田地) 50, 163
전지온밀처(田地穩密處) 163
전진(前塵) 173
전체패로(全體敗露) 219

전토(塼土) 202
절각당아(折脚鐺兒) 86
절공(絶功) 155
절기(切忌) 31, 97
절기의(絶機宜) 187
절단각근(截斷脚跟) 186
절류기(截流機) 112
절인(浙人) 79
절좌(折挫) 38
절철참정(截鐵斬釘) 135
절학(絶學) 119
절합(折合) 119, 147
점(點) 34, 36, 60, 146, 159, 189
점과(點過) 206
점득(點得) 164
점심(點心) 37
점액(點額) 35
점원(漸源) 136
점정(點定) 142
점진귀신 유불리부(點盡鬼神 猶不離簿) 16
점차(暫且) 57
점철성금 점금성철(點鐵成金 點金成鐵) 183
점파(點破) 127, 151
점피착골(粘皮著骨) 160, 170
점화재임시(點化在臨時) 143
점흉(點胸) 81
점흉처(點胸處) 145
접득(接得) 24

접물리생(接物利生) 40	정일(淨日) 217
정(定) 24, 174	정적(正賊) 131
정(程) 102	정좌차(正坐此) 219
정건곤저안(定乾坤底眼) 147	정주화상(定州和尙) 164
정과대사(淨果大師) 120	정중래(正中來) 118
정관(情款) 15	정중전주(鄭重專注) 73
정당(定當) 205	정중편(正中偏) 118
정당(正當) 211	정진(淨盡) 59
정당득(定當得) 130	정진의상(情塵意想) 165
정당임마시(正當恁麼時) 19	정초초지(靜悄悄地) 91
정동(定動) 24	정촉(淨觸) 91
정량(情量) 101	정해(情解) 32
정려(靜慮) 210	정해문(呈解問) 63, 129
정령(頂顙) 209	정호(正好) 46
정령귀굴(精靈鬼窟) 138	정호착력(正好著力) 138
정령전제(正令全提) 201	제(除) 181
정리자유(正理自由) 188	제(濟) 181
정명두구(淨名杜口) 195	제기기(第幾幾) 178
정반지성(定盤之星) 15	제당처(諦當處) 167
정법안장(正法眼藏) 44, 129, 192	제대수(題大隋) 94
정사(呈似) 59	제루(諸漏) 199
정사정기(佇思停機) 75, 125	제리(帝里) 71
정상(頂相) 48	제바종(提婆宗) 60
정색(正色) 188	제방(諸方) 28
정수장지(停囚長智) 70	제비시(除非是) 47
정식(情識) 27	제삼수(第三首) 124
정안방제(正按傍提) 151	제시(提撕) 147
정여(正如) 81	제이두 제삼두(第二頭第三頭) 71
정위(廷尉) 15	제이의문(第二義門) 40
정위(情謂) 103	제익(提撕) 183

제일기(第一機) 59
제일의(第一義) 13
제일표(第一杓) 166
제지(提持) 164
제철(提掇) 102
제취(題取) 105
제팔부동지(第八不動地) 174
제향(帝鄕) 53
제호상미(醍 上味) 114
조(造) 146
조(鵰) 160
조각(照覺) 107
조간두(釣竿頭) 146
조계(曹溪) 97
조계인자상탈장래(曹溪印子上脫將來)
  97
조계파랑(曹溪波浪) 75, 197
조도(鳥道) 210
조등(祖燈) 77
조령당행(祖令當行) 204
조룡구(釣龍鉤) 216
조문(造門) 220
조백(皁白) 57, 103
조법사(肇法師) 114, 146
조벽본무하뢰 상여만광진왕(趙璧本無瑕纇
  相如謾詆秦王) 12
조사심인(祖師心印) 108
조산(曹山) 32, 119
조시(早是) 100, 163, 169
조아(爪牙) 197

조용(照用) 40
조운모우(朝雲暮雨) 194
조원일적수(曹源一滴水) 48, 104
조위(雕僞) 201
조장(條章) 145
조정사원(祖庭事苑) 213
조종(朝宗) 111
조주(趙州) 29, 51
조주끽다(趙州喫茶) 120
조지(操持) 50
조차(造次) 50
존숙(尊宿) 43
존후(尊候) 33
종(從) 110
종각(從卻) 185
종관(縱觀) 44
종교(宗敎) 40
종교(從敎) 145
종렵미(鬃鬣尾) 49
종명루진(鐘鳴漏盡) 17
종불(終不) 107
종불~(終不~) 68
종상래(從上來) 75, 117
종상종승중사(從上宗乘中事) 41
종승중사(宗乘中事) 29
종시(終是) 162
종연(搣然) 143, 193
종용(從容) 99
종유(蹤由) 136
종전(從前) 143

종전박반(種田博飯)　104
종초(種草)　216
종타(從他)　133
종파(縱破)　198
좌단(坐斷)　36
좌단요진 불통범성(坐斷要津 不通凡聖)
　139
좌득단(坐得斷)　24
좌반우전(左盤右轉)　139
좌발우전(左撥右轉)　84
좌변부전 우변불후(左邊不前 右邊不後)
　139
좌살(坐殺)　147
좌재(坐在)　30
좌주(座主)　54, 169
좌지우지(左之右之)　144
좌차(坐次)　36
좌탈입망(坐脫立亡)　175
주(珠)　188
주(塵)　175
주고(廚庫)　184
주공(足恭)　202
주공부(做工夫)　77
주림신(主林神)　220
주빈분(主賓分)　206
주사(奏賜)　58
주산고안산저(主山高按山低)　138
주선(周旋)　51
주유자야(周由者也)　199
주자(朱紫)　81, 117

주정(周正)　183
주즉인파(住卽印破)　108
주지(住持)　103
주지사번(住持事繁)　128
주차(周遮)　85, 143, 157
주창황포(周憞惶怖)　207
주회옥전(珠回玉轉)　105
주후유부(肘後有符)　35
죽근편(竹筋鞭)　60
준박(踏駁)　215
줄탁(啐啄)　66
줄탁동시(啐啄同時)　47
중광(重光)　196
중류(衆流)　19
중사(中使)　71
중성(重城)　84
중언부당흘(重言不當吃)　82
중원일(中元日)　220
중읍(中邑)　97
즉동즉리 즉성즉괴(卽同卽異 卽成卽壞)
　191
즉부지(卽不知)　212
즉시(則是)　72
즐률(栵慄)　86
즘생(怎生)　31
즘생내하(怎生奈何)　101
증(曾)　38
증(證)　181
증거(證據)　195
증산인(甑山人)　213

증여(曾與) 192
증참(曾參) 219
지(抵) 207
지~기시(知~幾時) 200
지견(支遣) 118
지견추두리 불견착두방(只見錐頭利 不見鑿頭方) 152
지경(持經) 203
지공(志公) 21
지과필개(知過必改) 138
지관(只管) 30, 47
지군(至郡) 56
지남지지(指南之旨) 52
지남침(指南鍼) 216
지대(祇對) 106, 139
지대(抵對) 52, 172
지도(知道) 206
지도(全道) 139
지도득팔성(只道得八成) 194
지두(地頭) 86
지득(只得) 30
지래(持來) 99
지론(持論) 23
지명(遲明) 201
지문(智門) 60, 77, 191
지문관(智門寬) 44
지비(地卑) 180
지사(知事) 137
지성명맥(至聖命脉) 11
지소(只消) 112

지소도개(只消道箇) 170
지소득(只消得) 35
지시(只是) 27, 33, 161
지여(只如) 34, 119
지여타일점(只與他一點) 159
지유(知有) 196
지읍(祇揖) 57
지이일이분수(只以一二分酬) 129
지자마삼근(只這麻三斤) 59
지자시(只這是) 131
지장(智藏) 161
지장(地藏) 187
지천주(知泉州) 127
지초(芝草) 158
지타(知他) 152, 164, 200
지타시황시록(知他是黃是綠) 166
지타타갈등다소(知他打葛藤多少) 135
지하허(知何許) 135
지해지침(指海之針) 15
지허노호지 불허노호회(只許老胡知 不許老胡會) 28
직(直) 96
직대(直待) 181
직도(直道) 138
직득(直得) 24, 45, 56, 105, 213
직득오년분소불하(直得五年分疎不下) 141
직사(直似) 38
직수(直須) 29
직시(直是) 37, 167, 183, 198

직요(直饒)　27, 28, 48, 213
직전사(直殿使)　43
직절(直截)　157
직지모자(臙脂帽子)　59
직하(直下)　47, 75
직향삼천리외(直向三千里外)　164
진(眞)　107, 143
진(鎭)　56
진각(眞覺)　161
진개(眞箇)　148
진개재리료(眞箇在裏了)　142
진과(眞過)　119
진군양하(陳郡陽夏)　65
진기경위격령(陳機境爲格令)　16
진기기래(盡其機來)　166
진단(震旦)　162
진령이행(盡令而行)　54
진로(塵勞)　100, 211
진산주(進山主)　207
진상(眞常)　185
진선(盡善)　77
진승(眞乘)　201
진시닥력찬(秦時䩲轢鑽)　42
진여(眞如)　150
진정(眞淨)　81
진제(眞諦)　23, 120
진조상서(陳操尙書)　43, 100
진주(鎭州)　94
진중(珍重)　37, 187
진진삼매(塵塵三昧)　130

진찬(眞贊)　57, 211
질(挃)　187
짐적(朕迹)　60
징(徵)　194

[ㅊ]

차(箚)　66
차(且)　172
차・피(此・彼)　149
차간(此間)　103, 110
차거(此去)　81
차거작좌주(且去作座主)　169
차견(此見)　185
차과(蹉過)　26
차도(且道)　19, 24
차득(且得)　147
차득참학사필(且得參學事畢)　109
차래(且來)　139
차로경과(借路經過)　107, 157
차막(且莫)　163, 204
차별지(差別智)　119
차불섭(且不涉)　129
차사(此事)　96
차사명기(借事明機)　67
차사문(借事問)　90, 129, 176
차수지견(差殊之見)　169
차여(且如)　143, 207
차요(且要)　191
차운(此云)　53

차전(遮詮) 91
차종(且從) 185
차좌끽다(且坐喫茶) 110
차지(且止) 60, 156
차차와와(嗏嗏唎唎) 174
차참삼십년(且參三十年) 208
차치(且置) 41
차치(且致) 46
차호은현(遮護隱顯) 154
차희몰교섭(且喜沒交涉) 23
착(著) 55, 65, 72, 75, 82, 175, 187
착(錯) 96
착력(著力) 105, 137
착망(著忙) 65
착사자안목(著些子眼目) 72
착심래유(著甚來由) 64
착심사급(著甚死急) 102, 207
작십마사급(著什麼死急) 165
착인마안교 환작야하함(錯認馬鞍橋 喚作爺下頷) 206
착적(著賊) 132
착정채(著精彩) 139
착조창거(著槽廠去) 167
착착(著著) 45, 184
착착유출신지로(著著有出身之路) 50
착패료(捉敗了) 142
찬화족금(攢花簇錦) 111
찰(拶) 30
찰간(刹竿) 207
찰도(拶到) 183

찰찰진진(刹刹塵塵) 198
찰출(拶出) 69
찰해(刹海) 149
참(讖) 109
참(參) 42, 191
참(攙) 172
참거(僭據) 71
참구(參扣) 201
참기탈고(攙旗奪鼓) 175
참도(參到) 53
참득투(參得透) 32
참심(參尋) 35
참위삼단(斬爲三段) 204
참잡(參雜) 74
참정절철(斬釘截鐵) 62
참차(參差) 212
참청(參請) 47
참취(參取) 134
참탈행시(攙奪行市) 40
창(膓) 82
창룡(蒼龍) 72
창룡굴(蒼龍窟) 34, 211
창명(滄溟) 82
창박상수(唱拍相隨) 38, 148
창욱(晶旭) 217
창지(瘡紙) 16
창천 창천(蒼天 蒼天) 26, 130
창천중갱첨원고(蒼天中更添怨苦) 161
창해(漲海) 158
채(采) 158

척(裸)　141
척결(剔抉)　11
척기미모(剔起眉毛)　87
척기편행(剔起便行)　95
척리(隻履)　26
천(天)　61
천(川)　93
천개만개(千箇萬箇)　170
천고만고(千古萬古)　26
천광(天光)　186
천근경부(淺近輕浮)　180
천년도핵(千年桃核)　127
천득거(薦得去)　48
천룡(天龍)　73
천리만리(千里萬里)　78
천리추풍(千里追風)　150
천마구(天馬駒)　89
천본(川本)　214
천불명경(千佛名經)　105
천산(千山)　94
천세초만(天勢稍晩)　73
천수대비(千手大悲)　97
천의회(天衣懷)　149
천이객(穿耳客)　137
천인만인(千人萬人)　74
천인비공(穿人鼻孔)　26
천자(天子)　39
천작일천(穿作一串)　50
천제석(天帝釋)　46
천착(穿鑿)　57

천천하인비공(穿天下人鼻孔)　168
천취(薦取)　123
천평(天平)　206
천화(遷化)　137
천화후칠십여년(遷化後七十餘年)　179
철궐자(鐵橛子)　44
철륜천자(鐵輪天子)　121
철마(鐵馬)　84
철안동정(鐵眼銅睛)　27
철우지기(鐵牛之機)　108
철위산(鐵圍山)　212
철준도(鐵餕餡)　46
철질려(鐵蒺藜)　50, 120, 140
철화상(喆和尙)　115
첨밀밀지(甜蜜蜜地)　92
첨자첨혜고자고(甜者甜兮苦者苦)　121
첨전고후(瞻前顧後)　76
첩체(貼體)　85
청(請)　87
청량산(清凉山)　104
청량소(清凉疏)　144
청량지(清凉池)　220
청룡(青龍)　75, 136
청림(青林)　47
청명대월(清明對越)　16
청성향림(青城香林)　69
청요요 백적적(清寥寥 白的的)　102
청운(清云)　110
청이용나(倩你用那)　105
청익(請益)　11, 29

청제(請齊) 100
청좌산화상(青銼山和尙) 71
청주(靑州) 122
청황적백(青黃赤白) 150
체각미봉(滯殼迷封) 208
체구(體究) 61
체당견득(諦當見得) 126
체도(剃刀) 207
체리어(體裏語) 183
체묘실종(體妙失宗) 65
체조(體調) 69
체화(滯貨) 59
초(草) 114
초경(招慶) 126, 133
초고(草藁) 193
초기(初機) 29
초뇨(炒鬧) 109
초담(超談) 169
초료(鷦鷯) 121
초리한(草裏漢) 66
초미대충(焦尾大䈜) 161
초방(超方) 115
초생해자(初生孩子) 172
초승자박(草繩自縛) 161
초야(初夜) 210
초왕성(楚王城) 111
초이리(草離離) 83
초자(鍬子) 137
초적(草賊) 151
초정리견(超情離見) 192

초종월격(超宗越格) 11
초초(草草) 36, 101, 164
초하이리(初何以異) 16
촉각(觸脚) 15
촉기(蜀機) 212
촉도광견(觸途狂見) 208
촉루전(髑髏前) 35, 77
촉루착지(髑髏著地) 83
촉수(蜀水) 56
촉오(觸忤) 99
촉처(觸處) 156
촉파(觸破) 160
촉패(捉敗) 98
총령(葱嶺) 25
총몰래처(總沒來處) 166
총부지(總不知) 194
총수(總須) 136
총장안과(總將按過) 12
최잔(摧殘) 87
최호(崔顥, 704~754) 105
추(槌) 87
추관(推官) 155
추날(抽捏) 125
추요(樞要) 58
추전(推轉) 154
추정발설(抽釘拔楔) 28
추편섬등(墜鞭閃鐙) 139
축각설두(縮卻舌頭) 130
축래(㞘來) 169
축살(㞘殺) 99

축착(壓著)	138	취측(取則)	95
축착개착편전(壓著 磕著 便轉)	148	취후랑당수살인(醉後郞當愁殺人)	209
축착개착(壓著 磕著)	90	측감원(則監院)	47
춘의(春意)	105	츤(襯)	100
춘추(春秋)	157	층낙락(層落落)	72
출(出)	172	치(致)	201
출과도(出過道)	96	치소(緇素)	67, 93
출기(出氣)	114, 128, 154	치완(癡頑)	97
출두(出頭)	39	칙(則)	19
출세(出世)	43, 119	친견(親見)	180
출세변사(出世邊事)	154	친언출친구(親言出親口)	54
출세종유(出世宗猷)	208	칠백고승(七百高僧)	87
출세지법(出世之法)	153	칠불조사(七佛祖師)	181
출신구(出身句)	130	칠사(七事)	159
출신처(出身處)	57, 82	칠사수신(七事隨身)	65
출입(出入)	105	칠전팔도(七顚八倒)	98
출초(出草)	102	칠종팔횡(七縱八橫)	187
충국사(忠國師)	70, 156	칠처구회(七處九會)	190
취리두상출저어(就裏頭狀出底語)	160	칠천팔혈(七穿八穴)	107, 128, 170
취모(吹毛)	149	칠촌리토지(七村裏土地)	80
취모검(吹毛劍)	211	칠촌상(七村上)	82
취미(翠微)	75	칠통(漆桶)	23
취신타겁(就身打劫)	47, 155	칠현녀(七賢女)	137
취신타출어(就身打出語)	51, 183	칠화팔렬(七花八裂)	31, 60, 178, 199
취암(翠巖)	50, 67, 110	침개상봉(針芥相逢)	220
취암지(翠巖芝)	76	침병(寢兵)	43
취암진(翠巖眞)	149	침자(枕子)	188
취인구변(取人口辯)	96	칭성처(稱性處)	83
취인설두(取人舌頭)	96	칭추(秤鎚)	141
취중(就中)	196		

[ㅋ]

쾌룡주(快龍舟) 122
쾌인일언(快人一言) 108

[ㅌ]

타(他)　24, 86, 93, 142, 150
타가(他家)　44, 95
타갈등(打葛藤)　23, 161
타개의로(打開義路)　122
타고롱비파 상봉양회가(打鼓弄琵琶 相逢
　兩會家)　81, 195
타근난적수(㪣根難敵手)　142
타근두(打筋斗)　107
타니대수(拖泥帶水)　29
타단시득(打斷始得)　146
타배번근두(打背翻筋斗)　137
타변정신(打辦精神)　48
타살(打殺)　25
타살불여자살(他殺不如自殺)　44
타살료(打殺了)　133
타성일편(打成一片)　31, 69
타소고가(打銷敲枷)　55
타수(打睡)　80
타수애분(打水礙盆)　56
타수용신(他受用身)　209
타입(打入)　77
타작양궐(打作兩橛)　28
타지(打地)　74

타착(打著)　76
타첩(打疊)　59, 192
타첩불하(打疊不下)　98
타타지(拖拖地)　134
타파(打破)　80
타파채주(打破蔡州)　165
타파칠통(打破漆桶)　80
타풍타우(打風打雨)　38
타후(他後)　81
탁개(托開)　98
탁발(托鉢)　132
탁삭지(卓朔地)　165
탄지(彈指)　45, 161
탈거(脫去)　74
탈체(脫體)　22, 123, 142
탈파(奪破)　198
탐간영초(探竿影草)　54
탐발문(探拔問)　52
탐원(耽源)　70
탐정태속(貪程太速)　186
탑(榻)　182
탑살아로(塌薩阿勞)　27
탑색(搭索)　123
태(詒)　214
태갈등(太葛藤)　113
태고생(太高生)　34, 128
태고준생(太孤峻生)　32
태다사생(太多事生)　102
태로생(太勞生)　157
태무단(太無端)　165

태살(太煞)　28, 91
태살합뇨(太煞合閙)　180
태심원생(太深遠生)　142
태아검(太阿劍)　27, 82
태아지검(太阿之劍)　14
태염섬생(太廉纖生)　33
태원부(太原孚)　66
태지생(太遲生)　137
태추생(太麤生)　58
태호현(太湖縣)　201
택광장산(澤廣藏山)　38
탱문주호(撐門拄戶)　165
탱착(撐著)　61, 212
토광인희(土曠人稀)　180
토설(吐舌)　99
토숙(土宿)　76
토십마완(討什麼碗)　187
토지(土地)　80
통도(通途)　186
통방작략(通方作略)　208
통방작자(通方作者)　32
통소로(通霄路)　95
통일선도(通一線道)　42
통현봉(通玄峰)　48
퇴고(退鼓)　172
퇴산적악(堆山積嶽)　75
퇴자(鎚子)　202
투거(透去)　196
투관저안(透關底眼)　51
투기(投機)　194

투득(透得)　22
투망금린(透網金鱗)　128
투명(投明)　115
투자(投子)　40, 78, 141, 152, 171, 193
투자종도자(投子宗道者)　141
특살(忒煞)　24, 137
특살랑당(忒煞郎當)　96
특지(特地)　53
특지일장수(特地一場愁)　118
특지주작(特地做作)　41

[ㅍ]

파가(巴歌)　202
파가산택(破家散宅)　174
파계투위(把髻投衛)　175
파단요진(把斷要津)　90
파득정(把得定)　24
파릉(巴陵)　60, 211
파리잔자(玻璃盞子)　104, 194
파멸불법(破滅佛法)　201
파별(跛鼈)　59
파부주(把不住)　21, 70
파비(巴鼻)　36, 69, 197
파수공행(把手共行)　195
파순(波旬)　204
파이작삼(破二作三)　187
파전(籤錢)　202
파정(把定)　183
파정봉강(把定封疆)　158

파조타(破竈墮) 202
파주(把住) 36
파징(婆澄) 72
파참(罷參) 189
파초(芭蕉) 143
파측(叵測) 202
파향일변(擺向一邊) 185
파화행(把火行) 133
판어(判語) 96, 117
판치(版齒) 90
팔각마반(八角磨盤) 124
팔각마반공리주(八角磨盤空裏走) 124
팔권수공안동간(八卷首公案同看) 159
팔극(八極) 210
팔냥(八兩) 150
팔만사천(八萬四千) 64, 189
팔면수적(八面受敵) 169, 209
팔면영롱(八面玲瓏) 193
팔성(八成) 188
팔십사원선지식(八十四員善知識) 161
팔지(八地) 175
패금어(佩金魚) 81
편고(偏枯) 65
편국지량(偏局之量) 25
편문(偏門) 61
편벽(編辟) 122
편삼(褊衫) 106
편시(便是) 147
편신시 통신시(遍身是 通身是) 200
편언가절(片言可折) 123

편의(便宜) 39
편중정(偏中正) 118
편중지(偏中至) 118
편파(偏頗) 148
폄박(貶剝) 67
폄상미모(貶上眉毛) 205
폄안(貶眼) 72
폄폄지(貶貶地) 167
폄향(貶向) 88
평백지상(平白地上) 82
평번(平反) 15
평보(平鋪) 44
평보청소(平步青霄) 89
평실처(平實處) 45
평온(平穩) 31
평위산(平胃散) 34
평인(平人) 197
평전(平展) 80, 164
평전천초(平田淺草) 175
평전화상(平田和尙) 66
평지끽교(平地喫交) 109
평지상기골퇴(平地上起骨堆) 83
평지상사인무수(平地上死人無數) 115
평지상설교(平地上說敎) 199
평출(平出) 63
평평실실(平平實實) 104
포고(布鼓) 140
포단(蒲團) 75
포대리성추(布袋裏盛錐) 130
포장규굴(抱贓叫屈) 161

포정(庖丁) 198
포향(拋向) 40
표전(表詮) 91
풍(風) 220
풍광(風狂) 107
풍국(諷國) 35
풍규(風規) 11, 42
풍불불지(風拂拂地) 91
풍자진(馮子振, 1257~?) 220
풍조(風措) 158
풍혈(風穴) 67, 108, 144
피가대초(被枷帶銷) 111
피각루자선(皮殼漏子禪) 208
필사한(匹似閑) 129

[ㅎ]

하(夏) 43
하당(何當) 26
하득(下得) 167
하등시(何等是) 180
하락(下落) 149
하뢰(瑕纇) 178
하마(蝦蟆) 101
하막굴리출래(蝦蟆窟裏出來) 160
하말(夏末) 50
하방(何妨) 196
하불매조(呵佛罵祖) 13
하불인진자어(何不引盡這語) 142
하사(何似) 164, 193, 208

하사생(何似生) 44, 129, 176, 207
하사자개(何似這箇) 98
하살(嚇殺) 111
하수(何須) 52, 116
하어(下語) 194
하언지천(何言之天) 218
하여(何如) 79
하유(何有) 110
하재(下載) 122
하적(何適) 13
하제(下祭) 60
하천객작아(下賤客作兒) 126
하태직(何太直) 157
하파부주 쾌편난봉(下坡不走 快便難逢) 175
하필(何必) 103, 211
하허(何許) 167
하현라방(蝦蜆螺蚌) 101
하혜(下惠) 17
학자(學者) 11
학해(學海) 186
학혁지지수전(學奕之志須專) 16
한강(漢江) 191
한로(韓獹) 119
한림지재(翰林之才) 108
한산자(寒山子) 102
한지기뢰(旱地起雷) 166
한한지(閑閑地) 78
한현호래(漢現胡來) 93
할(瞎) 83

할아락절(點兒落節) 113
함원전(含元殿) 130
함혈손인(含血噀人) 171
함호지기(陷虎之機) 151
합(合) 152
합국(闔國) 21
합뇨(合鬧) 147
합살득호(合殺得好) 162
합작마생(合作麼生) 136
합포(合浦) 192
합하(合下) 147, 171
해도(解道) 59, 62
해로(解路) 131
해산무사객(海山無事客) 101
해상명공수(海上明公秀) 165
해염거박(解粘去縛) 28
해위(奚爲) 37
해인(海印) 100
해작활계(解作活計) 174
해점흉(解點胸) 83
해타고(解打鼓) 120, 169
해탈심갱(解脫深坑) 107
해형(海兄) 161
행각안(行脚眼) 152
행령(行令) 184
행리(行履) 19
행시(行市) 172
행심(幸甚) 216
행자(行者) 115
향(嚮) 37

향(響) 53
향관(鄕關) 131
향귀굴리 작활계(向鬼窟裏 作活計) 26
향대(香臺) 198
향도(向道) 21, 220
향림(香林) 68
향림원(香林遠) 44
향배(向背) 83
향북유주(向北幽州) 106
향북인(向北人) 99
향상(向上) 29
향상관려자(向上關捩子) 57
향상규(向上竅) 185
향상사(向上事) 33
향상인(向上人) 120
향상인아조(向上人牙爪) 102
향상인행리(向上人行履) 195
향상일규(向上一竅) 106
향상전제(向上全提) 45
향상파비(向上巴鼻) 11
향수세(香水洗) 172
향수해(香水海) 211
향엄(香嚴) 32, 196
향정해상작활계(向情解上作活計) 179
향주장처염철(向拄杖處拈掇) 143
허(噓) 109
허(許) 43
허사치(虛事攡) 168
허창(虛窓) 188
헌지(軒知) 147, 206

찾아보기 | 275

험과(驗過) 173
험애지구(嶮崖之句) 184
험주문(驗主問) 52
험타(嶮墮) 38
혁살인(嚇殺人) 99, 200
현각(玄覺) 73
현경(玄扃) 217
현로(玄路) 210
현미(玄微) 87
현사(玄沙) 38, 112, 187
현사(玄絲) 188
현사과령(玄沙過嶺) 170
현성공안(現成公案) 51
현수(賢首) 190
현오(懸悟) 218
현토(玄兔) 192
현혁(顯赫) 48
혈맥(血脈) 14
혈맥부단(血脈不斷) 53
혈운(穴云) 110
혈적적지(血滴滴地) 137
협불착석(脅不著席) 189
협산(夾山) 36, 79, 125, 189
협산도림(夾山道林) 215
협산정(夾山亭) 105
형(硎) 198
형산(形山) 146
혜(兮) 189
혜거삼매(慧炬三昧) 157, 184
혜계(醯雞) 53

혜념(惠念) 213
혜서(鼷鼠) 121
혜초(慧超) 46
호(乎) 129
호가곡(胡家曲) 108
호남창화상(湖南暢和尙) 72
호란지주(胡亂指注) 21
호로호로(胡盧胡盧) 72
호벽구편타(好劈口便打) 131
호부즉유(好不嘟嚕) 25
호불성성(好不惺惺) 137
호사승(好師僧) 197
호석(護惜) 29
호설(好雪) 116
호손(胡孫) 202
호손끽모충(胡孫喫毛蟲) 141
호수(好手) 115, 176
호시기(虎兕機) 57
호아(胡兒) 39
호언한어(胡言漢語) 72
호여(好與) 29, 131
호여삼십봉(好與三十棒) 21
호일(好日) 42
호정교(胡釘鉸) 127
호채(好彩) 32, 209
호할난할(胡喝亂喝) 54
호호(好好) 110
호호관래(好好觀來) 92
호호지(浩浩地) 57, 104
혼금박옥(渾金璞玉) 107, 177

276

혼륜(渾崙) 177
혼륜지(渾淪地) 138
혼신(渾身) 160
홀(笏) 219
홀미견득(忽未見得) 204
홀약(忽若) 85, 166, 185
홍로상일점(紅爐上一點) 156
화(囮) 54, 76, 151
화(和) 21
화(化) 37
화갱(火坑) 220
화니합수(和泥合水) 158, 161, 185
화두(話頭) 103
화두(火頭) 93
화두야불식(話頭也不識) 128
화문서권(化門舒卷) 89
화사(禍事) 102
화산(華山) 99
화산(禾山) 119
화상(和尙) 33, 97
화상자(和尙子) 146
화성(化城) 85, 206
화성변타(和聲便打) 69
화성병산(火星迸散) 153
화약란(花藥欄) 112, 177
화엄경계(華嚴境界) 107
화연(化緣) 25
화완포(火浣布) 158
화재(話在) 136
화족족 금족족(花簇簇 錦簇簇) 59, 144

화출사문(禍出私門) 181
화회(話會) 189
화회불일(話會不一) 127
확(確) 120
확연(矍然) 53
확연(廓然) 20
확탕노탄(鑊湯爐炭) 45
환(寰) 214
환~비(還~否) 21, 24
환~야무(還~也無) 29, 181
환골영방(換骨靈方) 11
환골출래(換骨出來) 169
환수추흉(換手搥胸) 26, 168
환위실마(還委悉麼) 49, 163
환유~마(還有~麼) 26, 50
환작~득마(喚作~得麼) 38, 68
환중천자칙(寰中天子勅) 121
환중칙(寰中勅) 121
환타본분종사(還他本分宗師) 144
환타사자아(還他師子兒) 37
환타원명도(還他圓明道) 74
환해(寰海) 57
활발발지(活鱍鱍地) 88
활인검(活人劍) 58
황(況) 191
황권적축(黃卷赤軸) 100, 203
황두노(黃頭老) 198
황로(黃老) 103, 153
황룡(黃龍) 134
황룡신(黃龍新) 76, 118

찾아보기 | 277

황룡심(黃龍心) 55
황매칠백고승(黃梅七百高僧) 145
황면절자(黃面浙子) 110
황벽(黃檗) 56
황소(黃巢) 151
황유(況喩) 174
황제(黃帝) 188
황학루(黃鶴樓) 67
회가(會家) 81
회당(晦堂) 204
회려(誨勵) 201
회창사태(會昌沙汰) 120
회해(淮海) 155
회호(回互) 209
회호정편(回互正偏) 118
획일획(劃一劃) 146
횡(橫) 125
횡염도용(橫拈倒用) 30
효복(孝服) 60
효와(誵訛) 164
효와기특(誵訛奇特) 74
후가(後架) 202
후두(後頭) 22

후득지(後得智) 37
후면(後面) 112, 130
후종(後蹤) 99
후주무제(後周武帝) 201
후진(後秦) 146
홍(薨) 65
휘유(徽猷) 66
휴거(休去) 127, 183
휴구(休咎) 49
휴역좌(休歷座) 204
휴헐(休歇) 134
흑만만지(黑漫漫地) 207
흑산하타좌(黑山下打坐) 116
흔하(釁罅) 142
흘금(迄今) 104
흠산(欽山) 80, 138
흡시(恰是) 105, 176
흡호동시(恰好同時) 67
흥양부시자(興陽剖侍者) 35
흥화(興化) 54
희(噫) 131
희릉(希陵) 218

[참고문헌]

본《벽암록 속어 낱말 사전》을 만드는 데 참고한 기본 사전류는 다음과 같다.

古賀英彦 編,『禪語辭典』(日本, 思文閣出版, 1991).
駒澤大學 編,『禪學大辭典』(日本, 大修館, 1985).
芳澤勝弘 編,『諸錄俗語解』(日本, 禪文化硏究所, 平成十一年(1999)).
張相 著,『詩詞曲語辭匯釋』(全二卷, 中國, 中华书局, 1955).
中村元 著,『佛敎語大辭典』(縮刷版, 日本, 東京書籍, 昭和56年(1981)).
羅竹風 主編,『漢語大詞典』(全十三卷, 中國 漢語大詞典出版社(1995年)).
王貴元·叶桂剛 主編,『詩詞曲小說語辭大典』(中國, 群言出版社(1993年)).

석지현 스님은 1969년 중앙일보 신춘문예 詩 당선. 1973년 동국대학교 불교학과 졸업. 이후 인도, 네팔, 티벳 등 불교유적지를 답사했으며, 편·저·역서로는 《禪詩》《禪詩감상사전》(전2권) 《바가바드 기따》《우파니샤드》《반야심경》《숫타니파타》《법구경》《불교를 찾아서》《선으로 가는 길》《혜초의 길을 따라서(인도 순례기)》《어찌하여 나를 버리시나이까(예루살렘 순례기)》 등이 있다.

벽암록 속어 낱말 사전

2007년 5월 15일 초판 1쇄 발행
2013년 6월 25일 초판 3쇄 발행

編著者: 釋 智 賢

발행자: 윤 재 승

발 행 처: 민 족 사
등록 제1-149. 1980. 5. 9.
서울 종로구 수송동 58번지 두산위브 파빌리온 1131호
전화 (02)732-2403~4, 팩스 (02)739-7565
E-mail//minjoksabook@naver.com

값 25,000원   ISBN 978-89-7009-568-4 04220
              ISBN 978-89-7009-563-9 (세트)